Aval e Insolvência

Aval e Insolvência

2018 • Reimpressão

Carolina Cunha
Doutorada em Direito
Professora da Faculdade de Direito da Universidade de Coimbra

ALMEDINA

AVAL E INSOLVÊNCIA

AUTORA
Carolina Cunha

EDITOR
EDIÇÕES ALMEDINA, S.A.
Rua Fernandes Tomás, nºs 76-80
3000-167 Coimbra
Tel.: 239 851 904 · Fax: 239 851 901
www.almedina.net · editora@almedina.net

DESIGN DE CAPA
FBA.

PRÉ-IMPRESSÃO
João Jegundo

IMPRESSÃO E ACABAMENTO
PENTAEDRO, LDA.
Julho, 2018

DEPÓSITO LEGAL
432900/17

ALMEDINA | GRUPOALMEDINA

BIBLIOTECA NACIONAL DE PORTUGAL – CATALOGAÇÃO NA PUBLICAÇÃO

CUNHA, Carolina

Aval e insolvência. – (Monografias)
ISBN 978-972-40-7163-3

CDU 347

NOTA PRÉVIA

A "causa remota" do trabalho que agora se dá à estampa encontra-se na docência, como tantas vezes sucede com aquilo que escrevo. Na verdade, ao estudar e ensinar as matérias relativas à insolvência e ao aval, quer no Mestrado em Jurídico-Forenses da Faculdade de Direito da Universidade de Coimbra, quer nas Pós-Graduações do Instituto de Direito das Empresas e do Trabalho da mesma Faculdade, fui-me apercebendo de diversas convergências que me pareceu interessante aprofundar. Esta "intuição" veio a ser amplamente confirmada pelos resultados das pesquisas jurisprudenciais que efectuei e que me revelaram a intensa litigiosidade gerada pela intersecção do fenómeno da insolvência (ou da pré-insolvência) com o fenómeno da prestação de aval (em particular, através da subscrição de títulos cambiários em branco).

O presente trabalho pretende proceder ao levantamento e sistematização dos problemas que a prática tem trazido à tona e reflectir sobre as soluções que me parecem mais adequadas, em diálogo com os tribunais e com a doutrina, sobretudo a insolvencial. Já na recta final da sua preparação, o DL nº 79/2017, de 30 de Junho, veio introduzir diversas alterações no CIRE – as quais ainda pude ter em conta na redacção definitiva do texto e que levaram, naturalmente, a alguns ajustes e modificações.

Espero que o "produto final" seja útil a todos quantos, na *praxis* ou na academia, lidam com estas matérias e com as dificuldades suscitadas pelo carácter cada vez mais transversal das questões que colocam.

Coimbra, 31 de Agosto de 2017

CAROLINA CUNHA
Professora Auxiliar da Faculdade de Direito da Universidade de Coimbra
Membro do Instituto Jurídico da Faculdade de Direito da Universidade de Coimbra

ÍNDICE

ABREVIATURAS

AAVV.	–	Autores Vários
al./als.	–	alínea/alíneas
anot.	–	anotação
AUJ	–	Acórdão de Uniformização de Jurisprudência
BMJ	–	Boletim do Ministério da Justiça
c.c.g.	–	cláusulas contratuais gerais
CCiv.	–	Código Civil
CDP	–	Cadernos de Direito Privado
cfr.	–	conferir, confrontar
CIRE	–	Código da Insolvência e da Recuperação de Empresas
cit.	–	citado
CJSTJ	–	Colectânea de Jurisprudência - Supremo Tribunal de Justiça
CPCiv.	–	Código de Processo Civil
CPEREF	–	Código dos Processos Especiais de Recuperação da Empresa e de Falência
CSC	–	Código das Sociedades Comerciais
DL	–	Decreto-Lei
DR	–	Diário da República
EAJ	–	Estatuto do Administrador Judicial
ex.	–	exemplo
i.e.	–	id est
id.	–	idem (mesmo autor)
LU	–	Lei Uniforme relativa a Letras e Livranças
nº	–	número
p.	–	página(s)
PEPAP	–	Processo Especial para Acordo de Pagamento
PER	–	Processo Especial de Revitalização
RC	–	Tribunal da Relação de Coimbra
RE	–	Tribunal da Relação de Évora
RERE	–	Regime Extrajudicial de Recuperação de Empresas
RG	–	Tribunal da Relação de Guimarães

RL – Tribunal da Relação de Lisboa
RLJ – Revista de Legislação e de Jurisprudência
ROA – Revista da Ordem dos Advogados
RP – Tribunal da Relação do Porto
segs. – seguintes
STJ – Supremo Tribunal de Justiça
ult. op. e loc. cits. – última obra e local citados
v.g. – verbi gratia
vol. – volume

Capítulo 1
Introdução

O acentuado aumento do número de declarações de insolvência registado no decurso dos últimos anos tem trazido para a ribalta diversos problemas gerados pela *subscrição de letras e livranças*, efectuada quer pelo próprio *insolvente*, quer pelos seus *garantes*. Estas situações ocorrem frequentemente no contexto da *insolvência de sociedades comerciais*, cujos *sócios* (amiúde, pessoas singulares) avalizaram títulos para garantia de *financiamentos*, bancários ou de outra índole. Trata-se de uma prática bastante comum[1], através da qual os credores dotados de algum poder negocial conseguem, de modo hábil e em termos práticos (embora não propriamente jurídicos), "curto-circuitar" o benefício da responsabilidade limitada de que gozam os sócios das sociedades por quotas e anónimas. E, sempre que os sócios sejam simultaneamente titulares do órgão de administração, o aval prestado constitui um poderoso incentivo à sua actuação diligente.

O reverso da medalha, é bom de ver, reside no *"efeito de arrastamento"* que a insolvência (ou, até, a pré-insolvência) da sociedade produz sobre a situação patrimonial dos sócios avalistas, conduzindo muitas vezes à sua própria declaração de insolvência. E explica a quantidade de litígios envolvendo avalistas que, nos últimos anos, os tribunais têm sido chama-

[1] Sobre o fenómeno, detalhadamente, Pedro Pais de Vasconcelos, *Avales dos sócios de sociedades comerciais, Direito das Sociedades em Revista*, Ano 6, Volume 11, Coimbra: Almedina, (2014), p. 13-34, p. 20-21: "o Banco exige sempre (ou quase sempre) que os sócios, ou pelo menos os sócios gerentes (raramente os gerentes não sócios) deem o seu aval pessoal pela sociedade" e "o argumento usado é quase sempre o de que 'se os sócios (ou os gerentes) não acreditam na sociedade, porque é que o Banco há-de acreditar' ".

dos a dirimir no contexto mais vasto de uma situação de insolvência – seja dos próprios, seja da sociedade garantida, e quer estejamos no âmbito de um processo de insolvência propriamente dito ou de processo especial de revitalização, quer estejamos no contexto de uma execução movida com base no título cambiário.

Pretendo, com este trabalho, proceder a uma sistematização e análise crítica dos *principais núcleos de problemas* que este acervo jurisprudencial revela. Assim, começarei por me debruçar sobre algumas questões relacionadas com a *fase da declaração de insolvência* – como sejam a legitimidade activa do credor cambiário para requerer a insolvência do avalista (discutida sobretudo quando o aval se possa dizer resolúvel em benefício da massa, ou quando a letra ou livrança se apresente ainda por preencher); a legitimidade do próprio avalista para requerer a insolvência do avalizado ou de co-avalistas; e ainda o apuramento da situação de insolvência que a prestação de aval possa haver desencadeado. Abordarei, de seguida, *a posição do avalista perante a declaração de insolvência do avalizado* – primeiro, tendo como fio condutor a eventualidade de uma *duplicação de pagamentos* e a necessidade de a evitar; depois, centrando-me nas consequências da aprovação e homologação de um *plano de insolvência* (ou seja, na determinação da medida dos direitos que o credor do avalizado insolvente pode exercer contra o respectivo avalista e na posição do avalista *solvens* enquanto credor de regresso). Por fim, irei tratar de algumas questões relacionadas com o *processo especial de revitalização (PER)* – em particular, a delimitação dos direitos do credor contra o avalista após a homologação do plano de recuperação do avalizado e a admissibilidade de "cláusulas de protecção" dos avalistas garantes.

Cabe sublinhar que, já na fase de conclusão deste estudo, foram aprovadas alterações ao CIRE com impacto em algumas das matérias abordadas[2]. Serão devidamente consideradas as modificações introduzidas,

[2] Referimo-nos ao DL nº 79/2017, de 30 de Junho, aprovado na execução do Programa Capitalizar (programa estratégico de apoio à capitalização das empresas, à retoma do investimento e ao relançamento da economia, aprovado pela Resolução do Conselho de Ministros nº 42/2016, de 18 de agosto), que pretende "o aperfeiçoamento e o aumento da eficiência dos procedimentos de revitalização e de insolvência" (cfr. a Exposição de Motivos do Projecto de Decreto-Lei e o preâmbulo do próprio Decreto-Lei).
De par com modificações introduzidas no CSC, o DL nº 79/2017 altera os artigos 1º, 7º, 9º, 14º, 16º, 17º a 17º-I, 25º, 27º, 32º, 35º a 38º, 52º, 86º, 87º, 120º, 128º, 129º, 136º, 139º, 148º, 150º, 152º, 154º, 164º, 182º, 183º, 185º, 188º, 191º, 217º, 220º, 233º, 236º, 238º, 239º, 241º, 248º, 249º,

mantendo-se, todavia, o contraste com as soluções anteriores de modo a facilitar o entendimento da transição de regimes e das suas consequências.

Porém, antes de empreender a sistematização e análise crítica de todos estes problemas, julgo oportuno começar por esclarecer algumas particularidades típicas das situações concretas que os desencadeiam – decorrentes do facto de *o aval ser prestado sobre títulos cambiários em branco* –, bem como proceder a um sucinto inventário das normas que no CIRE regulam *expressamente a posição dos garantes.*

264º, 265º, 275º, 288º, 291º, 294º e 296º do CIRE e adita-lhe os artigos 17ºJ e 222ºA a 222ºJ, revogando ainda os arts. 136º, 4 e 226º, 5, bem como todo o título XIV.

Capítulo 2
A garantia prestada através do aval sobre um título em branco

Na maioria dos casos patentes na jurisprudência estamos em presença de *títulos emitidos e avalizados em branco*, destinados à cobertura de eventuais responsabilidades emergentes de contratos celebrados entre a sociedade devedora e uma entidade financeira. Ora, a garantia prestada através da subscrição de um título cambiário em branco apresenta – quer do ponto de vista conceptual, quer do ponto de vista do regime aplicável – *especificidades que não podem ser escamoteadas*, sob pena de alcançarmos soluções desadequadas para os problemas que suscita. O aval prestado sobre uma letra ou livrança em branco *não está sujeito à mesma disciplina* que o aval aposto num título completo – diferença que o intérprete-aplicador não pode ignorar sem desembocar numa solução menos correcta[3].

2.1. A subscrição de um título cambiário em branco enquanto modo de prestação de garantia: uma *fattispecie* complexa

É sabido que a *praxis* privilegia a entrega de letras e livranças em branco como *garantia face a situações de incerteza relacionadas com o cumprimento de contratos duradouros*. Como exemplos recorrentes, encontramos a utilização de títulos em branco para garantia de dívidas emergentes dos contratos de abertura de crédito que os bancos celebram com os seus clientes

[3] E sublinhamos esta advertência em face da generalizada indiferença das decisões dos nossos tribunais superiores às particularidades do aval em branco – sirva de ilustração o AUJ nº 4/2013, do STJ (DR 1ª série, 21.01.2013), cuja omissão critico em Carolina Cunha, "Cessão de quotas e aval: equívocos de uma uniformização de jurisprudência", *Direito das Sociedades em Revista*, ano 5, vol. 9 (2013), p. 91-114, p. 92, ss..

empresariais[4]; como garantia de contratos de locação financeira; ou mesmo como contra-garantia de uma garantia bancária autónoma. O acordo de preenchimento apresenta-se geralmente como uma *cláusula* do contrato (de adesão) escrito e o *incumprimento* do cliente é o factor que tipicamente desencadeia o accionamento da garantia.

Analisemos, com maior detalhe, *em que medida a posse de um título em branco representa uma "garantia"*.

Desde logo, constitui uma garantia no *sentido amplo* de reforço ou segurança da posição creditória[5] pelo *acesso que faculta à via executiva* – prerrogativa que é comum a qualquer título cambiário, incluindo os *ab initio* preenchidos.

Mas, sobretudo, além de uma garantia particularmente *flexível* (o valor a inscrever no título corresponderá ao montante que vier a estar em dívida), constitui uma garantia bastante "musculada", na medida em que proporciona ao credor *a segurança de ficar antecipadamente com o título em seu poder*: chegado o momento, completá-lo-á nos termos convencionados *sem dependência* de qualquer nova manifestação de vontade do devedor[6]. Não se torna, portanto, necessário obter a colaboração deste, ou qualquer tipo de renovação da sua vontade de assumir uma vinculação cambiária, o que se revela

[4] Utilização devidamente assinalada pela doutrina – cfr. J. GONSALVES DIAS, *Da Letra e da Livrança. Segundo a Lei Uniforme e o Código Comercial*, vol. IV, Livraria de António Gonsalves, Coimbra, 1942, p. 367-368; J. G. PINTO COELHO, *Lições de Direito Comercial*, 2º vol, fasc. II, "As letras", 2ª parte, Carlos Ernesto Martins Souto (Editor), Lisboa, 1943, p. 28-29; GEMMA A. SÁNCHEZ LERMA, *La letra de cambio en blanco*, Editorial Bosch, Barcelona, 1999, p. 182-183; FRANZ MÖLLER, *Die abredewidrige Ausfüllung von Blankowechseln. Unter besonderer Berücksichtigung der Rechtsbehelfe des Blankettgebers*, Münster, Jur. Diss. v. 28. Nov. 1958, Lingen-Ems, van Acken, 1958, p. 3. Para exemplos concretos da última (e historicamente mais recente) utilização referida em texto, pode ver-se STJ 12-09-2006 e STJ 18-12-2002.

[5] Pois na medida em que o subscritor em branco *coincida* com o devedor fundamental, do ponto de vista estritamente técnico "nada se acrescenta à garantia geral" – assim PEDRO ROMANO MARTINEZ/PEDRO FUZETA DA PONTE, *Garantias de cumprimento*, 5ª ed., Almedina, Coimbra, 2006, p. 41. Os autores apelidam esta situação de "*garantia aparente*", advertindo que já estaremos, pelo contrário, em face de uma *verdadeira garantia especial* sempre que a letra ou livrança em branco contenha a *assinatura de um terceiro* – desde logo, de um *avalista* (situação que trataremos de seguida no texto), porque "aí sim, temos um *segundo* património que responde pelo pagamento da mesma dívida" (sublinhados meus).

[6] Como desde cedo destacou ERNST JACOBI, *Derecho cambiario (la letra de cambio y el cheque)*, tradução W. Roces, Editorial Logos, Madrid, 1930, p. 57.

particularmente importante nas situações de ruptura correspondentes ao incumprimento do contrato fundamental.

O reverso da medalha é que a subscrição e entrega do título em branco *não constituem exactamente uma vinculação cambiária*: representam (metaforicamente) o seu *simples "embrião"*[7]. Dão corpo à primeira etapa de uma *fattispecie* complexa, que *só quando se possam dizer reunidos todos os elementos* desembocará na criação de uma verdadeira obrigação cartular.

E não podemos esquecer a possibilidade de a *fattispecie* nunca chegar a ser completada, caso em que a obrigação cambiária também *nunca* se poderá dizer constituída. As partes, através do acordo que acompanha a entrega, *condicionam o preenchimento do título* à verificação do incumprimento do contrato, evento que se perfila não apenas como *futuro*, mas também como meramente *eventual*. Se, por hipótese, o contrato vem a ser correctamente cumprido e a extinguir-se satisfatoriamente, procedendo o credor à destruição do título ou devolvendo-o à contraparte, não faz qualquer sentido sustentar que esta permaneceu cambiariamente obrigada durante todo aquele tempo[8].

Além de que, sendo *formais* os negócios jurídicos cambiários, o nascimento da obrigação cartular estará dependente da *observância dos requisitos que lei exige* (nos arts. 1º e 75ºLU) para a existência do título – algo que apenas se verifica *no momento do preenchimento*.

Salientar tudo isto não significa, todavia, concluir que subscrever um título em branco, entregando-o a alguém com quem se celebrou um acordo de preenchimento, seja um acto desprovido de efeitos jurídicos[9]. Como

[7] De *fattispecie* cartular em vias de formação nos fala FEDERICO MARTORANO, *Titoli di credito (Titoli non dematerializzati)*, in *Trattato di Diritto Civile e Commerciale*, A. CICU/ F. MESSINEO/ L. MENGONI/ P. SCHLESINGER, Giuffré, Milano, 2002, p. 360, ss.

[8] Sobre a querela entre a *tese da emissão* (sem embargo de o título ainda não constituir uma letra ou livrança, o subscritor fica obrigado desde a aposição da assinatura, porque é dela que se deduz a sua intenção de se vincular cambiariamente e de tolerar o preenchimento, o qual surge como simples condição do exercício dos direitos do portador) e a *tese do preenchimento* (a vinculação cambiária *qua tale* só surge depois de preenchida a letra, *i.e.*, uma vez verificados os requisitos essenciais da obrigação formal), cfr. CAROLINA CUNHA, *Manual de letras e livranças*, Almedina, Coimbra, 2015, p. 228-229 e referências bibliográficas aí citadas.

[9] Como bem nota PINTO COELHO, *Lições de Direito Comercial*, 2º vol, fasc. II, *cit.*, p. 31, ss., "faz imediatamente nascer *certos efeitos de direito*, importa um verdadeiro acto jurídico entre o signatário e o possuidor do título": aquele fica adstrito a assumir a obrigação cambiária nos termos previamente ajustados entre os dois, termos em harmonia com os quais o título deverá

vimos, tal representa para o credor uma garantia *lato sensu*: o subscritor fica num estado *análogo ao da sujeição*, ou seja, *inevitavelmente exposto à produção de uma consequência* – a constituição da obrigação cambiária – na sua esfera jurídica *por mero efeito do preenchimento* (conforme) do título.

Ora, *o relevo concreto* a atribuir a este estádio e ao "princípio de vinculação" que encerra *depende* dos particulares regimes jurídicos chamados à solução de problemas concretos[10], como teremos oportunidade de comprovar ao longo deste estudo.

Para já, e atendendo ao núcleo de problemas que nos ocupa, é importante frisar que, antes de preenchido o título, *o próprio aval não existe sequer enquanto negócio jurídico*: o que temos é a *vinculação jurídica* constante do acordo de preenchimento, mais a vinculação cambiária *em estado embrionário* (através da assinatura aposta no título) e o *poder fáctico* de o portador do título o vir a preencher. Ou, na designação utilizada por JANUÁRIO GOMES, estaremos perante um *contrato de garantia pessoal atípica* que "engloba, complexivamente, o acordo ou autorização de preenchimento e o documento em branco assinado pelo avalista"[11]. Ciente desta realidade jurídica, não obstante e *por mera comodidade de exposição*, utilizarei, por vezes, os termos "aval em branco" ou "avalista em branco" para designar a situação do sujeito que apõe a sua assinatura, na qualidade de (futuro) avalista, sobre uma letra ou livrança em branco.

2.2. Regime específico do aval prestado sobre um título em branco: os meios de defesa do avalista

É muito frequente, na prática, que o avalista venha a ser demandado pelo *credor cambiário* que é contraparte do avalizado na relação fundamental, isto na sequência da recusa ou impossibilidade de este último cumprir. É, aliás, o que sucede em muitas das acções executivas que dão azo à jurisprudência analisada ao longo deste trabalho.

ser preenchido. Na esteira de NAVARRINI, o autor conclui que na letra em branco "há como que *um princípio* de obrigação cambiária".

[10] Cfr., para a questão da determinação da data de constituição da obrigação cambiária em sede de impugnação pauliana, CAROLINA CUNHA, *Manual de letras e livranças, cit.*, p. 231, ss.

[11] M. JANUÁRIO DA COSTA GOMES, "O (in)sustentável peso do aval em livrança em branco prestado por sócio de sociedade para garantia de crédito bancário *revolving*, Ac. de Uniformização de Jurisprudência nº 4/2013, de 11.12.2012, Proc. 5903/09", *Cadernos de Direito Privado*, nº 43, Julho/Setembro, p. 15-47, p. 43.

Todavia – e trata-se de algo a que a dita jurisprudência não dá o devido destaque – *não é o mesmo o regime aplicável* a um aval prestado sobre um *título preenchido* e ao aval aposto sobre um *título cambiário em branco.*

Do *ponto de vista dos interesses,* é totalmente diversa a posição ocupada pelo avalista de um título completo e pelo avalista de um título em branco[12]. O primeiro sabe, de antemão, que poderá ter de pagar *x* (e não mais) a partir do dia *y* (e dentro do limite temporal fixado pelas regras da prescrição cambiária). Já o segundo não dispõe dessa segurança básica; não sabe *por que quantia* irá responder (embora possa ter uma ideia aproximada), nem *quando* lhe será exigido o pagamento (podendo, no limite, vir a ser incomodado muitos anos depois da subscrição do título[13]). Compreende-se, portanto, que a LU submeta o avalista de uma letra ou livrança em branco a um *regime diferente* daquele que vale para o avalista comum – regime que remete inapelavelmente para *a vontade que o avalista em branco manifestou* aquando da subscrição da letra e que *o acordo de preenchimento tipicamente recolhe.* Atentemos nas diferenças.

Caso o avalista de um título *completo* seja demandado pelo credor cambiário que é contraparte do avalizado na relação fundamental, vale o princípio geral *res inter alios acta,* de o art. 17º LU é singular manifestação[14]: à partida[15], será vedado ao avalista prevalecer-se de *excepções provenientes das relações pessoais entre o credor e o avalizado* – ou seja, retirar um *benefício* de uma relação obrigacional que lhe é *estranha.*

[12] Desenvolvidamente, CAROLINA CUNHA, "Cessão de quotas e aval: equívocos de uma uniformização de jurisprudência", *cit.*, p. 96-99.

[13] Sobre a delicada questão dos os *limites temporais ao preenchimento* de um título em branco, bem como da *valoração da inércia do credor* após o incumprimento do contrato garantido, cfr. CAROLINA CUNHA, *Manual de letras e livranças, cit.*, p. 200, ss..

[14] Repare-se que a Lei Uniforme *não dá,* no seu art. 17º, uma *resposta específica* à questão de saber de que meios de defesa se pode *o avalista* prevalecer. Isto porque a norma supõe situações geradas pela *circulação do título entre portadores* – "as pessoas accionadas em virtude de uma letra não podem opor ao portador as excepções fundadas sobre as relações pessoais delas com o sacador ou com os portadores anteriores. Ora, o *avalizado* não é necessariamente um "portador anterior"; e se coincidir, aliás, como hoje em dia quase sempre sucede, com o aceitante da letra ou emitente da livrança, *nunca foi sequer "portador" do título.*

[15] Salvo *específica contratualização* dessa oponibilidade com o credor – cfr. CAROLINA CUNHA, *Manual de letras e livranças, cit.*, p. 123-124.

Esta asserção é corroborada pelo art. 32ºII LU, que (com ressalva das hipóteses de vício de forma[16]) determina que a obrigação do avalista se mantém "mesmo no caso de a obrigação que ele garantiu ser nula por qualquer razão": ora, se, no próprio plano cambiário, a nulidade da obrigação do avalizado não se comunica à vinculação assumida pelo avalista, *por maioria de razão* não há-de ser possível ao avalista invocar *vicissitudes extracambiárias* atinentes ao avalizado para justificar uma recusa de cumprimento da sua própria obrigação[17].

É correcto afirmar, neste contexto, que o aval surge como como uma *garantia objectiva*, destinada a caucionar o pagamento da letra *tout court*: "o avalista não garante que o avalizado pagará, mas que o título será pago"[18]. Garante, portanto, *o resultado económico* programado pelo credor: a obtenção de uma *certa* quantia em dinheiro aquando do *pré-fixado* vencimento do título.

Esta é, precisamente, uma das linhas de argumentação da jurisprudência para justificar a *invulnerabilidade* do aval em face de vicissitudes que venham a afectar a obrigação fundamental garantida. Mas é uma linha de argumentação que *não colhe sempre que desconsidera o facto de se tratar de um aval (originariamente) prestado sobre um título em branco.*

Isto porque os critérios a mobilizar para apurar se houve *preenchimento abusivo* (*i.e.*, discrepância entre o preenchimento do título e a vontade manifestada pelo avalista) do título em branco *serão os fixados no acordo de preenchimento celebrado entre o credor e o avalizado*, quer o avalista nele tenha ou não participado[19] – sendo que, na maioria dos casos que analisaremos, o avalista tipicamente subscreveu a minuta contendo o pacto de preenchimento.

[16] Sobre o sentido a atribuir a esta expressão, cfr. p. Carolina Cunha, *Manual de letras e livranças, cit.*, p. 42-43.

[17] Semelhante conclusão *não é infirmada* pelo segmento do art. 32º LU que considera o dador de aval "responsável da mesma maneira que a pessoa por ele afiançada": o preceito limita-se a erigir a obrigação cambiária do avalizado em matriz da extensão (objectiva e subjectiva) da obrigação cambiária do avalista (ver Carolina Cunha, *Manual de letras e livranças, cit.*, p. 41-42).

[18] Antonio Segreto/ Aldo Carrato, *La cambiale*, 2ª ed., Giuffrè, 2000 p. 244; Paulo Sendin, *Letra de Câmbio. L.U. de Genebra*, vol. II, "Obrigações e garantias cambiárias", Universidade Católica Portuguesa, Almedina, Coimbra, 1982, p. 748 (caracterizando o aval como uma garantia do pagamento da letra); ou A. Pavone La Rosa, "Lineamenti della recente evoluzione della cambiale: dal Codice di Commercio del 1982 alla vigente legge cambiaria", *BBTC*, ano XLV, 1982, I, p. 973-991, p. 987. Para outros desenvolvimentos, ver Carolina Cunha, *Manual de letras e livranças, cit.*, p. 39, ss.

[19] Mais desenvolvidamente, Carolina Cunha, *Manual de letras e livranças, cit.*, p. 188-190.

Ora, tal acordo faz geralmente *depender o "se", o "quando" e o "quanto" do preenchimento do título de uma particular ocorrência*: a constituição da obrigação pecuniária em que o devedor-avalizado venha a incorrer pelo incumprimento da relação fundamental.

Quer isto dizer que, *ao abrigo do art. 10º LU, o avalista pode prevalecer-se de certas vicissitudes de uma relação fundamental à qual é alheio.* E pode fazê-lo porque a determinação do conteúdo a inserir na sua própria declaração cambiária é levada a cabo *per relationem:* depende da *verificação do mesmo pressuposto* do qual está dependente a responsabilidade cambiária do avalizado, e esse pressuposto emana dos desenvolvimentos ocorridos na *relação fundamental* que este mantém com o credor[20].

Todavia, uma significativa parcela da nossa jurisprudência chama (explícita ou implicitamente) à colação *o art. 17º LU* e/ou os alegados princípios cambiários da autonomia, abstração, literalidade e incorporação[21] *para denegar ao avalista em branco esta defesa,* ao mesmo tempo que *ignora inexplicavelmente o regime do art. 10º LU*, que, quando chega a ser mencionado nos arestos, o é apenas como suporte da admissibilidade da figura da letra em branco – como se a norma não contivesse, igualmente, *o seu regime concreto*[22].

Ora, é *incorrecto* pretender que o avalista está a prevalecer-se de um meio de defesa alheio, pertencente ao avalizado. Ao invocar a *inexistência de incumprimento* por parte do contraente-avalizado, ou ao *questionar o montante* a que ascende a sua eventual responsabilidade, ou mesmo ao *contestar a data* inscrita no título, o avalista em branco não está a tentar paralisar o direito do credor cambiário invocando factos emergentes de relações alheias[23].

[20] Cfr. Carolina Cunha, "Cessão de quotas e aval: equívocos de uma uniformização de jurisprudência", *cit.*, p. 96-99.

[21] Para uma desmontagem crítica destes princípios, ver Carolina Cunha, *Manual de letras e livranças, cit.*, p. 59-118 e, desenvolvidamente, *Letras e livranças: paradigmas actuais e recompreensão de um regime*, Almedina, Coimbra, 2012, p. 371, ss.

[22] Cfr., designadamente, STJ 06-03-2003; STJ 13-03-2003; STJ 20-03-2003; STJ 01-07-2003; STJ 11-11-2004; STJ 05-12-2006; STJ 06-03-2007; STJ 19-06-2007; RL 16-10- 2003; RL 30-06-2005; RL 21-09-2006; RP 29-05-2003; RP 20-11-2006; RP 27-02-2007; RC 31-01-2006; RC 14-02-2006. Salvo indicação em contrário, todos os acórdãos citados estão disponíveis em dgsi.pt. Para uma perspectiva crítica desta corrente, ver Carolina Cunha, *Letras e livranças: paradigmas actuais e recompreensão de um regime, cit.*, p. 594, ss.

[23] Como parece pretender, dentro do núcleo de problemas que tratamos, o STJ 30-10-2014, bem como os vários acórdãos citados *infra* nas notas 301 e 469.

Está, isso sim, *a colocar um problema prévio: o problema da divergência entre a vontade que ele próprio manifestou* ao subscrever e entregar uma letra em branco (a saber: que venha a ser preenchida nos termos que valerem para o avalizado) *e* a declaração constante do título tal como veio a ser completado. Trata-se de um problema particular, *ao qual o art. 10º LU enquanto norma especial dá uma resposta específica*, insusceptível de se diluir nos quadros gerais do art. 17º LU ou do princípio *res inter alios acta*. E a existência de uma norma especial afasta, como é sabido, o regime geral.

Sublinhe-se que, *de um ponto de vista valorativo*, esta solução diferenciada se justifica plenamente, sob pena de se deixar o avalista que subscreveu o título em branco ao *inteiro arbítrio de um credor-portador indigno de tutela*, o qual, rompendo com os critérios fixados no acordo de preenchimento que ele próprio celebrou, completa e acciona o título *fora* de uma situação de incumprimento, ou por montante *superior* ao que resulta da aplicação dos parâmetros acordados.

E se isto é assim quando estejamos perante um título em branco que garante o cumprimento de uma relação jurídica cujas potenciais responsabilidades, em caso de incumprimento, se encontram suficientemente circunscritas (como sucede num mútuo simples ou numa locação financeira), a posição do avalista em branco *ainda se revela mais delicada* – e reclama, portanto, medidas adicionais de protecção – se estivermos em face do chamado aval *omnibus*[24] ou de situações equiparáveis, como aquelas em que o título cambiário em banco cauciona as dívidas provenientes de uma *abertura de crédito em conta corrente*[25].

[24] Sobre o aval *omnibus* (em particular, sobre as condições da sua admissibilidade e especificidades de regime), cfr. CAROLINA CUNHA, *Manual de letras e livranças, cit.*, p. 195, ss., e p. 209, ss..

[25] Sobre a equiparação destas situações ao aval *omnibus* para certos efeitos, ver CAROLINA CUNHA, *Manual de letras e livranças, cit.*, p. 213-214.

Capítulo 3
Síntese das opções do CIRE quanto à tutela dos garantes do insolvente

Os garantes podem ver-se afectados pela insolvência do garantido numa dupla vertente: *enquanto garantes propriamente ditos, i.e.*, responsáveis (*lato sensu*) pelo pagamento de certas dívidas do insolvente; e, num segundo momento, enquanto *credores do insolvente* contra o qual adquiriram ou podem vir a adquirir (em consequência de tal pagamento) um direito de regresso.

Justifica-se uma breve resenha dos principais alicerces do quadro normativo a que o legislador insolvencial submeteu a posição jurídica dos garantes.

3.1. O estatuto insolvencial do crédito garantido por aval

3.1.1. Não é um crédito garantido na acepção do art. 47º, 4, *a)*

Começo por relembrar que o credor do insolvente que beneficie de uma garantia pessoal assumida por terceiro (seja ela prestada por meio de aval, fiança, garantia autónoma ou outro mecanismo jurídico) *não é titular de um crédito garantido* no sentido delimitado pelo art. 47º, 4, a).

Na verdade, o CIRE adopta aqui uma "designação funcionalizada"[26], circunscrevendo o universo dos créditos garantidos *àqueles que beneficiam de garantias reais sobre bens integrantes da massa insolvente*, incluindo os privilégios creditórios especiais que também incidam sobre bens da massa.

[26] Manuel Januário da Costa Gomes, "Sobre os poderes dos credores contra os fiadores no âmbito de aplicação do CIRE. Breves notas", *III Congresso de Direito da Insolvência*, coord. Catarina Serra, Almedina, Coimbra, 2015, p. 313-341, p. 325-326.

Circunscrição que bem se compreende dentro da lógica insolvencial: conforme dispõe o art. 174º, 1, CIRE, feita a liquidação dos bens onerados com a garantia real, "tem *imediatamente* lugar o pagamento aos credores garantidos"[27]. Ou seja, a elevação de estatuto conferida aos créditos reforçados por garantia real[28] *está intimamente ligada à pertença à massa insolvente do bem sobre o qual incide garantia*, e não ao simples facto de se tratar de créditos (*hoc sensu*) "garantidos"[29].

Os créditos que beneficiem de *garantias pessoais* são, portanto, *créditos comuns* (art. 47º, 4, c)[30], e a esta hipótese deve naturalmente ser subsumido o *crédito garantido por aval*[31].

3.1.2. A eventual dualidade dos créditos garantidos pelo aval

Há, todavia, uma particularidade frequentemente escamoteada nesta situação: *a (eventual) dualidade do(s) crédito(s) garantido(s) pelo aval*. Expliquemo-nos melhor.

A dualidade a que nos referimos é sobretudo evidente nos casos em que o aval foi prestado sobre um título *ab initio* completo, destinado a garantir o pagamento de uma quantia devida ao abrigo de uma relação fundamental extracambiária entre credor e insolvente. Repare-se que, neste caso,

[27] ALEXANDRE SOVERAL MARTINS, *Um curso de direito da insolvência*, 2ª ed., Almedina, Coimbra, 2016, p. 277, com maiores desenvolvimentos.

[28] E que, repare-se, podem até não ser créditos sobre o insolvente, e sim *sobre terceiros*, como resulta da leitura do art. 47º, 1, CIRE – assim A. SOVERAL MARTINS, *Um curso de direito da insolvência, cit.*, p. 276; ou LUÍS A. CARVALHO FERNANDES / JOÃO LABAREDA, *Código da Insolvência e da Recuperação de Empresas Anotado*, 2ª ed., Quid Juris, Lisboa, 2013, p. 307, anot. 5 ao art. 47º.

[29] Como sublinham CARVALHO FERNANDES/ JOÃO LABAREDA, *Código da Insolvência, cit.*, p. 307, anot. 5 ao art. 47º, a possibilidade (que caracteriza as garantias pessoais) de o credor exigir o pagamento a terceiro "não é, para este efeito, especialmente relevante".

[30] Neste sentido, MARIA DO ROSÁRIO EPIFÂNIO, *Manual de Direito da Insolvência*, 6ª ed., Almedina, Coimbra, 2016, p. 243; LUÍS M. T. DE MENEZES LEITÃO, *Direito da Insolvência*, 6ª ed., Almedina, Coimbra, 2015, p. 96.

[31] Temos, por isso, dificuldades em seguir o raciocínio que subjaz a RG 24-04-2012 ("o plano de insolvência qualificou o crédito da exequente/oposta como crédito privilegiado, por se tratar de crédito garantido por aval de terceiro") ou a STJ 30-10-2014 ("à ora Recorrida foram reconhecidos definitivamente, pelo Senhor Administrador da Insolvência, ao abrigo do artigo 129ºdo CIRE, os créditos reclamados pela Recorrida titulados por letras, livranças, contratos de empréstimo, factoring e garantias bancárias accionadas no montante de € 4.646.736,00, graduando-os como garantidos").

existem desde o início *dois direitos de crédito na esfera jurídica do credor* (que será necessário *articular*, na medida em que deverá receber *apenas um pagamento*): o direito emergente da relação fundamental *e* o direito cambiário documentado no título[32].

Geralmente, a obrigação cambiária surge como "executiva" da obrigação fundamental: ambas buscam *a satisfação do mesmo interesse económico do credor*[33]. Ora, dado que tal satisfação *só deve ocorrer uma vez*, a relação entre as duas obrigações é necessariamente de *alternância*[34]: o exercício das correspondentes pretensões creditórias deve ser *coordenado de modo a evitar um duplo pagamento e/ou cobrança* (uma vez através do título, outra através do exercício do direito emergente do contrato fundamental). Por conseguinte, *ainda que ambos os créditos sejam reconhecidos no processo de insolvência*, deverão ser tomadas as necessárias cautelas para que *não se duplique* a satisfação do respectivo credor (*v.g.*, os pagamentos realizados deverão ser imputados a ambos em igual medida).

Mas, e para o que agora nos interessa, podemos dizer que *ambos os créditos (o cambiário e o fundamental)* são lato sensu *dotados de garantia pessoal* – *i.e.*, de um mecanismo de adjunção de um património responsável a uma determinada dívida – *prestada através do aval*. Na verdade, o avalista garante, com o seu património, *a satisfação do direito cambiário* (art. 30º I LU: o pagamento da letra pode ser "garantido por aval"). Mas também é correcto afirmar que o avalista garante, *através* da vinculação cambiária assumida, a *satisfação* do direito emergente da relação fundamental: basta atender à *funcionalização* que entre ambos os planos estabelece a convenção executiva que liga o avalizado ao credor.

Já nos casos em que *o aval é prestado sobre um título em branco*, a situação apresenta consideráveis *diferenças estruturais*. Enquanto a letra ou livrança não for preenchida, *não se pode dizer que* o direito cambiário se tenha cons-

[32] Sobre o *carácter constitutivo* dos negócios jurídicos cambiários (a emissão da letra ou livrança dá origem a uma específica relação jurídica, separada e distinta de qualquer outra já existente), a *instrumentalidade* da relação jurídica cambiária perante a fundamental e a importância do *programa de coordenação* (amiúde tácito e/ou lacunoso) vertido na convenção executiva, cfr. Carolina Cunha, *Manual de letras e livranças, cit.*, p. 27 e p. 44.

[33] Assim A. Zurimendi Isla, "Efectos de la emisión o transmisión de títulos cambiarios sobre la relación subyacente", *Revista de Derecho Mercantil*, 2004, p. 901-976, p. 903, ss.

[34] Neste sentido, explicitamente, Jacobi, *Wechsel- und Scheckrecht unter Berücksichtigung des ausländischen Rechts*, Berlin, de Gruyter, 1954/55, p. 103.

tituído[35] e que, por conseguinte, o credor tenha *dois* créditos na sua esfera jurídica. Mas já se pode afirmar que, em certa medida, *o crédito emergente da relação fundamental é dotado de uma garantia pessoal*, correspondente à *fattispecie* complexa integrada *pela* posse do título avalizado em branco, a que está associado o poder potestativo o completar, *e pelo* acordo quanto ao seu preenchimento[36]. Verificados os pressupostos acordados, o simples preenchimento do título *coloca* o património do avalista como responsável pelo pagamento.

3.2. Direitos do credor perante o garante face à insolvência do garantido

As normas dos arts. 95º e 179º CIRE regulam, quase "em espelho", dois núcleos de problemas – a saber, *a articulação da responsabilidade de garante e garantido perante o credor*, quando ambos hajam sido declarados insolventes (respectivos nºs 1); e *o exercício do* (actual ou eventual) *direito de regresso pelo garante contra o garantido insolvente* (respectivos nºs 2).

Faço, desde já, uma advertência: estou com aqueles que consideram que, apesar de a letra do art. 179º apenas se referir aos *devedores solidários* (enquanto que o art. 95º menciona expressamente "devedores solidários *e* garantes"), o regime aí estatuído vale também para os *garantes*[37]. Sendo que, no caso que nos ocupa, o avalista garante é simultaneamente – embora apenas no estrito plano cambiário – *devedor solidário* do avalizado (art. 47º I LU[38]).

3.2.1. Insolvências simultâneas de garantido e garante

Começando pelo primeiro núcleo de problemas, o art. 95º, 1 estabelece que o credor *pode concorrer pela totalidade do seu crédito* a cada uma das diferentes *massas insolventes de devedores solidários e garantes*. A norma dirige-se, portanto, às hipóteses em que, *adicionalmente* à insolvência do garantido,

[35] Ver *supra*, nºs 2.1.

[36] Ver o que dissemos *supra*, nº 2.

[37] Assim Carvalho Fernandes/ João Labareda, *Código da Insolvência, cit.*, p. 698, anot. nº 10 ao art. 179º (os autores propendem "a ler *coobrigados* onde a lei fala em *condevedores*", por não existir "nenhum motivo sério para excluir a equiparação"); e A. Soveral Martins, *Um curso de direito da insolvência, cit.*, p. 165 ("não custa aceitar a aplicação, por analogia, do mesmo regime" a garantes e devedores solidários).

[38] "Os sacadores, aceitantes, endossantes ou avalistas de uma letra são todos solidariamente responsáveis para com o portador". Sobre as particularidades da solidariedade cambiária, ver Carolina Cunha, *Manual de letras e livranças, cit.*, p. 49-51.

se verifica, *em processo autónomo*, a insolvência de um seu garante ou devedor solidário, conferindo nesse caso ao credor a faculdade de *reclamar em cada um dos processos tudo quanto lhe é devido*.

O preceito insolvencial consolida, portanto, a excepção aberta pelo art. 519º, 1, CCiv. na sua parte derradeira[39]. Na verdade, a regra geral vigente para as obrigações solidárias determina que, *se o credor exigir judicialmente a um* dos devedores solidários a totalidade ou parte da prestação, fica *inibido de proceder judicialmente contra os outros* pelo que ao primeiro tenha exigido. Todavia, o legislador civil *excepciona* desta inibição os casos em que exista razão atendível, como seja (entre outras) a *insolvência do demandado*. Esta solução explica-se pelo facto de, no contexto de uma insolvência, "os credores não obterem, em regra, a satisfação integral dos seus créditos e de se pretender garantir, quanto possível, o fim determinante da solidariedade passiva"[40].

Reafirmada esta possibilidade, há que *acautelar o eventual excesso das suas consequências*: o credor *não pode receber*, no conjunto dos diferentes processos, *mais do que aquilo que lhe é devido* – ou seja, mais do que a globalidade da prestação. Assim se entende a advertência da parte final do art. 95º, 1 CIRE: o *somatório* das quantias que receber de todas as massas insolventes *não pode exceder o montante do crédito*[41].

[39] Assim Carvalho Fernandes/ João Labareda, *Código da Insolvência, cit.*, p. 466-467, anot. nº 3 ao art. 95.

[40] Pires de Lima / Antunes Varela, *Código Civil Anotado*, vol. I, 4ª ed., colab. M. Henrique Mesquita, Coimbra Editora, Coimbra, 1987, p. 535, anot. nº 4 ao art. 519º.

[41] Para Carvalho Fernandes/ João Labareda, *Código da Insolvência, cit.*, p. 467, anot. nº 5 ao art. 95º, a preocupação do legislador insolvencial seria, "em rigor, desnecessária" perante as regras gerais, pois nunca poderia o credor "receber mais do que lhe é devido".
Em meu entender, o preceito faz algum sentido na sequência em que se insere. Repare-se: a regra do Código Civil *só* impede o credor de proceder judicialmente contra os outros devedores pelo que ao primeiro tenha exigido – logo pode, *renunciando* ao benefício que a solidariedade lhe confere, "accionar cada um dos devedores apenas pela *parte que proporcionalmente lhe compete*" (Pires de Lima / Antunes Varela, *Código Civil Anotado, cit.*, p. 534, anot nº 1 ao art. 519º). Embora os autores tendam a deixar na sombra *o motivo pelo qual* o credor, à partida (e, portanto, fora das situações de insolvência ou outra "razão atendível") não pode demandar, judicialmente e em processos autónomos simultâneos, vários devedores solidários pelo *valor integral* da dívida (embora o possa fazer *extrajudicialmente*, pelo menos "enquanto [a prestação] não for efectuada" – assim *ult. op. cit.*, p. 534-535, anot nº 2 ao art. 519º), parece que se prende com a *necessidade de evitar duplicações que redundem no recebimento de mais do que é devido*. Então, ao *romper com a cautela* que previne este resultado (permitindo ao credor accionar mais do

E é justamente aqui que "encaixa" o (subsequente) regime do art. 179º, 1 CIRE: se estão *pendentes* processos de insolvência contra dois ou mais devedores solidários ou (como vimos[42]) contra garantido e garante, *para receber qualquer pagamento num deles* o credor tem de apresentar *certidão comprovativa dos montantes recebidos nos outros*. Ou seja, depois de tutelar o "direito ao recebimento", permitindo a reclamação integral do crédito em dois ou mais processos de insolvência, o legislador adoptou *cautelas destinadas a prevenir o "reembolso excessivo"*[43].

Note-se que o preceito vai precipuamente dirigido aos *credores* – incumbe-lhes a *iniciativa* de observar o regime consagrado, apresentando, previamente aos pagamentos a que houver lugar, a certidão extraída dos outros processos. Todavia, se o próprio *administrador da insolvência* tiver *conhecimento* (ainda que decorrente de factos *alheios* ao processo em que foi designado) de que o mesmo crédito foi reclamado contra outros devedores solidários ou garantes, deve *exigir do credor a exibição da mencionada certidão* enquanto requisito indispensável ao pagamento[44].

Aliás, para fomentar o funcionamento eficaz de todo este sistema, o legislador teve o cuidado de impor ao administrador da insolvência um *específico dever de dar conhecimento nos demais processos* (de que tenha notícia) do pagamento feito ao credor naquele que está a seu cargo[45](veja-se a parte final do art. 179º, 1).

Se, ainda assim, o *credor receber indevidamente* mais do que aquilo a que tinha direito, será obrigado a proceder à *restituição do excesso* e poderá incorrer em *responsabilidade civil* pelos prejuízos causados[46].

que um devedor pela totalidade da dívida), faz algum sentido que o legislador insolvencial recorde os limites a que está submetida a actuação do credor.

[42] *Supra*, neste mesmo número.

[43] Assim Carvalho Fernandes/ João Labareda, *Código da Insolvência, cit.*, p. 696, anot. nº 3 ao art. 179º.

[44] É a conclusão de Carvalho Fernandes/ João Labareda, *Código da Insolvência, cit.*, p. 696, anot. nº 5 ao art. 179º.

[45] Com maior detalhe, Carvalho Fernandes/ João Labareda, *Código da Insolvência, cit.*, p. 697, anot. nº 7 ao art. 179º,.

[46] De novo, Carvalho Fernandes/ João Labareda, *Código da Insolvência, cit.*, p. 697, anot. nº 6 ao art. 179º, (incluindo um confronto interessante com a norma do regime anterior – o art. 212º do CPEREF que previa, além de responsabilidade civil expressa, a obrigação-sanção de restituir em dobro).

3.2.2. Concorrência entre insolvência do garantido e execução do garante (remissão)

Todo este regime, portanto, tem como pressuposto que os processos judiciais em que o credor haja reclamado a totalidade do crédito *sejam, todos eles, processos de insolvência*. *Quid iuris* se com o processo de insolvência concorrerem *execuções singulares* destinadas, também elas, à obtenção do pagamento total da dívida?

A questão que se coloca não é, obviamente, a de saber se o credor pode acabar por receber mais do que lhe é devido – as regras gerais impedem-no de obter, *no conjunto dos processos e seja qual for a sua natureza e espécie*, mais do que a globalidade da prestação devida[47]. E também não é a de saber *se pode mover uma acção executiva em paralelo* com a reclamação do crédito em processo de insolvência – a resposta *positiva* funda-se directamente no art. 519º, 1, CCiv., e prescinde, portanto, da reiteração plasmada no art. 95º, 1, CIRE[48]. Nem, tão pouco, me parece que se levantem dúvidas quanto à *reacção posterior* a um eventual recebimento excessivo – restituição do excesso recebido e reparação dos prejuízos causados[49].

A questão é, somente, a da eventual aplicação (que só poderá ser analógica ou por extensão teleológica) das cautelas prescritas pelo art. 179º, 1. Deverá o *pagamento* dos credores, no processo de insolvência, *ficar condicionado à exibição* de certidões documentadoras de pagamentos *extraídas das execuções* onde foram feitos? E impenderá sobre o administrador da insolvência o *dever de informar nos processos executivos* movidos contra coobrigados quanto a pagamentos efectuados no processo de insolvência?

[47] No mesmo sentido, CARVALHO FERNANDES/ JOÃO LABAREDA, *Código da Insolvência, cit.*, p. 698, anot. nº 11 ao art. 179º.

[48] Sobre a interposição de uma *acção executiva em paralelo com o PER de um dos devedores solidários*, considerou o STJ no seu acórdão de 05-04-2016, que "não tem qualquer cabimento a deslocada invocação do preceituado no art. 519º, nº1, do CCiv, porquanto, para além de não nos confrontarmos com qualquer procedimento judicial destinado à cobrança coerciva do crédito", o facto de a devedora lançado mão de um PER "significa que a mesma se considera e tem de ser considerada em situação económica difícil, ou em situação de insolvência iminente", o que consubstancia "a 'tal' razão atendível salvaguardada na parte final do mencionado art. 519º, nº1, do CC e que obsta à aplicação do regime que resultaria da observância do demais, aí, preceituado".

[49] Cfr. também CARVALHO FERNANDES/ JOÃO LABAREDA, *Código da Insolvência, cit.*, p. 698, anot. nº 11 ao art. 179º.

Debruçar-me-ei sobre estas questões em sede própria, ou seja, no capítulo dedicado à análise da situação jurídica do avalista executado em face da declaração de insolvência do sujeito por quem prestou o seu aval[50].

3.3. O exercício do direito de regresso pelo garante *solvens*

Atentemos agora nas normas que no CIRE disciplinam a situação do garante que pretenda *exercer o seu (actual ou eventual) direito de regresso contra o garantido insolvente* – os arts. 95º, 2 e 179º, 2, mas também o 217º, 4, *in fine*.

3.3.1. O art. 95º, 2

O art. 95º, 2, tipifica e regula uma hipótese muito peculiar, cujo principal traço distintivo consiste no facto de *o credor não haver reclamado o seu crédito* no processo de insolvência do garantido (ou do devedor solidário[51]). Em tal contexto, a lei admite que o próprio garante venha exercer, nesse mesmo processo de insolvência do garantido, *o direito decorrente do eventual pagamento futuro da dívida*.

Trata-se, portanto, de um *crédito sob condição suspensiva* – a condição de que o garante venha, *efectivamente*, a pagar ao credor – e a abertura desta possibilidade compreende-se na medida em que *não implica "duplicação na situação passiva da massa"*, uma vez que o credor optou por não concorrer no processo de insolvência[52]. Podemos assim concluir que, nestas circunstâncias, o garante é *admitido a reclamar no processo de insolvência do garantido o seu (meramente) eventual direito de regresso contra ele.*

Não se esqueça que, no âmbito da *liquidação*, os créditos sob condição suspensiva são alvo do *regime especial* previsto no art. 181º CIRE. Embora sejam atendidos pelo seu valor nominal nos rateios parciais, as quantias que lhes correspondam devem *continuar depositadas na pendência da condição* (art. 181º, 1, CIRE). E se, à data do rateio final, *a condição ainda estiver por preencher*, só na *ausência* da manifesta improbabilidade da sua verificação é que a

[50] Cfr. *infra*, Capítulo 5, em especial o nº 5.3.

[51] Apesar da norma também abranger os devedores solidários e não apenas o binómio garante/garantido, por razões de economia centrarei a minha análise e as referências a efectuar apenas nos garantes.

[52] Assim Carvalho Fernandes/ João Labareda, *Código da Insolvência, cit.*, p. 467, anot. 6 ao art. 95º. Adverte ainda A. Soveral Martins, *Um curso de direito da insolvência, cit.*, p. 166, que "para que se saiba se o credor reclamou ou não o seu crédito, é preciso esperar pelo fim do prazo para o efeito".

quantia correspondente ao valor nominal do crédito deverá ser depositada pelo administrador em instituição de crédito. Caso contrário (*i.e.*, tanto se logo à data do rateio final aquela improbabilidade for manifesta, como se, entretanto, se adquirir a certeza de que tal verificação é impossível), *as quantias depositadas serão rateadas pelos demais credores* (art. 181º, 2, als. a) e b).

3.3.2. O art. 179º, 2

Já o art. 179º, 2, CIRE regula os termos em que o garante que *já tenha* satisfeito o credor pode, subsequentemente, *exercer no processo de insolvência do garantido o direito de regresso que assim (efectivamente) adquiriu* [53]. Mas fá-lo (novamente) tipificando uma hipótese muito peculiar: a de o garante *solvens* ter pago ao credor *no âmbito do seu próprio processo de insolvência* e de mesmo aí ter *liquidado a dívida apenas parcialmente.*

Nesse caso, prescreve a norma que o *solvens não pode receber* no processo de insolvência do garantido *antes* que o credor comum se encontre *integralmente* satisfeito. O que faz todo o sentido numa lógica de protecção do credor[54], que *não deve ficar exposto,* no processo de insolvência do garantido, *à "concorrência de quem lhe deve"* – isto é, do garante, que *apenas lhe pagou* (no âmbito do seu próprio processo de insolvência) *uma parcela* do total em dívida.

Em bom rigor, nestas hipóteses o *reembolso* no processo de insolvência do garantido *não será obtido pelo garante,* "mas *pela [sua] própria massa insolvente,* representada pelo respectivo administrador, dirigindo-se o valor obtido à satisfação primacial dos seus outros credores"[55].

3.3.3. O art. 217º, 4, *in fine*

Por último, também o art. 217º, 4, *in fine,* se ocupa do *exercício do (efectivo) direito de regresso* do garante *solvens* que haja satisfeito o credor, mas, ainda aqui, com uma (outra) particularidade de relevo: a norma *pressupõe* que haja sido aprovado e homologado um *plano de insolvência* com incidência no passivo do devedor garantido.

[53] Vale a advertência, feita *supra,* nº 3.2, de que considero os garantes incluídos no regime do art. 179º, junto com os (expressamente mencionados) devedores solidários.

[54] Ou em condições diferentes das que o plano fixa. Como bem destacam CARVALHO FERNANDES/ JOÃO LABAREDA, *Código da Insolvência, cit.*, p. 697, anot. nº 8 ao art. 179º.

[55] CARVALHO FERNANDES/ JOÃO LABAREDA, *Código da Insolvência, cit.*, p. 697, anot. nº 8 ao art. 179º.

E, nesse contexto, vai *introduzir uma significativa modificação* – por assim dizer, *de ricochete* – no direito de regresso do garante pagador: não obstante (poder) ter satisfeito *a totalidade* da quantia em dívida ao credor, apenas lhe é permitido subsequentemente "agir contra o garantido em via de regresso *nos termos* em que o credor da insolvência pudesse exercer contra ele os seus direitos". Ou seja, *suportará na sua esfera* o peso económico das vicissitudes (*v.g.*, perdão ou redução do valor dos créditos, moratórias, etc.) introduzidas pelo plano de insolvência no crédito originário[56], pois *não tem direito a receber do garantido*, mesmo em via de regresso, *mais do que aquilo que este houvesse de desembolsar perante o credor em cumprimento do plano*[57].

Daqui decorre também, convém sublinhá-lo[58], que *sujeitos que não tiveram qualquer intervenção* na elaboração, discussão e aprovação de um plano de insolvência acabam por *ser (gravosamente) afectados* pelos condicionamentos e limitações que dele decorrem – numa concretização do regime excepcional previsto pelo art. 192º, 2, CIRE[59]. Teremos oportunidade de retomar a análise desta questão mais adiante no nosso estudo[60].

3.3.4. Questões não disciplinadas pelo CIRE

Da breve análise de todos estes regimes, podemos concluir que subsistem vários problemas concretos relacionadas com o exercício do direito de regresso pelo garante (nomeadamente, pelo avalista) a que o legislador insolvencial não dá resposta concludente.

Sempre que o avalista acabe por pagar, em execução *ad hoc*, o valor (total ou parcial) do crédito originário, e não tendo sido aprovado qualquer plano de insolvência, *qual a natureza, conteúdo e extensão do direito de regresso*

[56] Considerando, também por isto, que "parece *violenta*" a opção legal do art. 214º, 4, CIRE no que toca aos garantes, A. Soveral Martins, *Um curso de direito da insolvência, cit.*, p. 500 (sublinhados meus).

[57] Ou em condições diferentes das que o plano fixa. Concordando com este regime e justificando-o pela "intersecção de três ideias basilares", Carvalho Fernandes/ João Labareda, *Código da Insolvência, cit.*, p. 839, anot. nº 13 ao art. 217º.

[58] Como faz Catarina Serra, "Nótula sobre o art. 217º, nº 4, do CIRE (o direito de o credor agir contra o avalista no contexto de plano de insolvência), *Estudos dedicados ao Professor Doutor Luís Alberto Carvalho Fernandes*, vol. I, Universidade Católica Editora, Lisboa, 20111, p. 377-387, p. 382.

[59] Preceito que estabelece que o plano de insolvência *só pode interferir com direitos de terceiros* "na medida em que tal seja *expressamente autorizado neste título* ou consentido pelos visados".

[60] Cfr. *infra*, nº 6.2, em especial nº 6.2.4 e 6.2.6.

que lhe cabe contra o avalizado insolvente? E *em que termos é admitido a reclamar e exercer esse seu crédito*, no contexto de um processo de insolvência – que até pode (mesmo havendo plano homologado, tal depende do conteúdo deste – art. 230º, 1, b)) já se encontrar *extinto*? E à luz do art. 47º, 3, CIRE, o garante *solvens* está a exercer um *direito novo*, que tem como facto constitutivo o pagamento da dívida garantida, ou assume, *por sub-rogação*, a posição do credor originário?

Terei o ensejo de voltar a algumas destas questões ao longo deste trabalho[61].

[61] Ver sobretudo *infra*, nº 6.4.

Capítulo 4
O aval e a declaração de insolvência

Logo na fase de declaração de insolvência encontramos alguns núcleos de problemas envolvendo a prestação de aval. Uma boa parte das questões prende-se com o apuramento da *legitimidade activa*, isto é, da legitimidade para requerer a própria declaração de insolvência.

Desde logo, questiona-se a *legitimidade do portador do título cambiário* para pedir a declaração de insolvência do avalista, e isto em dois contextos diferentes: quando a letra ou livrança se apresente ainda por preencher ou quando o aval se possa equacionar como resolúvel em benefício da massa. Mas também se discute a *legitimidade do próprio avalista* para requerer a declaração de insolvência do seu avalizado ou de eventuais co-avalistas.

Por fim, ainda no âmbito da declaração de insolvência, surgem dúvidas quanto à *correlação* entre a prestação de aval e o desencadear da situação de insolvência que funciona como pressuposto objectivo daquela declaração.

Analisemos cada um destes núcleos de problemas.

4.1. A legitimidade do credor para requerer a insolvência do avalista

Sem embargo de o art. 20º CIRE também atribuir legitimidade activa a outros sujeitos[62], os credores são, na prática, os grandes protagonistas dos pedidos de declaração de insolvência. O que bem se compreende, dado que o recurso ao processo de insolvência permite "evitar que o devedor

[62] Como os responsáveis legais pelas dívidas do insolvente (definidos no art. 6º CIRE) ou o Ministério Público em representação das entidades cujos interesses lhe estão legalmente confiados.

contraia outras obrigações e prejudique quem antes lhe concedeu crédito, assegurando uma igualdade (relativa) entre credores”[63].

A legitimidade que a lei reconhece aos credores não exige que o respectivo crédito esteja vencido[64], é independente da natureza do crédito e abrange inclusive os credores condicionais, isto é, aqueles que sejam titulares de créditos sob condição tal como definidos pelo art. 50º CIRE[65]. Cabe naturalmente aos credores justificar, na petição inicial, a natureza, origem e montante dos créditos que os legitimam a requerer a insolvência, oferecendo todos os meios de prova de que disponham – art. 25º, 1 e 2[66].

Ora, o sujeito que ocupa a posição jurídica de credor cambiário é titular de um direito cartular contra o avalista – o direito documentado na letra ou na livrança[67], correspondente ao poder de exigir o pagamento de uma quantia em dinheiro[68]. Por que razão se haveria de questionar a sua legitimidade para desencadear a declaração de insolvência do avalista, que é obrigado cambiário?

O problema, aqui, nem sequer diz respeito à qualidade de (mero) *obrigado de garantia* que o avalizado reveste na estrutura da relação jurídica cambiária[69]. É, isso sim, levantado por *duas particulares situações*, que passo a analisar.

[63] A. Soveral Martins, *Um curso de direito da insolvência, cit.*, p. 76

[64] Assim A. Soveral Martins, *Um curso de direito da insolvência, cit.*, p. 76 e L. Menezes Leitão, *Direito da Insolvência, cit.*, p. 128. Note-se, porém, que, caso a insolvência venha a ser *efectivamente declarada*, se produz o *imediato vencimento* de todas as obrigações do insolvente (com excepção das subordinadas a condição suspensiva) – art. 91º, 1, CIRE.

[65] Estabelecendo a ligação entre a previsão da legitimidade activa de credores condicionais no art. 20º, 1 e a noção de créditos sob condição plasmada no art. 50º,1, Carvalho Fernandes/ João Labareda, *Código da Insolvência, cit.*, p. 202, anot. nº 4 ao art. 20º.

[66] Segundo L. Menezes Leitão, *Direito da Insolvência, cit.*, p. 128, “a prova do crédito pode ser realizada por qualquer meio, designadamente por testemunhas, apresentação do contrato que o gerou, ou documentação da conta-corrente”.

[67] Embora já não também de um direito emergente da chamada relação fundamental, na qual tipicamente o avalista (ao contrário do avalizado) não intervém. Caracterizo as situações de *ausência de relação fundamental* entre dois obrigados cambiários em Carolina Cunha, *Manual de letras e livranças, cit.*, p. 55-57, e mais detalhadamente (designando-as por “modelo alternativo”) em *Letras e livranças: paradigmas actuais e recompreensão de um regime, cit.*, p. 164, ss.

[68] Sobre a natureza do crédito cambiário, cfr. Carolina Cunha, *Manual de letras e livranças, cit.*, p. 26-27.

[69] Problema que, todavia, nos ocupará mais adiante, em outros contextos.

4.1.1. Reconhecimento do estatuto de credor condicional ao portador do título em branco

4.1.1.1. Delimitação da questão: a legitimidade activa não se confunde com o apuramento da situação de insolvência

Há casos em que o sujeito que invoca a qualidade de credor e assim vem a tribunal requerer a declaração de insolvência do avalista apresenta, como justificação do seu estatuto, *um título cambiário em branco* – ou seja, uma letra ou livrança ainda não preenchidas, mas já assinadas pelo avalista, que tipicamente também outorgou no respectivo pacto de preenchimento. Esse título destina-se, claro está, a garantir o cumprimento de um contrato fundamental que o requerente celebrou com o avalizado (igualmente subscritor em branco do título e igualmente outorgante no pacto e preenchimento).

A questão que se coloca, do ponto de vista da legitimidade activa, é simples de enunciar: uma vez que o título ainda não se encontra preenchido, *não se pode dizer que já se tenha constituído o direito cambiário* que justifica o estatuto de credor do respectivo titular. Todavia, o art. 20º, 1 CIRE estende aquela legitimidade ao mero *credor condicional*: não se poderá dizer que o requerente é já titular de um *crédito sob condição suspensiva*, tal como definido pelo art. 50º, 1 CIRE?

À simplicidade da questão não corresponde uma resposta linear. Só que a dificuldade é escusadamente acrescida por uma certa tendência para *misturar* este problema da *legitimidade activa* com um outro, igualmente importante e imprescindível para a obtenção do resultado final (que é a declaração de insolvência), mas que se coloca e que se resolve em moldes totalmente diversos: *o apuramento da situação de insolvência em que o avalista (alegadamente) se encontra*[70]. Sobre este apuramento terei oportunidade de

[70] Evidenciando esta tendência, cfr. STJ 16-01-2014 ("não se produzem contra o avalista os efeitos da vinculação cambiária por ele assumida em livrança subscrita em branco enquanto esta não for preenchida, não podendo, assim, ser decretada a insolvência do avalista pelo incumprimento dessa obrigação cambiária"); ou RG 29-01-2015 ("uma vez que, *in casu*, se está perante avais de livranças subscritas em branco que ainda não foram preenchidas, os efeitos do vínculo cambiário não se podem produzir, não podendo, igualmente, e por decorrência, ser decretada a insolvência do (...) avalista").
Como transparece destes arestos, o risco de misturar os referidos problemas manifesta-se no seguinte resultado: recusar legitimidade ao credor condicional *porque* o crédito sob condição ainda não se pode dizer incumprido e, *por isso*, o avalista não está tecnicamente em situação de insolvência. Ora, é certo que a situação de insolvência, pelo menos tal como

discorrer adiante[71]; para já (e sem embargo das conexões entre ambos os problemas) centremo-nos na questão da legitimidade activa do portador do título para requerer a insolvência do subscritor avalista.

4.1.1.2. A *ratio* da legitimidade activa do credor condicional

Já vimos que a legitimidade activa do credor *condicional* é expressamente consagrada pelo art. 20º,1 CIRE. Talvez por isso a doutrina actual se limita muitas vezes a assinalá-la, não se preocupando particularmente com a sua justificação dogmática[72]. Mas tal justificação é importante para a compreensão (e solução) do nosso problema, pelo que convém trazê-la para a ribalta: é que o credor condicional tem todo o interesse em *evitar que a situação do devedor sofra um agravamento* que prejudique a futura satisfação do seu crédito[73]; "de outro modo, o credor estaria sujeito a *não encontrar* valores no património do devedor quando (...) a condição se cumprisse" – por isso "*ainda mais que a qualquer outro credor* se justifica que se lhe conceda o direito de pedir a declaração de falência, *única forma* de acautelar os seus interesses"[74].

definida pelo art. 3º, 1 CIRE, *não se afere pelo incumprimento de obrigações ainda não vencidas* (como seguramente serão as obrigações correlativas aos créditos sob condição suspensiva). Logo, *se* o reconhecimento de legitimidade activa ao credor condicional *significasse que apenas* poderia invocar em juízo o comportamento do potencial insolvente no que toca ao *seu* crédito condicional, seria um reconhecimento totalmente desprovido de utilidade e sentido. Por conseguinte (e como melhor veremos adiante no texto), os fundamentos a invocar por este requerente para justificar a situação de insolvência nunca estarão directamente relacionados com a posição creditória de que é titular.

[71] Ver *infra*, nº 4.2.

[72] Assim, nomeadamente, L. Menezes Leitão, *Direito da Insolvência, cit.*, p. 128, e Carvalho Fernandes/ João Labareda, *Código da Insolvência, cit.*, p. 202, anot. nº 5 ao art. 20º.

[73] Assim A. Soveral Martins, *Um curso de direito da insolvência, cit.*, p. 76, embora referindo-se apenas aos titulares de *créditos não vencidos*.

[74] Pedro de Sousa Macedo, *Manual de direito das falências*, vol. I, Almedina, Coimbra, 1964, p. 384, sublinhados meus. O autor, aliás, considera que o credor ao requerer a falência do devedor não se limita a agir em seu próprio interesse: "indirectamente, realiza um interesse público", uma vez que o "procedimento falimentar vem acudir a interesses gerais que se mostram atingidos pelo estado deficitário do devedor" (p. 383). No seu entender, esta "função social" do direito de acção falimentar manifesta-se, designadamente, na impossibilidade de *pacto de renúncia* ao direito de intentar a acção falimentar e na recusa de atribuição de *eficácia extintiva da instância* ao pagamento feito ao credor requerente (p. 388-390; ideias retomadas no contexto do CIRE por Maria do Rosário Epifânio, *Manual de Direito da Insolvência, cit.*, p. 36, nota 79).

Assim se compreende, também, que *o fundamento invocado* pelo credor condicional para requerer a insolvência do devedor *não diga (não possa dizer) respeito à posição activa de que é titular*: uma vez que o seu crédito ainda não se venceu, é logicamente impossível que se verifique quanto a ele uma situação de incumprimento. A previsão do art. 3º, 1 CIRE terá de ser preenchida através da invocação da *impossibilidade de o devedor cumprir outros créditos, encabeçados por outros credores que não o requerente*[75]-[76]. Não está igualmente excluído que o credor condicional faça simplesmente valer o pressuposto objectivo consagrado no art. 3º, 2 do CIRE: caso o sujeito passivo corresponda a um dos abrangidos pela norma, basta demonstrar que o seu passivo é manifestamente superior ao activo[77].

4.1.1.3. Noção de crédito sob condição: o art. 50º, 1 e normas insolvenciais que disciplinam a posição do seu titular

Já a questão de saber *o que é um credor condicional* requer que atentemos na noção fornecida pelo art. 50º, 1. Determina a norma que, para efeitos do CIRE se consideram "créditos sob condição suspensiva e resolutiva, respetivamente, *aqueles cuja constituição ou subsistência* se encontrem sujeitos à verificação ou à não verificação de um acontecimento futuro e incerto, por força da lei, de decisão judicial ou de negócio jurídico".

Alguma doutrina critica o art. 50º do CIRE por se afastar "bastante da correspondente figura do Direito Civil"[78] e por considerar "totalmente desadequada a definição escolhida para caracterizar a condição suspensiva"[79]. Para estes autores[80], "é manifesta a impropriedade concep-

[75] Ou de outros créditos já vencidos que o requerente tenha sobre o devedor – mas nesse caso o seu estatuto de credor condicional não chega a assumir relevo autónomo, consumido que é pelo (simultâneo) estatuto de credor actual.

[76] No mesmo sentido, MARIA DO ROSÁRIO EPIFÂNIO, *Manual de Direito da Insolvência, cit.*, p. 36, nota 79, acrescentando a possibilidade de o credor cujo crédito não se venceu invocar a *fuga do titular da empresa* ou a *dissipação de bens* (respectivamente, als. c) e d) do art. 20º, 1), "fundamentos que nada têm a ver com o crédito de que é titular o credor requerente".

[77] Podendo até invocar, apenas, o facto-índice previsto ano art. 20º, 1, al. h) – atraso superior a nove meses na aprovação e depósito das contas.

[78] L. MENEZES LEITÃO, *Direito da Insolvência, cit.*, p. 102

[79] CARVALHO FERNANDES/ JOÃO LABAREDA, *Código da Insolvência, cit.*, p. 318, anot. nº 5 ao art. 50º.

[80] Refiro-me, em particular, a CARVALHO FERNANDES/ JOÃO LABAREDA, *Código da Insolvência, cit.*, p. 318, anots. nº 4 e 5 ao art. 50º, de onde extraio os excertos citados no texto (sendo, todavia, meus os sublinhados).

tual do preceito", dado que, em face do art. 270º CCiv., estamos "no domínio de um elemento que respeita à eficácia típica do negócio e não à sua validade ou constituição". Se bem entendemos o pensamento assim manifestado, créditos sob condição suspensiva "em sentido próprio" serão unicamente *os créditos já constituídos cuja eficácia é subordinada a condição suspensiva*. O legislador insolvencial terá, contudo, pretendido estender o regime dos créditos condicionais optando (censuravelmente, na perspectiva que estes autores defendem[81]) por um "alargamento da noção" de modo a abranger também "situações das quais podem vir a nascer créditos" – e, por conseguinte, créditos "*cuja própria génese – isto é, o nascimento ou a constituição na e para a ordem jurídica* – seja deixada na contingência da futura verificação de um facto que não se sabe se chegará a ocorrer".

Confesso a minha dificuldade em acompanhar semelhante raciocínio. É certo que a lei civil define condição suspensiva como a subordinação da *produção de efeitos do negócio jurídico* a um acontecimento futuro e incerto[82]. Nesta medida, é correcto afirmar que a condição não contende com a constituição ou validade *desse* negócio jurídico – que já existe e foi celebrado –, mas apenas com a *sua* eficácia, isto é, com "o conjunto dos efeitos que ele pretende desencadear"[83]. Sucede que a *constituição* do crédito (do crédito *sob condição*) é, precisamente, *um desses efeitos*. Por isso se afirma, no direito civil e no âmbito das condições suspensivas, que "o credor condicional não é senão *o titular eventual dum direito futuro*" e que a sua posição subjectiva "consiste numa *mera expectativa* de aquisição eventual de um

[81] Já que, na sua opinião, bastaria estender o regime dos "verdadeiros" créditos condicionais aos outros casos, deixando intocado o conceito – cfr. p. 319, anot. nº 5 ao art. 50º. Mais conciliadora, entende Maria José Costeira ("Questões práticas no domínio das assembleias de credores", *II Congresso de Direito da Insolvência*, coord. Catarina Serra, Almedina, Coimbra, 2014, p. 101-114, p. 108) que "não vale a pena falar da impropriedade da definição aqui [no art. 50º CIRE] consagrada (face ao regime geral previsto nos artigos 270º e segs. do Cód. Civil) até porque o legislador teve consciência da mesma e, por isso, esclareceu que a definição ora apresentada apenas revela para efeitos deste Código"; já nesse sentido também Gonçalo Andrade e Castro, "Efeitos da declaração de insolvência sobre os créditos", *Direito e Justiça*, 2005, vol. XIX, tomo 2, p. 263-290, p. 280, nota 38, sublinhando que o nº 2 do art. 50º *estende* "o conceito de créditos sob condição suspensiva a situações jurídicas não subsumíveis à noção constante do art. 270º do Código Civil".

[82] Cfr. Carlos A. Mota Pinto, *Teoria Geral do Direito Civil*, 4ª ed. por A. Pinto Monteiro/ Paulo Mota Pinto, Coimbra Editora, Coimbra, 2005, p. 561.

[83] Na expressão de Manuel de Andrade, *Teoria geral da relação jurídica*, vol. II, "Facto jurídico, em especial negócio jurídico", Almedina, Coimbra, 1987 (reimp.), p. 356.

direito"[84]. Logo *não vejo qualquer discrepância* entre esta concepção e a perspectiva assumida pelo legislador insolvencial quando caracteriza o crédito sob condição suspensiva como *aquele cuja constituição* se encontra sujeita à verificação ou à não verificação de um acontecimento futuro e incerto[85]. Parece-me, isso sim, que os autores supra-mencionados estarão, porventura, a confundir *o plano do negócio jurídico condicional* (que foi celebrado e existe na ordem jurídica como tal) com o *plano dos efeitos desse mesmo negócio* (que, no caso da ausência de verificação da condição suspensiva, ainda não se produziram, o que equivale a dizer que o crédito condicional *ainda não se constituiu como tal* na ordem jurídica).

Aliás, como a doutrina civilista também realça, a expectativa do credor *sub conditione* possui já alguma *consistência prática* (*v.g.*, pode revestir apreciável valor patrimonial), a que corresponde uma homóloga *consistência jurídica* – traduzida num *determinado grau de tutela*[86]. Ora, o regime do CIRE, ao permitir que o credor condicional requeira a insolvência do devedor condicional e/ou reclame o seu crédito *sub conditione* no processo de insolvência (arts. 20º, 1, e 50º), ao prever que tal crédito não se encontra logicamente sujeito a vencimento antecipado (art. 91º, 1), ao estabelecer que o juiz fixará número de votos conferidos por um crédito sujeito a condição suspensiva atendendo à probabilidade de verificação do evento condicionante e, por fim, ao consagrar medidas destinadas a assegurar o respectivo pagamento caso a condição sobrevenha em tempo útil (arts. 181º, 1 e 2), representa *um patamar importante na concretização da referida tutela jurídica*.

[84] Respectivamente, MANUEL DE ANDRADE, *Teoria geral da relação jurídica*, vol. II, *cit.*, p. 378 e C. MOTA PINTO, *Teoria Geral do Direito Civil, cit.*, p. 573. Também PIRES DE LIMA / ANTUNES VARELA, *Código Civil Anotado*, vol. I, *cit.*, p. 252, anot. nº 2 ao art. 272º, sublinham que, "na pendência da condição, o crédito sujeito a condição suspensiva não existe como *direito*, mas como simples *expectativa*".

[85] O reparo que o preceito me merece é, isso sim, *meramente formal ou de redacção*: o segmento "aqueles cuja constituição ou subsistência se encontrem sujeitos à verificação" deveria ser alterado para lograr a desejável *concordância de género* ("aqueles cuja constituição ou subsistência se encontrem *sujeitas* à verificação") ou, em alternativa, *modificado na sua estrutura* (*v.g.*, "aqueles *que na sua* constituição ou subsistência se encontrem sujeitos à verificação").

[86] Assim MANUEL DE ANDRADE, *Teoria geral da relação jurídica*, vol. II, *cit.*, p. 378-380, e C. MOTA PINTO, *Teoria Geral do Direito Civil, cit.*, p. 573-574, apontando alguns exemplos clássicos dessa tutela jurídica no Código Civil – o regime dos arts. 274º, 1, e 273º para os actos (respectivamente) dispositivos e conservatórios praticados pelo credor na pendência da condição; ou a obrigação de o devedor condicional agir de boa fé (art. 272º) para não comprometer a integridade do direito que o credor virá a adquirir.

Na verdade, além de genericamente admitido a requerer a insolvência do (seu) devedor (condicional), o titular do crédito sob condição suspensiva vê a sua posição jurídica acautelada não só por forma a que, verificando-se o evento condicionante no decurso do processo de insolvência, possa receber o que lhe cabe de acordo com as regras do rateio, como ainda na medida em que, mesmo antes de verificada a condição, lhe é dado participar na assembleia de credores e exercer aí, através do direito de voto (de consistência variável, mas não excluída), o poder de conformar as decisões desse órgão e, concomitantemente, a marcha do processo de insolvência. Parece-me, portanto, *uma tutela jurídica justificada e adequada à densidade (variável) da expectativa* que cada credor condicional demonstre[87].

4.1.1.4. O beneficiário de um título em branco como credor condicional para efeitos do CIRE

Resta, portanto, determinar *se pode ser subsumida ao estatuto insolvencial de credor sob condição suspensiva* a posição do portador de uma letra ou livrança em branco – melhor dizendo, o *sujeito* que celebrou com o *subscritor-avalista* um acordo que subordina o (eventual) preenchimento do título ao incumprimento do contrato fundamental garantido (contrato que liga, extracartularmente, esse sujeito ao *subscritor-avalizado*[88]).

A resposta remete para o debate, que atravessa a doutrina e a jurisprudência nacionais, em torno do *momento em que se constitui a obrigação cambiária do subscritor de uma letra em branco*[89]. Os partidários da *tese da emissão* consideram que fica obrigado desde a aposição da assinatura, porque é dela que se deduz a sua intenção de se vincular cambiariamente e de tolerar o preenchimento subsequente. Já os defensores da *tese do preenchimento* sustentam que a vinculação cambiária como tal só emerge depois de preen-

[87] Sendo certo que, em qualquer dos casos, o pagamento dos créditos sob condição suspensiva "só se efectuará se, entretanto, a condição se verificar – como relembra Miguel Teixeira de Sousa, "A verificação do passivo no processo de falência", *Revista da Faculdade de Direito da Universidade de Lisboa*, vol. 36, 1995, p. 353-369, p. 357 (o autor escreve no âmbito do CPEREF, mas o raciocínio é aplicável *mutatis mutandis*).

[88] Pelo que, em relação ao *avalizado* (devedor fundamental), o nosso "candidato a credor" dispõe de *dois títulos justificativos* (o contrato e o título cambiário) e, embora em alternativa quanto ao exercício efectivo, de *dois créditos* (o fundamental e o cartular).

[89] Sobre o ponto e com abundantes referências doutrinais, cfr. Carolina Cunha, *Manual de letras e livranças, cit.*, p. 228, ss.

chido o título, até porque só nesse instante se podem dizer verificados os requisitos de forma exigidos pelos arts. 1º e 75º LU

Como tive oportunidade de esclarecer[90], inclino-me para esta última concepção. As partes, através do acordo que acompanha a entrega do título, condicionam o seu preenchimento à verificação do incumprimento do contrato garantido. Ora, na medida em que semelhante evento se perfila não apenas como futuro, mas também como eventual, parece-me exagerado sustentar que o devedor assume uma obrigação definitiva e cambiária desde o momento em que apõe a sua assinatura – se o contrato fundamental for correctamente cumprido e se extinguir, essa obrigação não chegará sequer a constituir-se.

Recorde-se que, antes de preenchido o título, *o próprio aval* não existe sequer enquanto negócio jurídico, como não existe sequer um *título cambiário* na conformação exigida pelos arts. 1º e 75º LU. O que temos é a *vinculação jurídica* constante do acordo de preenchimento, acrescida da vinculação cambiária *em estado embrionário* (através da assinatura aposta no título) e o *poder fáctico* de o portador do título o vir a preencher.

Defendo que *o relevo concreto* a atribuir a esta situação complexa e ao potencial de vinculação que encerra –pois o subscritor em branco fica num estado análogo ao da sujeição, inevitavelmente exposto à constituição da obrigação cambiária na sua esfera jurídica por mero efeito do preenchimento (conforme) do título – deverá ser definido em face dos particulares regimes jurídicos cuja aplicação se equacione[91]. E já tive o ensejo de *equiparar* a situação do portador de um título cambiário em branco à posição do credor condicional no contexto da disciplina aplicável à impugnação pauliana[92]. Ora, também em sede de insolvência me parece que o raciocínio colhe.

Igualmente no que respeita ao portador de um título em branco podemos afirmar (como faz a doutrina civilista a propósito do credor condicional) que "não tem um direito exercitável", embora as partes já estejam de algum modo vinculadas – na medida em que estão sujeitas à produção do

[90] Cfr. *supra*, nº 2.1, e Carolina Cunha, *Manual de letras e livranças, cit.*, p. 229-231.

[91] Assim Carolina Cunha, *Manual de letras e livranças, cit.*, p. 230-231, e já antes *Letras e livranças: paradigmas actuais e recompreensão de um regime, cit.*, p. 635, ss.

[92] Carolina Cunha, *Manual de letras e livranças, cit.*, p. 231-233, e *Letras e livranças: paradigmas actuais e recompreensão de um regime, cit.*, p. 637, ss.

efeito jurídico visado uma vez verificado evento condicionante[93]. Pelo que, verificado esse evento, "a aquisição de um direito à custa de outrem" também "não pode ser já impedida por esse outrem"[94].

Ou seja, justifica-se que lhe seja reconhecido o estatuto de credor condicional pelas mesmas razões que acima discriminámos[95]: é titular de uma expectativa cujo *grau* de consistência prática *reclama* um certo limiar de tutela jurídica. Também ele terá interesse em *suscitar* a declaração de insolvência do seu potencial devedor-avalista (em paralelo com, ou independentemente da, insolvência do devedor avalizado), por forma a acautelar uma eventual derrocada da sua situação financeira com reflexos negativos sobre a satisfação do crédito que se viesse a constituir[96]; também ele terá interesse em ver o seu crédito potencial *reconhecido* e, se se vier a justificar o preenchimento do título no decorrer do processo, em vê-lo atendido no rateio[97]. A circunstância de o crédito condicional que pretende fazer valer *não ser porventura líquido* (só o incumprimento do contrato principal garantido pelo título determinará com exactidão o montante em dívida) não é obstáculo, em face do regime do art. 96º, 1, b): "os créditos pecuniários cujo montante não esteja determinado são atendidos pelo valor em euros *estimável* à *data da declaração* de insolvência"[98]. E, como vimos, o número de votos correspondente ao crédito será fixado pelo juiz "em atenção à probabilidade da verificação da condição" (art. 73º, 2)[99].

4.1.1.5. Jurisprudência relevante

Alguma jurisprudência, contudo, tem vindo a *recusar o estatuto de credor condicional* ao portador de letra ou livrança em branco com base em argumentos que não nos parecem de todo convincentes.

[93] MANUEL DE ANDRADE, *Teoria geral da relação jurídica*, vol. II, *cit.*, p. 378.

[94] C. MOTA PINTO, *Teoria Geral do Direito Civil*, *cit.*, p. 572-573.

[95] Ver *supra*, nºs 4.1.1.2 e 4.1.1.3.

[96] Mas, obviamente, com fundamentos diversos dos especificamente relativos a esse crédito, que ainda se não constituiu – cfr. *infra*, nº 4.2.

[97] Até porque, com o preenchimento, o credor terá nas mãos *um verdadeiro título executivo* – cfr. art. 703º, 1, c) CPCiv.

[98] No sentido de que os créditos de que o requerente é titular podem "ser líquidos ou ilíquidos", já SOUSA MACEDO, *Manual de direito das falências*, vol. I, *cit.*, p. 384.

[99] O que poderá implicar ponderar a situação do avalizado-garantido – *v.g.*, se está contra ele pendente um pedido de insolvência.

Assim, o Acórdão do STJ 16-01-2014, depois de sublinhar (e bem) que "o pacto de preenchimento confere ao credor de livrança subscrita o poder potestativo de a preencher de acordo com esse pacto, conferindo-se, deste modo, completa eficácia ao título, podendo, a partir de então, fazer-se valer o crédito emergente da obrigação cambiária", concluiu (um tanto precipitadamente, parece-me) que "o titular desse poder não dispõe de um crédito condicional sobre o avalista visto que os negócios cambiários são incondicionáveis". É verdade que os negócios cambiários são incondicionáveis[100], mas não é isso que está em causa: é do próprio preenchimento do título e, portanto, do completamento da declaração de vontade que dá corpo aos negócios cambiários que se trata. Antes do preenchimento *não há título, nem negócio(s) cambiário(s)* – por isso *não faz sentido* invocar a regra da incondicionabilidade.

Mais: a LU *admite expressamente* a figura da letra (e livrança) em branco no art. 10º (para o qual o art. 77º também remete), instrumento que é sobretudo utilizado para *condicionar* a constituição de toda a relação jurídica cambiária (que ocorre com o preenchimento do título já assinado) à superveniência de determinado evento (o incumprimento do contrato garantido). É aí que reside a estrutura condicional da *operação jurídica* entendida como um todo: na *fattispecie* complexa que engloba: (1) a *vinculação jurídica* constante do acordo de preenchimento; (2) um *embrião* de (futura) vinculação cambiária (a assinatura aposta no título); (3) e o *poder fáctico* de o portador do título o vir a preencher (sem nova manifestação de vontade por parte do subscritor)[101].

Também a Relação de Guimarães, no seu Acórdão de 29-01-2015, concluiu que "o portador de letra ou livrança avalizada em branco e ainda por preencher não pode ser considerado como credor condicional a que alude o artigo 20º,1 do CIRE". Mas, uma vez mais, a justificação deixa a desejar, já que mistura a questão da legitimidade activa do requerente com a determinação da situação de insolvência do requerido: como se lê

[100] Sobre a incondicionabilidade dos negócios jurídicos cambiários, seu fundamento legal e justificação dogmática, ver CAROLINA CUNHA, *Manual de letras e livranças, cit.*, p. 28-29, com indicações bibliográficas.

[101] Ou, repetindo JANUÁRIO GOMES, "O (in)sustentável peso do aval em livrança em branco", *cit.*, p. 43, estamos perante um *contrato de garantia pessoal atípica* que "engloba, complexivamente, o acordo ou autorização de preenchimento e o documento em branco assinado pelo avalista" – é esse contrato que consubstancia o *negócio condicional*.

no respectivo sumário, "não se produzindo contra o avalista os efeitos da vinculação cambiária por ele assumida em letra ou livrança subscrita em branco, enquanto esta não for preenchida, não pode, consequentemente, ser decretada a insolvência do avalista pelo incumprimento dessa obrigação cambiária"; na decisão acrescenta-se que "se se considerasse que o respectivo portador dispunha de um crédito cambiário condicional, o incumprimento referir-se-ia a outras obrigações, todas elas respeitantes a livranças avalizadas e não preenchidas, e, portanto, que ainda se não poderiam considerar vencidas e, consequentemente, não cumpridas".

Ou seja, parece que o problema terá sido a *falta de demonstração*, pelo requerente da insolvência, de que o requerido *se encontrava na situação* delineada pelo art. 3º, 1, CIRE, uma vez que não estava (ainda) impossibilitado de cumprir as suas obrigações vencidas. Porque para o credor condicional obter a declaração de insolvência do seu potencial devedor tem de demonstrar que ele está *impossibilitado de cumprir outras obrigações, já vencidas*, certamente contraídas perante outros credores que não ele[102], *ou prevalecer-se dos factos-índice* elencados no art. 20º, 1 CIRE sem que o devedor consiga contraditá-los ou ilidir as presunções que deles decorrem. Mas nada disto acrescenta ou retira legitimidade activa ao credor condicional – ou a qualquer outro.

Diferente foi a perspectiva do STJ no seu Acórdão de 15-05-2013, embora a decisão versasse sobre o problema afim da legitimidade do portador do título em branco para *reclamar o seu (eventual) crédito*, e não para apresentar pedido de insolvência). De todo o modo, segundo o Supremo "é, na verdade, *a categoria de crédito condicionado* (sob condição suspensiva) que, para efeitos do processo de insolvência, melhor caracteriza o crédito do portador relativamente àquele que numa livrança subscrita em branco apôs o seu aval". Acompanho esta conclusão pelas razões acima aduzidas, embora não exactamente a sua fundamentação – o acórdão parece tomar partido pela teoria da emissão[103], numa formulação *sui generis*[104].

[102] Porque *se também ele* for credor não condicional a discussão perde relevo prático.

[103] Ver *supra* , nº 2.1, em especial nota 7.

[104] Separando "o momento da *constituição da obrigação* cambiária traduzida em letras ou em livranças sacadas ou subscritas em branco daquele em que se *efectiva o direito* de crédito que naturalmente depende do preenchimento do título". Daqui conclui que "a constituição da obrigação cambiária do avalista não está dependente do preenchimento da livrança", ocorrendo logo com "a aposição do aval, ainda que, tratando-se de aval em branco, a quantificação da

Mas se a construção conceptual subjacente à opção do STJ me parece não ser a preferível – ou sequer necessária para sustentar o estatuto de credor condicional do avalista –, já a análise que o acórdão faz dos interesses subjacentes e do modo como a solução de reconhecer o crédito sob condição os compõe da melhor forma merece todo o meu aplauso. Começa o Supremo por relembrar que, a partir da declaração de insolvência, "todos os direitos de crédito devem ser exercidos através dos mecanismos previstos no CIRE (art. 90º)" – daí o *interesse do portador do título* "no sentido de alcançar de imediato o reconhecimento e a graduação do seu crédito". Ora, o reconhecimento do crédito como condicional satisfaz esta pretensão, sem desproteger "o *interesse do insolvente e avalista*, no sentido de não ser de imediato responsabilizado enquanto mero garante de obrigação que, afinal, até poderá [vir a] ser satisfeita pelo avalizado" ou sequer o "o *interesse do próprio avalizado* que, alheio à insolvência do avalista, não tem de suportar de imediato os efeitos de um preenchimento antecipado do título de crédito, contra o que ficou previsto no pacto de preenchimento".

4.1.2. O aval resolúvel em benefício da massa e o interesse do credor em demandar

Uma outra situação problemática diz respeito à legitimidade do credor cambiário (desta feita, de um título preenchido ou até mesmo de um título *ab initio* completo) para requerer a declaração de insolvência do avalista *quando o aval se possa dizer resolúvel em benefício da massa insolvente.* A recusa dessa legitimidade apoia-se no *argumento da falta de interesse em demandar* e a resolubilidade do aval é sustentada, em face do art. 121º, 1, d), do CIRE, pela circunstância de o aval haver sido prestado nos *seis meses anteriores* à data de início do processo de insolvência e de não respeitar a operações negociais *com real interesse* para o avalista.

4.1.2.1. O AUJ nº 8/97 e a discussão no direito anterior

Como pano de fundo da discussão é chamado à colação um outro elemento: o AUJ nº 8/97[105] – acórdão que, apesar de dizer sobretudo respeito

obrigação cambiária e a sua exigibilidade fiquem condicionados pela verificação de um evento futuro e incerto: o preenchimento dos elementos em falta". Ou seja, o STJ reporta a *incerteza da condição suspensiva* não à *constituição* da própria relação jurídica cambiária, mas à mera *quantificação* e *exigibilidade* do direito de crédito nela contido.

[105] Publicado no DR, I série A, de 09.04.1997.

à interpretação de uma norma entretanto revogada, abordava indirectamente uma questão semelhante. Na verdade, o art. 1200º, nº 1, al b) do antigo CPCiv. (revogado pelo DL nº 132/93, de 23 de Abril, que aprovou o CPEREF) determinava serem resolúveis em benefício da massa falida as fianças de dívida (o que também se verificava, quanto à massa insolvente, por força do igualmente revogado art. 1315º). Daqui se retirava[106] que o credor do fiador não podia invocar essa sua qualidade para requerer a declaração de falência ou insolvência do devedor, porque, sendo a fiança resolúvel, *no preciso momento em que procedesse o seu pedido desaparecia o seu interesse objectivo em tal declaração*, através da resolução da fiança a favor da massa[107] – ou, mais precisamente, dado o *efeito retroactivo* dessa resolução[108].

A questão de que o AUJ se ocupa prende-se com a aplicação deste regime (por interpretação extensiva ou analogia) aos casos de prestação de aval. O STJ acaba por concluir que a falta de referência da citada norma ao aval não corresponde a uma omissão involuntária: as semelhanças que

[106] Embora *não fosse um entendimento unânime*: veja-se a referência que o AUJ faz ao acórdão recorrido – o qual entendeu que a circunstância de um crédito nas referidas condições vir a ser considerado ineficaz não poderia conduzir à conclusão de que o credor requerente era parte ilegítima, por se tratar de *facto futuro posterior* à declaração de falência ou insolvência.

[107] Neste sentido António Menezes Cordeiro, "Insolvência: da resolução da fiança e do aval em benefício da massa; o interesse em agir – Anotação ao Acórdão do Tribunal da Relação do Porto de 9 de Janeiro de 1999" –, *ROA*, 1990, I, p. 159-180, p. 179 e 180 ("os titulares de posições jurídicas incluídas na lista desse preceito [o art. 1200º, 1, CPCiv.] não podem alegar *essas mesmas posições* para requerer falências ou insolvências: uma vez que elas são resolúveis, no *preciso momento* em que o seu pedido fosse proceder, desapareceria, pela resolução a favor da massa, o seu interesse objectivo na medida"; "se o fizerem, *há ilegitimidade por falta de interesse em agir*" e tal equivale a apresentar um pedido que "se esboroaria automaticamente com a sua própria procedência"); ver também o Parecer do Ministério Público, "Avales e fianças de dívidas. Legitimidade para requerer a insolvência de avalista. Possuidor de letras avalizadas, descontadas e não pagas", *BMJ*, nº 464, 1997, p. 14-21, p. 18 ("se um credor quiser pedir a declaração de insolvência do fiador do seu devedor, de nada lhe valerá o esforço ou o dispêndio, pois que no próprio momento em que obtiver ganho de causa perderá a sua qualidade de credor", desaparecendo assim o seu "interesse económico", que seria melhor servido pela execução singular como credor da fiança; quanto ao "interesse jurídico", também não está presente porque na subsequente liquidação patrimonial falimentar "nunca o credor do fiador poderá invocar essa qualidade ou dela prevalecer-se").

[108] Como conclui o AUJ: "embora *a declaração* da falência ou insolvência seja *posterior* ao seu requerimento, a destruição legal da fiança tem se *reportar a esta última data*" (sublinhados meus).

se podem apontar entre o aval e a fiança[109] é que "não convenceram o legislador", que, portanto, "não formulou deficientemente a revogada alínea b) do nº 1 do artigo 1200ºdo Código de Processo Civil". Assim uniformizou a jurisprudência no sentido de que a norma "durante a sua vigência nunca abrangeu os avales de dívidas" e de que o possuidor de letras avalizadas "tem legitimidade para requerer a insolvência do avalista desses títulos".

4.1.2.2. A questão na jurisprudência recente

Ora, chamada a decidir por Acórdão de 30-06-2009, a Relação do Porto considerou que *actualmente*, "ao invés do que ocorria no âmbito do art. 1200º do Cód. de Proc. Civil, no entendimento fixado pelo Acórdão do STJ nº 8/97 e do art. 156º do CPEREF", *o aval é um acto resolúvel em benefício da massa insolvente*, desde que verificados o *requisito temporal* (haver sido prestado nos seis meses anteriores ao início do processo de insolvência) e o *requisito material* (não respeitar a operações negociais com real interesse para o insolvente) exigidos pelo art. 121º, 1, d), CIRE. Por conseguinte, considerou o Tribunal que, "uma vez que o aval, desde que preenchida a previsão deste artigo, é resolúvel em benefício da massa insolvente e como a resolução tem efeito retroactivo, nos termos do art. 434, nº 1 do Cód. Civil, *tudo se passaria como se o credor do aval nunca tivesse sido credor*, daí resultando a sua *falta de interesse em requerer a insolvência* do avalista e a sua consequente *ilegitimidade*"[110].

Em sentido oposto decidiu a Relação de Coimbra no seu Acórdão de 28-09-2010: "na vigência do CIRE, não pode ser declarada a ilegitimidade

[109] Destacadas, em análise ao CPCiv. de 1939, por J. G. PINTO COELHO, "A falência e a rescisão dos actos prejudiciais à massa: interpretação dos arts. 1168º, 1169º e 1170º do Código de Processo Civil, *ROA*, 1943, nºs 3-4, p. 140-168, p. 147; e, posteriormente, face ao mencionado art. 1200º CPCiv., pelo Parecer do Ministério Público, "Avales e fianças de dívidas", *cit.*, p. 19 ("a próxima e quase análoga natureza jurídica" de aval e fiança justifica a interpretação extensiva daquela norma, até porque "seria absurdo e injustificável que uma garantia pessoal por dívida de outrem fosse ou não resolúvel em benefício da massa conforme tivesse assumido a forma de fiança *stricto sensu* ou de "fiança" por aval cambiário").

[110] Sublinhados meus. Todavia, em concreto, como "a ilegitimidade da requerente para peticionar a insolvência sempre dependeria da verificação da situação prevista" no art. 121º, 1, d), CIRE e "nada se disse a este propósito, designadamente sobre se as operações negociais em causa tinham ou não real interesse para a requerida", a posição de fundo assumida acabou por não ter relevo prático, coincidindo o resultado com o obtido no acórdão da RC que no texto a seguir se cita.

activa do credor, *apenas baseada na possibilidade futura e hipotética* de vir a ser considerado que a operação garantida por aval ou fiança não reveste "real interesse" para o insolvente". O Tribunal relembra que, na vigência do regime anterior, existia "uma previsão legal de funcionamento automático", que "actuava dependendo apenas do facto de se tratar de uma 'fiança de dívida'". Assim, declarada a insolvência, o requerente deixaria de ser credor, "visto a resolução prevista naquele art. 1200º [do CPCiv.] ter carácter retroactivo".

Sucede que *este mecanismo automático "deixou de existir"*, já que o art. 121º, 1, d), CIRE "prevê *dois requisitos* essenciais: um de *natureza temporal* (prazo de 6 meses antes do início do processo de insolvência); outro de *natureza substantiva* (a operação garantida não revestir "real interesse" para o insolvente)"[111]. Por conseguinte, conclui o Tribunal, para que se possa afirmar a ilegitimidade do credor têm – "face aos factos alegados e à prova produzida" – de se dar por verificados *ambos os requisitos*, o que, no caso *sub judice*, não ocorreu: *não se demonstrou* que as "operações bancárias tituladas pelas livranças" não revestiam "real interesse" para o insolvente[112].

4.1.2.3. Apreciação crítica

Em face do actual regime jurídico, portanto, a resolução dita incondicional[113] do aval em benefício da massa depende da verificação de *dois requisitos*. O primeiro, o requisito temporal, é relativamente *fácil de apurar*, já que implica tão-só *confrontar* a data da prestação do aval com a data do início do processo de insolvência (só será resolúvel o aval prestado nos seis meses anteriores ao início do processo). Mas o segundo requisito, de índole material, é susceptível de levantar maiores dificuldades, já que exige a conclusão de que a operação negocial avalizada não reveste "real interesse" para

[111] Sublinhados meus.

[112] Com o que (não tão paradoxalmente) se aproximam os desenlaces de ambos os arestos mencionados neste ponto.

[113] O termo *incondicional* não nos deve induzir em erro, como alerta, FERNANDO DE GRAVATO MORAIS, *Resolução em benefício da massa insolvente*, Almedina, Coimbra, 2008, p. 79-80: significa que a resolução pode ocorrer "sem dependência de quaisquer *outros* requisitos" – *i.e.*, sem dependência *dos requisitos elencados no art. 120º*, como sejam a prejudicialidade do acto ou a má-fé do terceiro –, mas *obviamente apenas caso se verifiquem os requisitos tipificados* em cada uma das previsões normativas do art. 121º. Neste sentido, também CARVALHO FERNANDES/ JOÃO LABAREDA, *Código da Insolvência*, *cit.*, p. 530, anot. nº 4 ao art. 121º.

o avalista. Requer, portanto, *a densificação deste conceito indeterminado* de que o legislador do CIRE se valeu e requer, sobretudo, a concreta produção de prova.

E é aqui que reside o busílis da *ausência de "automaticidade"* que a actual resolução do aval evidencia, em contraste com o anterior regime da resolução da fiança[114]. Ambas as resoluções possuem *carácter retroactivo* (veja-se, no direito presente, o art. 126º, 1, CIRE), mas, actualmente, não basta demonstrar que *existe* um aval prestado no *período de tempo relevante*: é necessário demonstrar que a operação subjacente *preenche o requisito material* do art. 121º, 1, d), CIRE. Sem isso, não estará minimamente posto em causa o interesse do credor em requerer a insolvência[115].

Ora, nas situações típicas sobre as quais nos temos vindo a debruçar, o aval é prestado *por um sócio* sobre um título cambiário destinado *a garantir uma dívida da sociedade a que pertence* – dívida tipicamente resultante de uma operação de financiamento. Aliás, muitas vezes, a prestação de aval pelos sócios *é condição da obtenção do financiamento pela sociedade* (que figura no título como avalizada – seja na posição de aceitante, se se tratar de uma letra, seja na posição de emitente, se se tratar de uma livrança). O sócio avalista prossegue, portanto, também "um efectivo interesse seu"[116], de "natureza financeira ou patrimonial", que se apresenta como "concreto, tangível e efectivo" e que se pode "medir objectivamente, em função de dados determinados"[117]: *enquanto sócio, tem interesse em que a sociedade obtenha financiamento* (através da *relação fundamental garantida* pelo título, que constitui a "operação negocial" para efeitos da al. d) do art. 121º, 1) que lhe

[114] Cfr. *supra*, ponto 4.1.2.1. Como se lê no Parecer do Ministério Público, "Avales e fianças de dívidas", *cit.*, p. 17: "a resolução da fiança opera *ope legis*, não sendo sequer necessário provar-se que ela haja sido assumida em prejuízo de quem quer que seja".

[115] E, mesmo feita essa prova, sempre se poderia argumentar que a resolução não é absolutamente certa ou inexorável – depende *sempre* de uma concreta actuação do futuro administrador da insolvência –, argumento particularmente pertinente se tivermos em conta aquilo a que Sousa Macedo (*Manual de direito das falências*, vol. I, *cit.*, p. 383-384) chama "função social" do direito de requerer a insolvência e que leva a perspectivar a actuação do credor individual como instrumento de realização de um interesse de carácter geral.

[116] Carvalho Fernandes/ João Labareda, *Código da Insolvência*, *cit.*, p. 532, anot. nº 9 ao art. 121º, caracterizando nestes termos ("prosseguir, além do interesse do credor da obrigação, um efetivo interesse seu") o requisito legal de que nos ocupamos.

[117] Socorro-me agora da caracterização de Gravato Morais, *Resolução em benefício da massa insolvente*, *cit.*, p. 126-127.

permita funcionar e gerar dividendos susceptíveis de distribuição, valorizando a empresa societária e a própria participação social do avalista.

Por conseguinte, sempre que estejamos perante uma situação em que o aval é prestado por um sócio como garantia de uma "operação negocial" da sociedade *só muito dificilmente se poderá afirmar que essa operação não reveste, para ele, um "real interesse"* – e, portanto, só muito dificilmente estará preenchido o requisito material de que depende a possibilidade de resolução do aval[118].

4.1.2.4. Algumas notas adicionais sobre a resolução do aval em benefício da massa: protecção de terceiros através do art. 124º CIRE

Em termos de evolução legislativa, a *explícita inclusão do aval* no rol das garantias pessoais que a declaração de insolvência permite destruir com efeitos retroactivos corresponde a uma *importante inovação* – ao contrário da fiança, desde cedo contemplada pelo legislador[119], e cuja previsão normativa doutrina e jurisprudência questionavam se seria ou não aplicável ao aval[120].

[118] Ainda assim, em circunstâncias muito particulares, isso poderá acontecer. Mais frequentes e relevantes, parece-me, tenderão a ser *as situações em que um não-sócio é "convencido"* – por razões familiares ou de amizade, retribuição de favores, etc. – a avalizar um título entregue para garantia de uma dívida social: aí sim, já é possível afirmar que a operação negocial cambiariamente garantida *não reveste real interesse para o avalista.* A resolubilidade também será de afirmar nas situações em que o aval é prestado, por idênticas razões, como garantia de um negócio celebrado por um avalizado pessoa singular. Em qualquer dos casos, porém, considero redundante a terminologia "aval de favor" para designar a situação do avalista que subscreve o título para "prestar um favor" (CAROLINA CUNHA, *Manual de letras e livranças, cit.*, p. 237-238); o que se passa é que a relação (directamente) subjacente ao aval apresenta um conteúdo bastante variável (*ibidem*, p. 119-120).

[119] Como realça GRAVATO MORAIS, *Resolução em benefício da massa insolvente, cit.*, p. 109-110, a fiança começou por ser resolúvel em benefício da massa por força do art. 1200º, 1, b) do CPCiv. de 1961 e, depois, foi reputada presumivelmente celebrada de má fé para efeito da impugnação em benefício da massa falida na vigência dos arts. 158º e 157º, e), CPEREF (mas veja-se J. OLIVEIRA ASCENSÃO, "Efeitos da falência sobre a pessoa e negócios do falido", ROA, Ano 55, Dezembro 1995, p. 641-688, p. 681, para quem as fianças, "se são outorgadas a título gratuito, estão sujeitas à resolubilidade do art. 156º, a)"). Actualmente, partilha a al. d) do art. 121º, 1, CIRE com o aval e outras garantias pessoais.

[120] Para uma resenha das principais posições a favor e contra, cfr. GRAVATO MORAIS, *Resolução em benefício da massa insolvente, cit.*, p. 114-115. A questão esteve, como vimos *supra*, nº 4.1.2.1, na origem do referido AUJ nº 8/97, que uniformizou a jurisprudência no sentido de que o art. 1200º, 1, b) CPCiv. "durante a sua vigência nunca abrangeu os avales de dívidas". O STJ considerou que a ausência de previsão do aval não correspondia a uma lacuna da lei, mas a

O legislador do CIRE *cortou com o silêncio* (eloquente ou não, discutia-se, mas, tratando-se de uma questão controvertida já no domínio do CPCiv. de 1961, a falta de menção do aval pelo CPEREF não poderia deixar de veicular a ideia de se pretender manter o aval arredado da previsão da norma sobre impugnação de garantias) e consagrou, nas condições que analisámos – *i.e.*, somando um requisito temporal a um requisito material –, que *o aval prestado pelo insolvente pode ser resolvido em benefício da massa*. Com esta opção, manifestou a *preponderância* da "protecção dos credores da insolvência" *sobre* a "tutela dos credores cambiários"[121] e *impediu* doravante manobras do sujeito que, no limiar da insolvência ou para lá dele, recorresse ao aval (em alternativa à fiança e na mira de escapar a uma posterior resolução) para tentar sonegar (pelo accionamento da garantia) bens à massa[122].

Mas, do mesmo passo, o legislador do CIRE veio suscitar algumas dificuldades na esfera do direito cambiário[123], que procurarei brevemente enunciar e, tanto quanto possível, esclarecer.

O aval, tal como os restantes negócios cambiários, é um negócio jurídico unilateral, e a *vexata quaestio* da destruição dos seus efeitos através de uma declaração de vontade coloca-se, tradicionalmente, no plano da actuação do próprio declarante (o avalista). Neste contexto, tem-se sustentado que *o aval em si* não é susceptível de denúncia ou de resolução pelo avalista[124]; quando muito, pode ocorrer uma desvinculação unilateral do subscritor

uma opção consciente do legislador que conferiu maior peso às diferenças entre o aval e a fiança do que às semelhanças que entre ambas as garantias intercedem.

[121] GRAVATO MORAIS, *Resolução em benefício da massa insolvente, cit.*, p. 115.

[122] Argumento já esgrimido pela tese vencida no AUJ nº 8/97 – veja-se o Parecer do Ministério Público, "Avales e fianças de dívidas", *cit.*, p. 20: se o objectivo da resolubilidade da fiança é o de "preservar para os credores o património do insolvente (ou do falido), tornando-o imune às tentações e calculismos do seu próprio titular", será que o insolvente, "por regra calculista, poderá em alternativa, utilizar impunemente o aval, desse modo prejudicando os seus credores?".

[123] Justamente, as razões ligadas à "exigência de segurança" que deve oferecer o título cambiário eram esgrimidas pelos defensores da tese segundo a qual o preceito que mencionava a fiança não se devia estender ao aval (cfr. AUJ nº 8/97 e autores aí citados).

[124] Assim, quanto à denúncia, o AUJ nº 4/2013 do STJ (publicado no DR 1ª série, 21 de janeiro de 2013) – "os efeitos da obrigação cartular assumida pelo avalista destacam-se da obrigação subjacente segregando um feixe de obrigações e deveres que, do nosso ponto de vista, não são passíveis de denúncia" –posição com a qual concordei (genericamente, mas com algumas *nuances*) em CAROLINA CUNHA, "Cessão de quotas e aval: equívocos de uma uniformização de jurisprudência", *cit.*, p. 101-103.

cambiário *ao nível da relação fundamental*, cujos *reflexos no plano cambiário* (ou, se quisermos, cuja *oponibilidade* a credores cambiários) depende de uma multiplicidade de factores decisivamente filtrados pelos comando normativos do art. 10º LU (para as subscrições em branco) e do art. 17º LU (para as subscrições de títulos completos)[125].

Todavia, a resolução em benefício da massa tem uma configuração ou natureza jurídica *sui generis*, que não permite reconduzi-la ao instituto geral da resolução do negócio jurídico[126]. Certo que também opera através de *declaração unilateral*, no exercício de um *direito potestativo extintivo*[127]; certo que também carece de ser *fundamentada*. Mas não só os *fundamentos* não coincidem com os admitidos para a resolução propriamente dita (*v.g.*, incumprimento, justa causa, situação prevista em estipulação negocial), como corresponde a um específico *poder conferido por lei a um terceiro* – o administrador da insolvência –, alheio ao negócio a resolver[128], e

[125] Num quadrante diferente estão as situações que não chegam a ser de (des)vinculação, mas de *perfeição do negócio jurídico*, dado que a declaração negocial de aval *não chega, sequer, a produzir efeitos*. Suponha-se que A aceita uma letra sacada à própria ordem por B e a entrega temporariamente a C para que este, sobre o título, preste o seu aval em benefício do aceitante A. C avaliza a letra mas, antes de a devolver a A – que a deporá finalmente nas mão de B, seu credor na relação fundamental–, arrepende-se e risca a sua declaração de aval. Neste caso, o regime do art. 29ºI LU é aplicável *mutatis mutandis* e dele resulta que a eficácia da declaração (ou, se preferirmos, a constituição da obrigação) *não se basta* com o simples acto de exteriorização da vontade correspondente à subscrição do título; antes situa o momento da eficácia no segmento que lógica e cronologicamente se lhe segue: o da *emissão ou expedição* da declaração cambiária.
Por isso, note-se, que se, pelo contrário, a letra já tiver regressado às mãos de B (ou até de A), a declaração de aval considera-se emitida, deixando de ser possível a C desvincular-se. Mesmo que, por hipótese, se conseguisse voltar a apoderar do título e riscasse o seu aval, estaríamos em presença de uma *falsificação*, tornando-se irrelevante a rasura efectuada (art. 69º LU). Para uma análise deste e de outras hipóteses, ver Carolina Cunha, *Letras e livranças: paradigmas actuais e recompreensão de um regime, cit.*, p. 69, ss. e "Cessão de quotas e aval: equívocos de uma uniformização de jurisprudência", *cit.*, p. 102, nota 32.

[126] Desenvolvidamente, Gravato Morais, *Resolução em benefício da massa insolvente, cit.*, p. 190, ss.

[127] Assim Gravato Morais, *Resolução em benefício da massa insolvente, cit.*, p. 194.

[128] E *não* está sequer aqui em causa uma faculdade que se pudesse dizer *inscrita* na esfera jurídica do insolvente e que o administrador passará a exercer ao abrigo do comando genérico do art. 81º, 1, CIRE ("a declaração de insolvência priva imediatamente o insolvente (...) dos poderes de administração e de disposição (...),os quais passam a competir ao administrador da insolvência"). Trata-se, isso sim, de um *poder expressamente conferido ao administrador* para a salvaguarda do valor da massa insolvente.

cujo exercício visa a *salvaguarda dos interesses de outros terceiros* – o colectivo dos credores da insolvência[129]. E *algumas similitudes* que o *regime* da resolução em benefício da massa possa apresentar em face das normas que regulam outros modos de extinção *lato sensu* dos efeitos do negócio jurídico (nulidade, anulabilidade) ou certos meios de conservação da garantia patrimonial (impugnação pauliana) não são suficientes para permitir a sua qualificação nesses termos[130]. As similitudes têm que ver, parece-me, com o *funcionamento do mecanismo* – em qualquer dos casos, dirigido à destruição (total ou parcial) dos efeitos do negócio –, mas não com a *ratio* da sua consagração legal.

Seja como for, do ponto de vista cambiário, a específica inclusão do aval no elenco dos actos susceptíveis de resolução incondicional não pode deixar de levar a que se reconheça este mecanismo como *produtor da extinção do próprio negócio jurídico cartular.* O que nos leva à questão seguinte: *como harmonizar* esta consequência com os interesses inerentes à *defesa da circulação do título* e concomitante *protecção de terceiro,* que impregnam a disciplina jurídica cambiária?

Comece por se notar que o actual paradigma de utilização de letras e livranças envolve *pouca ou nenhuma circulação* dos títulos, que apenas são endossados nas hipóteses de desconto bancário[131]. O portador (geralmente o sacador à própria ordem ou o beneficiário da livrança) prefere conservar o documento em seu poder, de modo a aproveitar a sua qualidade de título executivo (art. 703º, 1, c) CPCiv.) em caso de incumprimento. Ainda assim,

[129] Neste sentido, GRAVATO MORAIS, *Resolução em benefício da massa insolvente, cit.*, p. 47 (está em causa a salvaguarda dos "interesses supremos da generalidade dos credores da insolvência"). O que explica a nítida preferência pela resolução em benefício da massa, em detrimento da impugnação pauliana, manifestada pelo legislador insolvencial no art. 127º CIRE. Na verdade, a primeira aproveita a todos os credores, ao contrário da segunda – como destacam MARIA DO ROSÁRIO EPIFÂNIO, *Manual de Direito da Insolvência, cit.*, p. 220, e CARVALHO FERNANDES/ JOÃO LABAREDA, *Código da Insolvência, cit.*, p. 543-544, anot nº 4 ao art. 127º. Sobre o conflito entre a natureza universal do processo de insolvência, regido pelo princípio da *par conditio creditorum*, e a regra de que as impugnações paulianas admitidas e procedentes apenas aproveitarão ao credor que as haja requerido, CATARINA SERRA, *O Novo Regime Português da Insolvência – Uma Introdução*, 4ª ed., Almedina, Coimbra, 2010, p. 101, e MENEZES LEITÃO, *Direito da Insolvência, cit.*, p. 210.

[130] Como bem demonstra GRAVATO MORAIS, *Resolução em benefício da massa insolvente, cit.*, p. 190, ss.

[131] Para uma descrição mais completa dos paradigmas de utilização actual cfr. CAROLINA CUNHA, *Manual de letras e livranças, cit.*, p. 20-23.

convém esclarecer *qual a posição de* (eventuais) *terceiros portadores do título* em face da resolução de um aval (anterior) em benefício da massa insolvente.

E a resposta, *prima facie*, parece ser a perda do direito de demandar o avalista, já que aquela "peculiar característica do título cambiário, que garante ao portador (imediato ou mediato) do título o pagamento" pelo avalista, "cede agora perante os interesses dos credores do insolvente"[132]. Ou seja, o regime insolvencial vai providenciar ao avalista insolvente *um meio de defesa oponível a qualquer portador do título*: *não mais se encontra cambiariamente vinculado*, porque o aval foi resolvido.

Aqui chegados, convém tecer duas observações pertinentes. A primeira é que não estamos perante uma situação que reclame a aplicação do art. 17º LU: *não se trata* de excepção fundada em *relações extracartulares* do avalista com outros sujeitos cambiários. A resolução atinge, por força do art. 121º, 1, d) CIRE, *o próprio negócio cambiário de aval*. Estamos, portanto, no quadrante normativo do art. 7º LU: é *a própria obrigação do avalista que decai*.

Certo que o art. 7º LU, na sua formulação literal[133]– referindo expressamente situações de incapacidade do subscritor e de declarações sob o nome de outrem ("assinaturas falsas"), e englobado genericamente "assinaturas que por qualquer outra razão não poderiam obrigar as pessoas que assinaram a letra" – remete para um conjunto de *patologias internas contemporâneas da formação* dos negócios jurídicos cambiários susceptíveis de impedir a regular produção de efeitos[134]. Já a resolução em benefício da massa determina uma cessação dos efeitos negociais por força de um *evento externo posterior ao momento da celebração*. Mas *ambas* as situações integram a categoria tradicional da *ineficácia em sentido amplo*, a qual "compreende todas as hipóteses em que, por causas intrínsecas ou extrínsecas, o negócio não deve produzir os efeitos a que tendia"[135]. Julgo, por isso, *aplicável o art. 7ºLU*: ainda estamos em presença de uma "razão" (a resolução) pela qual a assinatura do avalista não o "poderia obrigar".

[132] GRAVATO MORAIS, *Resolução em benefício da massa insolvente, cit.*, p. 118-119

[133] Sobre a interpretação desta norma, cfr. CAROLINA CUNHA, *Manual de letras e livranças, cit.*, p. 115, ss., e *Letras e livranças: paradigmas actuais e recompreensão de um regime, cit.*, p. 478, ss.

[134] Sobre as patologias da declaração cartular enquanto negócio jurídico e o relevo potencialmente invalidante de falta e vícios da vontade na intersecção entre o art. 7º LU e o regime geral do Código Civil, ver CAROLINA CUNHA, *Letras e livranças: paradigmas actuais e recompreensão de um regime, cit.*, p. 500-513.

[135] C. MOTA PINTO, *Teoria Geral do Direito Civil, cit.*, p. 615.

Ainda assim– não tanto porque seja esse o conteúdo útil do art. 7º LU, mas sobretudo porque é o que decorre do regime geral das obrigações solidárias (art. 514º, 1, CCiv.)[136] –, *a resolução do aval em nada afecta as restantes obrigações exaradas no título*: os restantes obrigados cambiários (em particular, o avalizado) continuam vinculados a cumprir perante o portador.

A segunda observação que importa tecer é a seguinte: apesar de o regime cambiário não dispensar qualquer protecção ao terceiro adquirente do título em caso de resolução do aval, tal não significa que esse terceiro fique inteiramente desprovido de tutela. Continuará a merecer *a tutela que o art. 124º do CIRE dispensa a qualquer transmissário*: a resolução só lhe será oponível *se estiver de má-fé* ou se a transmissão houver ocorrido *a título gratuito*. Caso estes pressupostos não se preencham, o terceiro encontra-se protegido: a resolução do aval não lhe é oponível e *pode continuar a exigir o pagamento ao avalista*.

A aplicação do art. 124º CIRE aos adquirentes do direito e título cambiários parece-me inteiramente justificada e exequível. Apesar de a doutrina tender a identificar o *transmissário posterior* com o sujeito a quem é transmitido (nº 1 do art. 124º) ou a favor de quem é constituído (nº 2 do art. 124º) um direito real de gozo, garantia ou aquisição[137], ou um direito pessoal de gozo *sobre bens do insolvente*, nada na formulação ou na *ratio* nº 1 do art. 124º aponta para que se recuse a aplicação da norma ao *transmissário de um direito cambiário* (e adquirente do respectivo título)[138].

Na verdade, o preceito (apenas) emprega a expressão *transmissários*, compatível com qualquer situação de *aquisição derivada translativa* – como seguramente sucede com o endosso de uma letra ou livrança[139]. Quanto ao carácter *gratuito ou oneroso* da transmissão, será naturalmente necessário descer ao *teor da relação fundamental* que dá causa ao endosso do título

[136] Sobre a concepção tradicional do "cordão sanitário" entre obrigações cambiárias e a sua redundância face ao regime geral da solidariedade passiva, ver CAROLINA CUNHA, *Manual de letras e livranças, cit.*, p. 115-116.

[137] Assim CARVALHO FERNANDES/ JOÃO LABAREDA, *Código da Insolvência, cit.*, p. 538, anot nº 3 ao art. 124º; Gravato, p. 172-173

[138] Sobre os termos da coexistência entre o direito de crédito cambiário e o direito real sobre o documento, ver CAROLINA CUNHA, *Manual de letras e livranças, cit.*, p. 85, ss., e *Letras e livranças: paradigmas actuais e recompreensão de um regime, cit.*, p. 50-51, 373, ss., e 413, ss., juntamente com a bibliografia aí citada.

[139] Para uma justificação detalhada, ver CAROLINA CUNHA, *Manual de letras e livranças, cit.*, p. 81-82.

– o que não traz nada de estranho em face dos termos gerais do apuramento (quantas vezes complexo[140]) da onerosidade de um acto. Finalmente, quanto à determinação da *má fé*, também aqui a densificação do art. 124º, 1 não suscitará maiores dificuldades do que as normais. Desde logo estará de má fé o terceiro portador que, *no momento* em que adquire o título (*rectius*, o direito cambiário nele documentado), sabia ou devia saber que o aval tinha sido resolvido[141], ou que o aval tinha sido prestado por uma pessoa em situação de insolvência, em mera situação de insolvência iminente (neste caso, com exigência suplementar de conhecimento do respectivo carácter prejudicial[142]), ou, ainda, após o início do processo de insolvência do subscritor[143].

4.1.2.5. Algumas notas adicionais sobre a resolução do aval em benefício da massa (cont.): forma, rasura cartular e problemas de legitimidade

A possibilidade conferida ao administrador da insolvência de proceder à resolução de aval prestado pelo insolvente suscita ainda outras dificuldades, desta feita quanto ao seu próprio *modus operandi*.

A resolução prevista no CIRE é efectuada através de (simples) carta registada com aviso de recepção, mas há toda a conveniência em que a destruição dos efeitos do aval por ela operada receba expressa tradução cartular através da *rasura da declaração do avalista insolvente*. E a possibilidade desta rasura remete também para o problema da determinação dos sujeitos a quem a *declaração de resolução do aval deve ir dirigida*. Parece-me que fará todo o sentido que se considere endereçada não apenas ao avalizado, mas também (ou sobretudo) ao portador do título, tipicamente o credor garantido[144]. Permanecendo o título cambiário nas mãos deste,

[140] Assim GRAVATO MORAIS, *Resolução em benefício da massa insolvente, cit.*, p. 175.

[141] Sendo isso evidente nas hipóteses em que adquiriu o título após a resolução do aval e este já havia sido riscado – ver *infra*, nº 4.1.2.5.

[142] Que, em presença da hipótese tipificada no art. 121º,1, d), CIRE, poderá coincidir com a ausência de "real interesse" para o avalista da operação negocial garantida.

[143] Adaptando a concretização da má fé do transmissário proposta por GRAVATO MORAIS, *Resolução em benefício da massa insolvente, cit.*, p. 177, com base no apoio normativo fornecido pelo art. 120º, 5 CIRE.

[144] À semelhante do que defende GRAVATO MORAIS, *Resolução em benefício da massa insolvente, cit.*, p. 150, para a fiança, cuja declaração de resolução "deve ser remetida não só ao afiançado como à sua contraparte".

deverá o aval do insolvente ser riscado a pedido do administrador, de imediato ou na sequência do insucesso de uma posterior impugnação da resolução[145].

É certo que, fora de situações muito particulares[146], os negócios jurídicos cambiários são insusceptíveis de serem riscados e a sua rasura indevida chama à colação *o regime da falsificação* ou das "alterações no texto de uma letra", prescrito pelo art. 69º da LU. Mas a própria LU consagra uma dessas excepções no seu art. art. 50ºII ("qualquer dos endossantes que tenha pago uma letra *pode riscar* o seu endosso e o dos endossantes subsequentes"), conferindo tradução cartular à *extinção da responsabilidade cambiária* do obrigado que pagou a letra, bem como (por arrastamento) de todos aqueles que eram seus garantes e se encontravam no "segmento cambiário" entre ele e o *accipiens*[147].

Ora, o poder conferido pelo CIRE ao administrador da insolvência de resolver o aval em benefício da massa *justifica*, em meu entender, que o aval resolvido *possa ser licitamente riscado.* Será, aliás, um expediente simples para *evitar mal-entendidos futuros,* tanto no contexto de relações imediatas, como de relações mediatas. Mas note-se: a rasura será, aqui, *uma mera cautela adicional*: a extinção do aval, nos termos da lei (art. 123º, 1, CIRE), não pode deixar de situar-se *no momento da recepção da declaração de resolução.* Se o administrador *não lograr,* depois disso, obter a rasura do aval, e a massa insolvente vier a ser demandada pelo portador do título para pagar a quantia nele inscrita, de duas, uma: ou se trata do *credor inicial,* aquele recebeu a declaração de resolução, e a extinção do aval é-lhe *inteiramente*

[145] Para a impugnação da resolução devem entender-se *legitimados* não apenas os *destinatários da declaração de resolução* – avalista e credor inicial –, como *eventuais transmissários* do direito e do título cambiários, desde que dentro dos prazos do art. 125º CIRE. Defendendo em geral a legitimidade activa dos transmissários (com bons argumentos), GRAVATO MORAIS, *Resolução em benefício da massa insolvente, cit.*, p. 166.

[146] Cfr. *supra,* nota 122.

[147] Devido à escassa circulação dos títulos, esta hipótese tem a sua aplicação directa mais frequente nas situações de *endosso para desconto bancário,* quando o cliente (que é sacador à própria ordem e endossante) satisfaz a pretensão do banco (endossado e portador do título) e recupera deste a letra, munido da qual (em se tratando de uma letra comercial e não meramente financeira) pode exercer o seu direito cambiário de regresso contra o aceitante; para "recuperar" a sua legitimidade enquanto portador de regresso, deve proceder à rasura do endosso que efectuou em benefício do banco (cfr. CAROLINA CUNHA, *Letras e livranças, cit.*, p. 368-369, e CAROLINA CUNHA, *Manual de letras e livranças, cit.*, p. 283).

oponível nos termos gerais[148]; ou se trata de um *credor subsequente* a quem o direito e o título foram transmitidos (de um portador mediato, portanto) e a resolução ser-lhe-á oponível *nos termos delineados pelo art. 124º, 1, CIRE* (se estiver de má-fé ou se a sua aquisição se puder considerar gratuita)[149].

4.2. O avalista enquanto sujeito passivo da declaração de insolvência: a obrigação emergente do aval e a demonstração da situação de insolvência

Analisei acima[150] a questão da legitimidade activa do portador de um *título cambiário em branco* para requerer a declaração de insolvência do avalista que nele apôs a sua assinatura, questão à qual dei uma resposta positiva. Mas tive oportunidade de frisar que a afirmação de semelhante legitimidade *não se confunde* com o apuramento da situação de insolvência do avalista, a qual carece de ser demonstrada.

Ora, na medida em que o *portador de um título cambiário em branco* é um credor condicional, cujo direito a exigir a prestação ainda não se constituiu plenamente[151], não se poderá valer de um *(tecnicamente ainda) inexistente incumprimento* da correlativa obrigação pelo avalista, ou sequer de uma *(eventualmente já) existente impossibilidade financeira* de cumprir essa obrigação, uma vez que não integra o lote das "obrigações vencidas" previsto no art. 3º, 1, CIRE. Terá, assim, o credor condicional de provar que "o devedor cessou pagamentos de [outras] dívidas certas e líquidas"[152]; ou lograr provar, sem que haja contradição[153], algum dos factos-índice do art. 20º, 1,

[148] Com base na extinção da vinculação cambiária do avalista, decorrente da resolução.

[149] Em consonância com o que vimos *supra*, nº 4.1.2.4. Note-se que a *má-fé* exigida pelo art. 124º CIRE afasta de raiz o merecimento de tutela por banda do portador mediato a quem a resolução é oponível; nos casos de *aquisição gratuita* esse (não afastado) merecimento é suplantado pelo desvalor relativo associado à gratuitidade. Não se esqueça, também, que, *nos termos da própria LU*, um portador mediato que de boa fé confie no teor literal do documento (como no caso em análise poderá suceder com o adquirente a título gratuito de uma letra ou livrança com aval resolvido, mas não riscado) *nem sempre está protegido*: recorde-se, além do regime da falsificação do conteúdo previsto no art. 69º LU, a não-vinculação do incapaz ou do sujeito cuja assinatura foi falsificada, tal como prescreve o art. 7º LU.

[150] Cfr. *supra*, nº 4.1.

[151] Embora já se tenha iniciado o processo da sua formação – ver o que ficou dito *supra*, nº 2.1.

[152] Sousa Macedo, *Manual de direito das falências*, vol. I, *cit.*, p. 384.

[153] Isto é, sem que o requerido demonstre a inexistência desses factos ou ilida a presunção de insolvência deles resultante – sobre o ponto, ver L. Menezes Leitão, *Direito da Insolvência*,

CIRE; ou ainda, para as entidades previstas no nº 2 do art. 3º CIRE[154], demonstrar a manifesta superioridade do passivo sobre o activo.

Já *se o título cambiário se encontrar preenchido*[155] e a dívida cambiária se houver tornado exigível (adquirindo o portador do título o estatuto de credor actual), *assume relevo a sua falta de cumprimento pelo avalista* – *v.g.*, por indiciar impossibilidade satisfazer pontualmente a generalidade das suas obrigações (art. 20º, 1, a), ou por haver dado azo a um processo executivo contra o avalista no qual se constatou a insuficiência de bens penhoráveis para pagamento do crédito cambiário (art. 20º, 1, e)[156].

Neste contexto, *de nada vale ao avalista* pretender "que primeiro têm de responder os bens da sociedade" avalizada[157] – o que não é, sequer, verdade, em face do disposto no art. 47ºI e II LU, norma que confere ao portador do título o direito de accionar todos os obrigados cambiários, individual ou colectivamente, sem estar adstrito a observar a ordem por que se obrigaram. Os avalistas cuja insolvência foi requerida esgrimem ainda outros argumentos, igualmente insubsistentes, como o de que o avalizado ainda possui bens penhoráveis ou o de que existem outros co-avalistas[158] – o

cit., p. 130 e 141-142, ou Maria do Rosário Epifânio, *Manual de Direito da Insolvência, cit.*, p. 30 e 45-46.

[154] Entidades que não abrangem, note-se, as pessoas singulares, mas apenas "as pessoas colectivas e os patrimónios autónomos por cujas dívidas nenhuma pessoa singular responda pessoal e ilimitadamente, por forma directa ou indirecta". Note-se também que, para estas entidades, é possível recorre aos factos-índice previsto no art. 20º, 1, h) CIRE (dados do último balanço ou atraso superior a nove meses na aprovação e depósito das contas a que esteja legalmente obrigada).

[155] Ou vier a ser preenchido no decurso da acção, como sucedeu no caso dirimido pelo acórdão do STJ de 16-01-2014: "o preenchimento de livrança efetuado no decurso dos autos de insolvência com data de vencimento anterior (17-5-2012) à data do encerramento da audiência final (19-07-2012) constitui facto objetivamente superveniente (facto complementar – ver art. 264º do CPC de 1961 e 5º, nº 2, al. b), do CPC de 2013) cuja atendibilidade é admissível nos termos do art. 663º do CPC (art. 611º do CPC de 2013)"; "tal facto não carece de ser alegado para que, no processo de insolvência, o juiz nele possa fundar a sua decisão (art. 11º do CIRE)".

[156] Como sucedeu na situação que deu azo ao acórdão da RL de 07-04-2011.

[157] Vejam-se as alegações dos avalistas nos casos subjacentes aos acórdãos da RL de 07-04-2011 e de 23-04-2009.

[158] Veja-se o acórdão da RG de 21-04-2016, onde o avalista alegou que era apenas um dos três avalistas obrigados ao pagamento da dívida, estando a sociedade devedora principal a cumprir o plano de pagamentos aprovado no PER em que o credor teve participação. Em situações deste tipo, estamos perante um *agravamento* do fenómeno das chamadas *"insolvências por arrastamento"*, dado que a insolvência do avalista pode dizer-se "arrastada" já *não* pela

que, mais uma vez, *de nada adianta em face do regime da solidariedade cambiária*: existe uma obrigação, actual e exigível, emergente do aval inscrito no título completo, de cujo incumprimento é legítimo retirar as devidas consequências em sede insolvencial.

4.3. A legitimidade do avalista para requer a insolvência de co-avalistas ou do seu avalizado

Discutida na jurisprudência é também a legitimidade do próprio avalista, *enquanto titular de um direito de regresso* (respectivamente, geral ou cambiário), para requerer a declaração de insolvência – seja dos seus co-avalistas[159], seja do avalizado.

4.3.1. Legitimidade do avalista para requerer a insolvência de co-avalistas

O Tribunal Relação do Porto admitiu, no seu acórdão de 10-02-2015, que o avalista de uma livrança já (ou depois de) preenchida *tem legitimidade para requerer a declaração de insolvência de um (outro) co-avalista*, com base na amplitude do estatuto conferido pelo art. 20º CIRE – basta que o requerente alegue a titularidade de um crédito, ainda que não se haja vencido ou que esteja sujeito a uma condição.

E considerou relevante, para o efeito, *o crédito resultante do direito de regresso* atribuído pelo art. 524º CCiv.[160]. A este *reconhecimento geral* da legitimidade do avalista correspondeu, todavia, no caso *sub judice*, uma *recusa concreta* de tal legitimidade, por não verificação dos seus pressupostos (inexistência de direito de regresso)[161].

insolvência da devedora principal avalizada (da qual é sócio), *mas* pelo simples recurso desta a um mecanismo *pré-insolvencial*.

[159] Para a fundamentação do direito de regresso entre co-avalistas no *regime geral da solidariedade passiva*, ver Carolina Cunha, "Pluralidade de avalistas e direito de regresso", anotação ao Ac. de Uniformização de Jurisprudência nº 7/2012, *Cadernos de Direito Privado*, nº 40, Outubro/Dezembro 2012, p. 41-67, p. 56, ss.

[160] Apoiando-se na doutrina do AUJ nº 7/2012, de 5/6/2012, publicado no DR de 17.7.2012, o qual "funda o direito de regresso do avalista sobre outros garantes com a mesma qualidade (...) numa solução de solidariedade legal", rejeitando que "a relação entre os diversos avalistas de um mesmo avalizado constitua uma relação cambiária ou careça de prévia convenção extracambiária". Sobre a questão, ver Carolina Cunha, "Pluralidade de avalistas e direito de regresso", *cit.*, p. 56, ss.

[161] Na verdade, tanto o requerente como o requerido avalizaram, junto com os restantes sócios, *três livranças em branco* entregues a um credor da sociedade para *garantia de outros tantos contratos*

Seja como for, o reconhecimento da legitimidade do avalista para *requerer a insolvência* dos seus co-obrigados (os sujeitos que junto com ele avalizaram o título cambiário[162]) parece-me uma solução justificada, desde que se introduzam algumas precisões.

4.3.1.1. Quando o título cambiário se encontra preenchido

À partida, *no caso de haver já pago ao credor o valor total inscrito no título*, terá normalmente surgido na esfera jurídica do avalista cumpridor um *efectivo direito de regresso* contra os restantes co-avalistas (salvo situações particulares decorrentes do arranjo interno da responsabilidade entre eles[163] ou do relevo a atribuir a eventos subsequentes[164]): trata-se, portanto, de um *credor actual*.

de financiamento (dois contratos de abertura de crédito e um empréstimo). Como a sociedade "deixou de ter condições para cumprir os três créditos contraídos e de finalizar a construção das moradias que tinha em curso, e de cuja venda necessitava para honrar os compromissos assumidos", o credor "considerou vencida a totalidade dos valores em dívida em relação a cada um desses três contratos de financiamento, preenchendo as três livranças". O requerente alegou haver liquidado ao credor uma das livranças, preenchida no valor de 338.037,34 €, a qual lhe foi por este subsequentemente entregue e que na qual fundou o seu pedido de insolvência (quer quanto à legitimidade, quer quanto à existência de situação de insolvência do co-avalista). O Tribunal, todavia, considerou provada uma transacção entre o credor e o avalista *solvens* (*i.e.*, o requerente), nos termos da qual o primeiro aceitou *reduzir a totalidade das responsabilidades* do segundo, emergentes dos contratos de financiamento e avales prestados, ao montante de 530.000,00 €; o remanescente ainda em dívida apenas poderia vir a ser exigido aos demais corresponsáveis – ou seja, a sociedade e os restantes avalistas. Perante isto, considerou o Tribunal *não ter ficado provado que o avalista-requerente houvesse satisfeito o credor para além da parte que lhe competia*; por isso, e nos termos do art. 524º CCiv., *não adquiriu um direito de regresso* contra o co-avalista-requerido.

162 Sobre o escasso relevo prático da questão teórica de saber se se trata de *um* verdadeiro co-aval ou uma *multiplicidade* de avales separados prestados em benefício de um mesmo avalizado, cfr. Carolina Cunha, "Pluralidade de avalistas e direito de regresso", *cit.*, p. 64-65.

163 Pode, por exemplo, haver uma convenção entre co-obrigados no sentido de afastar a regra supletiva da repartição igualitária da responsabilidade interna, ou tal decorrer (mesmo tacitamente) da relação entre eles; pode, inclusive, algum ou alguns deles não responder no plano interno – para exemplos concretos, cfr. Carolina Cunha, *Manual de letras e livranças*, *cit.*, p. 134-137.

164 Sirva justamente de exemplo *a transação entre credor e um dos devedores solidários* ocorrida no caso subjacente ao acima mencionado acórdão (RP 10-02-2015), que parece consubstanciar uma renúncia à solidariedade do primeiro a favor do segundo (nos termos permitidos pelo art. 527º CCiv.): em simultâneo com o pagamento de parte da dívida, o credor *renunciou* ao seu direito de exigir àquele concreto devedor o *cumprimento integral*. No caso, todavia, e atendendo

Já se o avalista requerente *ainda não houver pago* ao credor cambiário *a quantia inscrita no título preenchido* (porque ainda não foi demandado judicialmente, apesar de haver recusado o pagamento voluntário, ou porque a execução para pagamento ainda está em curso)[165], não me repugna reconhecer-lhe *o estatuto de credor condicional* – desde que não se verifique, naturalmente, algum dos motivos acima apontados susceptíveis de precludir a atribuição de um direito de regresso caso venha a realizar o pagamento. Na verdade, em certa medida também a constituição do seu crédito, alicerçada no preenchimento da previsão normativa do art. 525º CCiv., está *dependente de um evento futuro e incerto*: o de vir a satisfazer o direito do credor *para lá da parcela que internamente lhe compete*[166]. Valem, portanto e *mutatis mutandis*, as considerações que expendi a propósito da *ratio* da legitimidade activa do credor condicional e afirma-se, também aqui, a adequação do regime insolvencial dos créditos sob condição[167].

Esta solução é corroborada pelo disposto no art. 95º, 2, CIRE, que admite que um condevedor solidário venha exercer, no processo de insolvência de outro, o direito decorrente do *eventual pagamento futuro da dívida* na qualidade de *crédito sob condição suspensiva*. É certo que só o pode fazer nas hipóteses em que *o credor* não haja, ele próprio, reclamado o seu crédito no processo de insolvência do outro condevedor, isto de modo a *não suscitar uma duplicação* na situação passiva da massa[168]. Mas, se um condevedor solidário é *admitido* a reclamar, no processo de insolvência de outro, *o seu (meramente) eventual direito de regresso* contra ele, por de maioria de razão há-de ser admitido a valer-se dessa posição para *requerer a respectiva insol-*

aos valores envolvidos, parece ter tido lugar *cumulativamente* uma *remissão de dívida* (apesar do cuidado que na *distinção* entre renúncia à solidariedade e remissão de dívida colocam PIRES DE LIMA / ANTUNES VARELA, *Código Civil Anotado*, vol. I, *cit.*, p. 541, anot. ao art. 527º). E é de sublinhar que a transação entre o devedor solidário e o credor foi *complexa*, pois abrangeu a responsabilidade emergente da subscrição de *três livranças diferentes*, entregues para garantia de outros tantos contratos de financiamento.

[165] E isto, tal como na hipótese anterior, quer se trate de um título que já foi emitido completo, quer se trate de um título em branco que veio a ser subsequentemente preenchido.

[166] Isto é, no *plano interno* da alocação da responsabilidade solidária (art. 516º CCiv.), já que no *plano externo* responde obviamente pela totalidade da dívida – arts. 47º e 48º LU.

[167] Cfr. *supra* , nºs 4.1.1.2 e 4.1.1.3.

[168] Assim CARVALHO FERNANDES/ JOÃO LABAREDA, *Código da Insolvência, cit.*, p. 467, anot. 6 ao art. 95º.

vência – tanto mais que, nesta etapa inicial, desconhece-se se o credor irá ou não apresentar-se a reclamar o seu crédito[169].

4.3.1.2. Quando o título cambiário se apresenta em branco

Onde já me parece mais difícil (embora não impossível) reconhecer o estatuto de credor condicional e a subsequente legitimidade activa a um avalista para requerer a insolvência de um co-avalista é nas situações em que foi avalizado *um título em branco cujo preenchimento ainda não ocorreu*, dado estar a ser *pontualmente cumprida* a relação fundamental garantida.

Aí, *a cadeia de eventos de que depende a constituição futura de um crédito* (o direito de regresso) *alonga-se substancialmente*: torna-se primeiro necessário que o devedor garantido (o avalizado) incorra em incumprimento do contrato principal (o que pode revelar-se, em concreto, uma possibilidade bastante remota); depois, que o credor se decida a preencher o título (o que não também não é certo ou, pelo menos, imediato) completando o processo de constituição do direito cambiário; e, por último, que o requerente-avalista venha a satisfazer o direito do credor para lá da parcela que lhe compete.

É pertinente, desde logo, observar que a constituição do direito do co-avalista depende da sucessão de *diversos eventos*, e não apenas da "verificação de *um* acontecimento futuro e incerto", como determina o art. 50º, 1, CIRE. Mas, ainda que desatendamos o estrito elemento literal (até porque há, sem dúvida, "acontecimentos" complexos na sua estrutura), a verdade é que semelhante distanciamento *torna mais ténue o interesse* do co-avalista em requerer a insolvência de um seu co-obrigado: enquanto não ocorrer o incumprimento da relação fundamental pelo avalizado, desencadeando o preenchimento do título, a aquisição do seu direito de regresso corresponde a uma probabilidade algo remota.

Repare-se: ao contrário do que sucede com o *credor*, portador do título em branco não preenchido, cuja legitimidade para requerer a insolvência do avalista não tive dúvidas em afirmar[170] – pois aí o seu direito (cambiário) constitui-se (ou completa o seu *iter* formativo) *directamente com o preenchimento* do título alicerçado no incumprimento –, a constituição do direito

[169] Como sublinha A. Soveral Martins, *Um curso de direito da insolvência, cit.*, p. 166, "para que se saiba se o credor reclamou ou não o seu crédito, é preciso esperar pelo fim do prazo para o efeito" – prazo que apenas será fixado pela sentença que venha efectivamente a decretar a insolvência (art. 36º, 1, j) CIRE).

[170] Ver *supra* , nº 4.1.1.4.

(de regresso) do co-avalista *ainda depende de incertas vicissitudes subsequentes* (nomeadamente, de o avalizado recusar o pagamento e de vir a ser ele, aquele particular avalista e não outro, a satisfazer para lá do seu quinhão interno a pretensão do credor). Dito de outra forma: *no momento em que é requerida a insolvência do co-avalista* não se constituiu, sequer, a relação jurídica cambiária, a qual, por sua vez, determinará a aplicação do regime da solidariedade passiva, de onde poderá, enfim, emergir o eventual e futuro direito de regresso do putativo requerente.

Por último, atenda-se a que o próprio CIRE, através das normas que disciplinam o regime dos créditos condicionais, confere *relevância explícita ao grau de probabilidade de verificação do evento condicionante.* Recorde-se o art. 91º, 1, que faz depender da *consistência* dessa probabilidade o número de votos conferidos por um crédito condicional, ou a decisiva importância que o art. 181º, 2, a) atribui à manifesta *improbabilidade* da verificação da condição. O que me levou a concluir, acima[171], que a *tutela insolvencial dos créditos condicionais se ajustava à densidade (variável) da expectativa* que cada credor demonstrasse possuir. Ora, a expectativa do avalista de um título ainda em branco quanto à aquisição de um direito de regresso contra um seu co-avalista é, à partida e *salvo circunstâncias particulares*[172], *demasiado frágil para justificar um pedido de insolvência*[173].

4.3.2. Legitimidade do avalista para requerer a insolvência do avalizado

No seu acórdão de 12-06-2008, o Tribunal da Relação do Porto recusou aos avalistas, sócios minoritários da sociedade por quotas avalizada, a legitimidade para requerer a insolvência da sociedade. Na sequência dos argumentos dos requerentes, porém, toda discussão empreendida pelo acórdão se centrou na legitimidade adveniente da qualidade de *responsável legal pelas dívidas do insolvente* (primeira parte do art. 20º, 1, CIRE), que os sócios ava-

[171] Cfr *supra*, nº 4.1.1.3.

[172] Implicando, nomeadamente, a necessidade de uma situação de insolvência actual ou iminente do avalizado (obrigado principal) ou o seu incumprimento manifesto das obrigações garantidas.

[173] Recordem-se, a este propósito, as palavras de A. MENEZES CORDEIRO, "Insolvência: da resolução da fiança e do aval em benefício da massa", *cit.*., p. 173 (sublinhados meus), ao discutir a questão de saber se os direitos que tem o sujeito que garanta pessoalmente uma dívida se incluem no seu activo ou se não assumem significado patrimonial: "as soluções *dependem* dos interesses e das valorações da lei e *não* dos conceitos".

listas manifestamente não detinham, já que não era possível afirmar que respondessem "pessoal e ilimitadamente pela generalidade das dívidas do insolvente, ainda que a título subsidiário" (art. 6º, 2 CIRE). Na verdade, apenas se haviam responsabilizado pessoalmente, através da prestação de aval e "até ao limite de Esc. 20.000.000$00", pela dívida gerada por um contrato de abertura de crédito em conta corrente celebrado pela sociedade. Quando "tiveram conhecimento de que a requerida se encontrava a atravessar uma grave situação económica, incumprindo as suas obrigações para com os seus principais fornecedores e outros bancos, não parando de aumentar as dívidas, sendo o seu património insuficiente para sequer liquidar as dívidas actuais" e foram interpelados pelo banco, na qualidade de avalistas, informando-os que "o contrato tinha sido denunciado e que deveriam liquidar a quantia global de 99.759 €", decidiram (recorde-se que eram ambos *sócios minoritários*[174] e *nenhum deles gerente*) pedir a insolvência da sociedade.

Na verdade, *os simples avalistas não podem ser considerados responsáveis legais* para efeitos do CIRE. Como sublinhou o Acórdão, com apoio doutrinal[175], a atribuição de legitimidade activa a quem for legalmente responsável pelas dívidas do insolvente constitui um *mecanismo de tutela destas pessoas*, cuja posição tende a agravar-se à medida que o devedor for subsistindo e contraindo mais dívidas: nesse contexto, a instauração da acção e a correspondente declaração de insolvência farão estancar a responsabilidade do requerente. Contudo, a legitimidade activa *não se estende a todo e qualquer responsável por dívidas*, "mas somente quem preencha o condicionalismo definido no nº 2 do artº 6º"[176], e os avalistas, no caso, apenas respondiam por *uma das dívidas* (a emergente da abertura de crédito em conta-corrente), e não pessoal e ilimitadamente pela *generalidade das dívidas*.

4.3.2.1. Quando o título cambiário se encontra preenchido

Já discordo do Tribunal, porém, quando afirma, em relação aos *avalistas de um título preenchido*, que uma sua qualificação como credores da avalizada requerida[177] "sempre seria de afastar" porque, apesar de já interpe-

[174] Segundo o apurado, detinham "uma quota de € 9.975,96 no capital social de 79.807,68 €".

[175] Carvalho Fernandes/ João Labareda, *Código da Insolvência, cit.*, p. 202, anot. nº 4 ao art. 20º.

[176] Como os autores citados na nota anterior também sublinham.

[177] Que, todavia, e estranhamente, os requerentes nem sequer invocam.

lados pelo banco na qualidade de avalistas para pagar a quantia inscrita na livrança, *ainda não haviam, efectivamente, pago.* E discordo porque aquilo que o Tribunal está a afirmar é que os avalistas *apenas* poderiam requerer a insolvência da sociedade avalizada *caso* já detivessem o estatuto de *credores actuais* (uma vez satisfeito o credor, o título ser-lhes-ia entregue para o exercício do direito de regresso cambiário previsto no art. 49º LU), ignorando que o poderiam igualmente fazer ao abrigo do estatuto de *credores condicionais* – que o art. 20º, 1, CIRE também acolhe.

Repare-se: a partir do momento em que ocorre o incumprimento da relação fundamental garantida e o título cambiário é preenchido, está concluído o processo de formação da relação jurídica cambiária[178]. E, ao abrigo dessa relação jurídica, *o avalista responde solidariamente com o avalizado* (art. 47º LU), desde que cumprida a formalidade do protesto por falta de pagamento (LU, arts. 44º, §1 e 2, e 53º, §1, primeiro travessão)[179]. Portanto, também aqui vale o argumento retirado do art. 95º CIRE[180] – é um *condevedor solidário*[181] – para lhe outorgar *a titularidade de um crédito condicional*, a qual lhe *permitirá sem restrições suscitar a declaração de insolvência* – embora *depois*, na fase da reclamação de créditos, o sucesso da sua pretensão já *dependa* da decisão do credor (portador do título) de *vir ou não ao processo* reclamar o seu próprio crédito, para evitar uma duplicação no passivo do insolvente[182].

4.3.2.2. Quando o título cambiário se encontra por preencher

Resta, enfim, dedicar breves palavras à *situação homóloga quando o título esteja por preencher*. Se o credor ainda não preencheu o título cambiário,

[178] Como melhor esclarecemos *supra*, nºs 2.1 e 2.2.

[179] Como defendo que deve ocorrer, embora haja opiniões que dispensam o protesto para o accionamento do avalista do obrigado principal (aceitante na letra ou emitente na livrança).

[180] Ver *supra*, nº 4.3.1.1.

[181] Qualidade que acumula com a de garante; ora, como frisa A. MENEZES CORDEIRO, "Insolvência: da resolução da fiança e do aval em benefício da massa", *cit.*, p. 174, "os direitos do garante contra o garantido, *seja qual for* o momento em que se tornem exequíveis e a forma por que isso se dê *não são realidades espirituais: são valores patrimoniais*, de clara natureza económica" (sublinhados meus).

[182] Veja-se, neste sentido, RC 16-02-2016: aplicando o art. 95º, 2 CIRE à reclamação de créditos em PER, o Tribunal considera que "se o titular do crédito sobre o insolvente o reclamou no processo, como se verificou no caso vertente, já o recorrente, atenta a sua qualidade de avalista, ficou impedido de reclamar qualquer eventual crédito futuro com origem na garantia prestada, ainda que como crédito condicional".

mas o avalizado garantido se encontra em situação de insolvência, pode o avalista promover a sua declaração judicial? Inclino-me a reconhecer-lhe, também neste caso, o estatuto de credor condicional.

Se o avalizado se encontra em situação de insolvência, à partida existe impossibilidade de cumprir obrigações vencidas[183] e, por conseguinte, a relação fundamental garantida pelo título em branco *ou já não está a ser cumprida, ou está prestes a deixar de o ser*, por insuficiência de meios. Neste contexto, não faz muito sentido *deixar na total dependência do credor* (que pode, por razões variadas, optar por não preencher de imediato o título) a possibilidade de o avalista lançar mão da cautela preventiva que a declaração de insolvência do avalizado lhe faculta. E, embora rigorosamente não se possa dizer que é "condevedor" antes de o título ser preenchido[184], o *grau de probabilidade* da aquisição do seu futuro direito de crédito é, nestas circunstâncias, *suficientemente elevado* para que se lhe reconheça legitimidade activa[185]-[186].

[183] Sem descurar que pode haver situação de insolvência pela aplicação do critério do balanço, *i.e.*, em caso de manifesta superioridade do passivo em relação ao activo – art. 3º, 2, CIRE.

[184] Ver, novamente *supra*, nº 4.3.1.2.

[185] Ao contrário do que sucedia com o direito entre co-avalistas, num quadro de correcto cumprimento da obrigação fundamental pelo avalizado.

[186] E para que, se a insolvência vier a ser declarada, se aplique, na subsequente fase da reclamação de créditos, o regime do art. 95º, 2. Assim, *se* o credor fundamental reclamar o seu próprio crédito (seja o decorrente da relação fundamental, seja o emergente do título que, entretanto, preencheu – ver *supra*, nº 3.1.2, quanto à dualidade créditos) no processo de insolvência do devedor avalizado, *deixa* o avalista de aí poder fazer valer o seu crédito condicional.
Na jurisprudência (pese embora a complexidade do caso, que envolveu a cessão dos créditos garantidos pelos títulos cambiários, e o facto de estar em causa um PER, e não um processo de insolvência), cfr. RE 23-03-2017: "a obrigação cambiária dos avalistas não está dependente do preenchimento da livrança, pelo que a reclamação de créditos decorrentes de avales em branco importa que o seu reconhecimento seja integrado no âmbito dos créditos condicionados". Resulta do exposto em texto que, embora não me custe reconhecer ao sujeito que subscreveu na qualidade de avalista um título em branco o *estatuto de credor condicional* do avalizado, considero que a *efectiva constituição da obrigação* cambiária desse avalista está (ao contrário do que o acórdão sugere) dependente do preenchimento do título.

Capítulo 5
O avalista executado enquanto decorre o processo de insolvência do avalizado

São relativamente frequentes, na jurisprudência nacional, os litígios que envolvem a *interface* entre dois processos distintos: *o processo de insolvência do devedor avalizado* e a *execução movida por um dos seus credores contra o avalista*[187]. Compreende-se que o credor, apesar de haver reclamado o seu crédito no processo de insolvência do avalizado, não queira prescindir da garantia cambiária que o aval representa e mova, em paralelo, uma execução fundada da letra ou livrança. Mas, naturalmente, há que *evitar que receba mais do que o que lhe é devido,* por cumular quantias recebidas em ambos os processos.

Idêntico problema – que poderemos designar, simplificadamente, por necessidade de evitar uma duplicação de pagamentos[188] – se pode suscitar *quando o avalizado se submeteu a um PER no qual o credor tenha reclamado o seu crédito,* movendo, não obstante, o mesmo credor uma execução contra o avalista com base no título cambiário.

Mas, antes de entrarmos na análise destas questões mais complexas, convém destacar uma outra consequência da interface entre a execução do avalista e a declaração de insolvência do avalizado: *a repercussão da segunda sobre as formalidades cambiárias de que depende a primeira.*

[187] Situações que remetem, claro está, para títulos *cambiários já devidamente preenchidos* (ou *ab initio,* ou subsequentemente), pois de outro modo não poderiam dar lugar a uma *acção executiva,* por não corresponderem à exigência do art. 703º, 1, c) CPCiv. Quanto aos efeitos da declaração de insolvência do avalizado sobre a relação fundamental garantida pela letra ou livrança e, reflexamente, sobre o respectivo preenchimento, ver *infra,* nº 6.3.1.

[188] Embora também abranja situações em que não existe aritmeticamente uma duplicação – cfr. *infra,* nº 5.3.

5.1. Desnecessidade de apresentação a pagamento e de protesto

5.1.1. O regime geral da Lei Uniforme para apresentação a pagamento e protesto

Nos termos do regime geral prescrito pela Lei Uniforme, para que o portador do título cambiário possa demandar o avalista terá primeiro de *apresentar a letra ou livrança a pagamento ao obrigado principal* (o aceitante da letra ou o emitente da livrança – arts. 28º I, 38º I, 77º e 78º I[189]) e, perante a sua recusa em cumprir, lavrar o correspondente *protesto notarial*; só então estará habilitado a exercer os seus direitos de acção *contra os restantes co-obrigados* (arts. 43º, 44º I e IV, 53º e 77º[190]).

E este quadro *não se altera* quando o sujeito que o credor pretende accionar coincide com o *avalista do obrigado cambiário principal* (do aceitante da letra ou do emitente da livrança): também aqui é imprescindível não só a apresentação a pagamento, como o protesto. O art. 30ºI estabelece com clareza que o avalista *garante* o pagamento da letra – nunca se vincula, portanto, na qualidade de obrigado principal, mas sempre na qualidade de *obrigado de garantia*. Por conseguinte, como qualquer um dos outros garantes cambiários (sacador, endossantes), *também* o avalista suporta o *risco do não pagamento da letra pelo obrigado principal na altura própria*, pelo que também só faz sentido que a sua obrigação se torne exigível na estrita medida em que semelhante risco se venha a concretizar – ou seja, apenas quando o aceitante da letra ou emitente da livrança não pague.

Por conseguinte, não cremos que o (normal) accionamento do avalista do obrigado principal *possa dispensar o acto formal que comprova a recusa de*

[189] Diz o art. 28º I LU que o sacado se obriga, pelo aceite, a pagar a letra à data do vencimento, e resulta do art. 38º I que o portador de uma letra pagável em dia fixo (como são a maioria das letras, na actualidade) deve apresentá-la a pagamento no dia em que ela é pagável ou num dos dois dias úteis seguintes. Do art. 78º I LU resulta que o subscritor de uma livrança é responsável da mesma forma que o aceitante de uma letra, e o art. 77º comina a aplicação às livranças do disposto no art. 38º.

[190] Dispõe o art. 43º LU que o portador de uma letra pode exercer os seus direitos de acção contra os co-obrigados se o pagamento não foi efectuado no vencimento, e logo acrescenta o art. 44º que a recusa de pagamento deve ser comprovada por um acto formal (protesto por falta de pagamento), o qual deve ser feito num dos dois dias úteis seguintes àquele em que a letra é pagável. Se o protesto não for realizado nestes termos, prescreve o art. 53º LU que o portador perde os seus direitos de acção contra os todos os co-obrigados, com excepção do aceitante. Este regime é aplicável, com as necessárias adaptações, às livranças – como resulta do art. 77º LU.

pagamento e que, dessa forma, *atesta a verificação do risco* por ele garantido – ou seja, o protesto[191].

5.1.2. O regime especial da Lei Uniforme para os casos de insolvência *declarada* do obrigado principal

Todavia, há uma circunstância susceptível de alterar todo este quadro: a *declaração de insolvência do obrigado cambiário principal*. Na verdade, a Lei Uniforme contém uma *norma específica* para esta eventualidade: o último parágrafo do seu art. 44º determina que "no caso de *falência declarada*"[192], a simples "*apresentação da sentença* de declaração de falência é *suficiente* para que o portador da letra possa exercer o seu direito de acção". Ou seja, basta ao credor *exibir a sentença de declaração de insolvência para poder demandar imediata e directamente o avalista*.

O que bem se compreende: como vimos, o protesto tem por função *comprovar* a recusa do obrigado principal pagar o título no vencimento, facto que é condição de accionamento dos obrigados de garantia[193]. Ora, tendo o obrigado principal sido declarado insolvente, já não é preciso aguardar o vencimento (art. 43º LU[194]), nem efectuar a apresentação a pagamento (art. 44º, último §): os obrigados de garantia podem ser *imediatamente* accionados. Portanto, *em lugar* da certificação de um acto que deixa de ser necessário ou de fazer sentido, *coloca* o legislador uniforme a exigência de apresentação da sentença que declara (e prova) a insolvência.

Advirta-se, por último, que não é idêntico o tratamento dispensado à *mera suspensão de pagamentos* pelo obrigado principal, ou até à circunstância de *ter sido promovida, sem resultado, execução dos seus bens*. Estes factos estão igualmente previstos no art. 43º LU como determinando a possibilidade de accionar os obrigados de garantia *antes do vencimento, mas não dispensam,*

[191] Para maiores desenvolvimentos, CAROLINA CUNHA, *Manual de letras e livranças, cit.*, p. 163-164.

[192] Ou, em linguagem actual, "no caso de *insolvência declarada*", uma vez que foi eliminada do nosso sistema jurídico a designação de "falência" para a situação abrangida pela norma.

[193] Cfr. o art. 53ºI LU e CAROLINA CUNHA, *Manual de letras e livranças, cit.*, p. 49.

[194] Norma que autoriza o portador de uma letra a *exercer os seus direitos de acção* contra os endossantes, sacador e outros co-obrigados (incluindo, portanto, avalistas) *mesmo antes do vencimento* e, portanto, da apresentação a pagamento, "nos casos de falência do sacado, quer ele tenha aceite, quer não". A aplicação deste regime, bem como daquele prescrito no art. 44º LU, à livrança (*i.e.*, a situações de insolvência do emitente) faz-se por via da remissão efectuada pelo art. 77º LU.

nos termos do penúltimo parágrafo do art. 44º LU, a apresentação a pagamento ao obrigado principal e o subsequente protesto[195].

Em suma, a *mera situação de insolvência* (art. 3º, 1 CIRE) denunciada pela suspensão de pagamentos e insuficiência de bens penhoráveis revelada em processo executivo (hipóteses subsumíveis, respectivamente, às als a) e e) do art. 20º, 1, CIRE), *enquanto* não suscitar uma declaração judicial, não dispensa apresentação a pagamento e protesto. Mas, a partir do momento em que sobrevenha uma *sentença de declaração de insolvência* (art. 36º CIRE) do obrigado principal, basta a apresentação desta sentença para o portador da letra ou livrança poder accionar o respectivo avalista.

À luz de tudo isto, bem andou a RL no seu acórdão de 07-02-2008, quando considerou, com apoio no art. 44º, §5º LU, que, "em caso de falência do subscritor da livrança, *deixa de fazer qualquer sentido a exigência de apresentação a pagamento*", pois que o obrigado principal "se sabe já encontrar-se impossibilitado de cumprir – independentemente de tal apresentação". O tribunal, todavia, não extraiu da norma todas as suas consequências, ou seja, não fundou nela igualmente a *desnecessidade de protesto*[196], perfilhando ao invés a tese (que não acolho por razões diversas[197]) segundo a qual (e independentemente da declaração de insolvência do avalizado) "não é exigível quanto ao avalista [do obrigado principal] a declaração formal de que não houve pagamento, em que se traduz o protesto"[198].

5.2. O momento do preenchimento do título cambiário

5.2.1. Preenchimento do título posterior à declaração de insolvência do obrigado principal

Faz sentido referir aqui, ainda, uma questão amiúde levantada pelos avalistas, como tentativa de se esquivarem à execução: o facto de *o preenchimento do título ter ocorrido em data posterior à declaração de insolvência do obrigado*

[195] Lê-se na norma: "No caso de suspensão de pagamento do sacado, quer seja aceitante, quer não, ou no caso de lhe ter sido promovida, sem resultado, execução dos bens, o portador da letra *só pode exercer o seu direito de acção* após *apresentação* da mesma ao sacado para pagamento e depois de feito o *protesto*".

[196] E teria bastado comparar o §5º com o parágrafo anterior, o §4º, que comina, para os casos de situação de insolvência *não declarada* (ver atrás, nº 5.1.1), *tanto* a necessidade de apresentação a pagamento *como* a necessidade de protesto – enquanto que, no §5º, se afirma que "*é suficiente*" (para todos os efeitos, subentende-se) a exibição da sentença de declaração de falência.

[197] Explicitadas em CAROLINA CUNHA, *Manual de letras e livranças, cit.*, p. 163-164.

[198] Tese sufragada igualmente em RL 14-02-2013.

principal. Será que tal "discrepância" provoca, *sem mais*, como pretendem os avalistas executados, uma violação do pacto de preenchimento[199], ou a nulidade do aval e do título em que se inscreve[200]?

Como acertadamente tem respondido a jurisprudência, não. A RP, no seu Acórdão de 13-03-2014, refuta a posição dos avalistas no sentido de que "a data de emissão aposta na livrança é nula" por alegadamente a avalizada "estar absolutamente privada, por si ou pelos seus administradores, dos poderes de administração e de disposição, com inibição e indisponibilidade para a prática de quaisquer actos em relação à massa insolvente" como "construção imaginativa mas artificial". Esclarece o Tribunal que *não estamos* perante um "acto praticado pela sociedade subscritora depois da declaração de insolvência": *quem preencheu o título foi o credor exequente*. E, aderindo à tese segundo a qual a obrigação da subscritora insolvente *nasce* no momento em que assina a livrança e celebra o acordo de preenchimento, conclui que a dita livrança não padece de nulidade porque *essa assinatura ocorreu antes* da declaração de insolvência.

Não adiro, como tive oportunidade de esclarecer[201], à tese da emissão, segundo a qual o subscritor de um título em branco fica obrigado desde a aposição da assinatura. Mas não é necessário invocá-la para chegar à solução do acórdão. Apesar de a vinculação cambiária só emergir *qua tale* na ordem jurídica com o preenchimento do título, sabemos que a subscrição do mesmo, associada à celebração do acordo de preenchimento, encerra um *princípio de vinculação*. Na verdade, o subscritor fica num estado análogo ao da *sujeição*, porque *inevitavelmente exposto à produção de uma consequência* na sua esfera (a constituição da obrigação cambiária) por mero efeito do preenchimento (conforme) do título. Assim, *é o credor quem tem o poder de fazer emergir a vinculação cambiária, sem necessidade de colaboração do subscritor insolvente* ou de qualquer tipo de renovação da sua vontade, o que deixa, portanto, *incólume* a esfera de protecção outorgada pelo legislador à massa insolvente através do comando do art. 81º CIRE (nomeadamente nos seus nº 1 – privação dos poderes de administração ou disposição – e nº 6 – ineficácia dos actos que violem essa privação).

[199] Cfr. as alegações produzidas em RL 07-02-2008.

[200] Cfr. alegações produzidas em RP 13-03-2014.

[201] Cfr. *supra*, nº 2.1 e nota 7, e CAROLINA CUNHA, *Manual de letras e livranças, cit.*, p. 228-231, e *Letras e livranças: paradigmas actuais e recompreensão de um regime, cit.*, p. 635-637.

E, *do ponto de vista cambiário*, não existe qualquer impedimento a que o preenchimento do título em branco venha a ocorrer *após a declaração de insolvência do obrigado principal*. Repare-se: o pressuposto do qual depende o preenchimento consiste (tipicamente) no *incumprimento*, por esse obrigado cambiário principal, da relação extracartular garantida pelo título em branco.

Ora, a própria *situação de insolvência* (sobretudo, a tipificada no art. 3º, 1, CIRE – impossibilidade de cumprir as obrigações vencidas), cuja verificação judicial conduz à *declaração de insolvência*, é de molde a *indiciar fortemente* a ocorrência (já verificada ou iminente) de um *incumprimento* daquela relação extracartular (também dita fundamental). Mas, mesmo que isso não aconteça, o art. 91º, 1, CIRE prescreve que a própria declaração de insolvência *opera o vencimento de todas as obrigações do insolvente*. Ou seja, *a dívida extracartular garantida torna-se exigível* e, não havendo pagamento imediato – algo que não poderá ocorrer, porque estamos num procedimento concursal e há que respeitar a tramitação estabelecida (verificação de créditos, liquidação ou aprovação de plano, etc.) –, podemos tecnicamente afirmar que se verifica o seu incumprimento[202].

5.2.2. Declaração de insolvência e limite temporal ao preenchimento do título em branco

A única dificuldade susceptível de se levantar, quer numa, quer noutra situação (*i.e.*, quer o incumprimento da relação fundamental garantida pelo título seja, quer não, anterior à declaração de insolvência) é a originada pelo *decurso do tempo* e pelas limitações que tal é susceptível de colocar à faculdade de preenchimento de um título em branco.

No nosso ordenamento jurídico, o legislador não se preocupou em balizar o período de tempo durante o qual o subscritor em branco fica sujeito ao preenchimento do título[203]. O que não significa que das estipulações das partes não seja possível retirar um limite temporal para o exercício da faculdade de preenchimento. Só que, as mais das vezes, os sujeitos envolvidos *não fixam um prazo* para o preenchimento do título, nem tão-pouco determinam *um critério explícito* para a aposição da data de vencimento

[202] Em termos que melhor serão esclarecidos *infra*, nº 6.3.1.

[203] Ao contrário do que sucede, por exemplo, nos ordenamentos jurídicos italiano ou inglês – cfr. CAROLINA CUNHA, *Manual de letras e livranças, cit.*, p. 200, nota 544.

aquando desse preenchimento. Nestes casos, haverá que extrair, *por interpretação (e, se necessário, por integração) do acordo de preenchimento*, o limite temporal ao completamento do título e a data de vencimento que nele deverá ser inscrita.

Interessam-nos, no quadro da insolvência[204], as situações de *incumprimento e/ou resolução do contrato fundamental*: como é sabido, *a partir do momento* em que se verifica este evento, *fica o credor legitimado a preencher o título* pelo valor em dívida e a proceder à respectiva cobrança. Mas pode demorar o tempo que entender a efectuar o preenchimento da letra ou livrança? E é inteiramente livre de completar o título, apondo-lhe a data de vencimento que lhe parecer mais conveniente?

A resposta é, obviamente, negativa. Mesmo perante – ou *sobretudo* perante[205] – as hipóteses de subscrição cambiária em branco, não é possível ignorar a *valoração legislativa vertida na rapidez da prescrição cambiária*. Repare-se: o direito de o portador accionar sacador e endossantes extingue-se no prazo de *um ano* a contar do protesto (art. 70º II LU); o seu direito contra o obrigado principal (aceitante da letra ou emitente da livrança) extingue-se *três anos* após vencimento da letra ou da livrança (arts. 70º I, 77º VIII e 78º I LU). Se o credor, pela sua inércia, deixar esgotar tais prazos, *o direito cambiário extingue-se* – sem embargo, naturalmente, de continuar a poder exercer o direito de crédito emergente da relação fundamental.

É incontornável, portanto, a exortação legal a que o credor, *uma vez exercitável o direito cambiário, efectivamente o exerça num breve espaço de tempo*[206]. Mas (e é este o busílis da questão) *quando* se pode dizer exercitável o direito cambiário nas hipóteses de subscrição em branco? Justamente a *partir do momento* em que o respectivo portador está legitimado a preencher o título

[204] Para o apuramento do limite temporal nas outras situações potencialmente relevantes – na vigência de relações fundamentais de *carácter duradouro*, ou nos casos em que a relação fundamental *se extinguiu satisfatoriamente* (através do cumprimento pontual ou de outro mecanismo extintivo a ele equiparado), ver CAROLINA CUNHA, *Manual de letras e livranças, cit.*, p. 202-203.

[205] Note-se que o subscritor em branco se encontra numa *situação de "quase-sujeição"* face ao exercício do poder potestativo de preenchimento do credor e, quanto maior o lapso temporal decorrido sem este exercer o direito, *mais elevada tenderá a ser a quantia* inscrita no título por força da contagem e cômputo de *juros moratórios*.

[206] Para maiores desenvolvimentos, ver CAROLINA CUNHA, *Manual de letras e livranças, cit.*, p. 203, ss.

– ou seja (tipicamente), a partir da ocorrência do *incumprimento e eventual resolução do contrato fundamental*[207].

E se é verdade que o credor não está propriamente *obrigado* a preencher o título nesse *exacto* momento, a verdade é que impende sobre si *o ónus de o fazer com alguma brevidade*, sob pena de, decorridos (no máximo) *três anos sobre esse instante perder definitivamente* a possibilidade de exercitar o direito cambiário contra o obrigado principal.

Se persistir em preencher e/ou accionar o título *para lá desse limite temporal*, ou em indicar uma data de vencimento posterior a ele, incorre em preenchimento *abusivo e culposo* nos termos do art. 10º LU[208] e, *por referência à data de vencimento correcta*, o direito cambiário deve considerar-se *prescrito*.

5.2.3. A prescrição cambiária, a causa de suspensão prevista no art. 100º CIRE e as diferenças na situação do avalizado insolvente e do avalista executado

É este o quadro normativo resultante da Lei Uniforme. Mas, aqui chegados, há que atender à interface com o CIRE, cujo art. 100º estabelece que a sentença de declaração da insolvência *determina a suspensão de todos os prazos de prescrição e de caducidade oponíveis pelo devedor*, durante o decurso do processo. Ou seja, desde o momento em que a insolvência é declarada (art. 36º CIRE) até ao momento em que o processo é encerrado (art. 230º CIRE), *ficam suspensos os prazos de prescrição cambiária*[209] *contra o devedor insolvente*. Isto significa que não se conta para o efeito da prescrição o período compre-

[207] Isto porque, na medida em que releve o incumprimento definitivo, tal situação conduzirá em linha quase directa à *resolução* do contrato pelo credor (contraparte do inadimplente). Cfr., todavia, o que se dirá adiante, nº 7.1.6.

[208] Salvo ter ocorrido *ex post* uma modificação do acordo de preenchimento e sempre nos limites imperativos do art. 300º CCiv. ("são nulos os negócios jurídicos destinados a modificar os prazos legais da prescrição" ou a "dificultar por outro modo as condições em que a prescrição opera os seus efeitos") – cfr. CAROLINA CUNHA, *Manual de letras e livranças, cit.*, p. 206-207.

[209] Sobre a aplicabilidade das *causas* reguladas pelo direito interno de cada Estado contratante à *suspensão* da prescrição cambiária, J. GONSALVES DIAS, *Da Letra e da Livrança. Segundo a Lei Uniforme e o Código Comercial*, vol. X, Livraria Gonçalves, Coimbra, 1948, p. 296-297; veja-se, aliás, o art. 17º do Anexo II da Convenção: "A cada uma das Altas Partes Contratantes compete determinar na sua legislação nacional as causas de interrupção e de suspensão da prescrição das acções relativas a letras que os seus tribunais são chamados a conhecer" – o que explica, portanto, o silêncio da Lei Uniforme a esse respeito.

endido entre esses dois momentos: "o tempo [eventualmente] decorrido antes soma-se ao tempo decorrido depois da suspensão da prescrição"[210].

Ora, no âmbito do problema que nos ocupa, tal significa que, *enquanto durar o processo de insolvência* do sujeito que aceitou uma letra ou emitiu uma livrança em branco, *o portador do título não estará pressionado para o preencher* por receio de que se esgote o prazo de prescrição (o que, nos termos da construção que acima expus, desembocaria num preenchimento abusivo): esse prazo encontra-se suspenso. Pode, todavia, ter interesse em fazê-lo, pois, enquanto o preenchimento não tiver lugar, o seu crédito *cambiário* é meramente condicional. Ainda assim, na medida em que na sua esfera jurídica subsista o crédito *emergente da relação fundamental* (que o título cambiário visa, justamente, garantir) e que este haja sido por si devidamente reclamado, a verdade é que só pode receber *um* pagamento, correspondente ao exercício de *um* dos créditos (ou o crédito emergente da relação fundamental, ou o crédito cambiário), pelo que não estará particularmente necessitado da via cambiária para obter o pagamento da quantia em dívida.

O mesmo não sucede caso o credor pretenda obter o pagamento por parte *do avalista* desse obrigado principal. Perante ele, a *única via* de que o credor dispõe é a cambiária, já que tipicamente não intercede entre ambos qualquer relação fundamental susceptível de fundar uma pretensão *ad-hoc* [211]. E, perante o avalista, *não se dá a suspensão* da prescrição cambiária prevista pelo art. 100º CIRE – cuja redacção é clara quando se refere à suspensão dos prazos de prescrição *oponíveis pelo devedor insolvente*. Como é sabido, a prescrição tem de ser invocada por aquele a quem aproveita (art. 303º CCiv.); ora, não se verificando qualquer causa suspensiva quanto ao avalista[212],

[210] Assim, para as causas suspensivas em geral, MANUEL DE ANDRADE, *Teoria geral da relação jurídica*, vol. II, *cit.*, p. 455; especificamente sobre a causa consagrada no CIRE, CARVALHO FERNANDES/ JOÃO LABAREDA, *Código da Insolvência, cit.*, p. 479, anot. nº 4 ao art. 100º: "recomeçará a contagem no ponto em que havia ficado paralisada"; "o novo período adiciona-se, pois, ao já decorrido antes da suspensão". Especificamente para a suspensão da prescrição cambiária, GONSALVES DIAS, *Da Letra e da Livrança, cit.*, vol. X, p. 299: "o efeito da suspensão e abrir um *parêntesis* no curso da prescrição – impedir o curso durante o período sustatório, sem prejudicar a junção do tempo anterior como tempo posterior".

[211] Para maiores detalhes, ver CAROLINA CUNHA, *Manual de letras e livranças, cit.*, p. 55-56, e *Letras e livranças: paradigmas actuais e recompreensão de um regime, cit.*, p. 164-171.

[212] Não me parece defensável que a suspensão da prescrição contra o obrigado principal insolvente *produza efeitos contra o respectivo avalista*. Desde logo, não pode tal conclusão resultar do art. 32º I LU – norma que apenas pretende definir a *extensão* da responsabilidade do avalista

pode este prevalecer-se do prazo resultante do regime cambiário acima exposto[213]. Há, portanto, um incentivo considerável a que o credor *não deixe*

(perante quem responde e por que quantia), e *não* consagrar o seu carácter acessório face à obrigação cartular do avalizado. Depois, convém recordar que é esse o regime geral da solidariedade passiva – nos termos do art. 521º CCiv., a suspensão da prescrição relativamente a um dos obrigados solidários *não se estende aos restantes*. Aliás, a justificação assinalada para que um dos obrigados solidários (aquele em face do qual a prescrição não se consumou ainda, devido à suspensão) possa ser compelido a cumprir é a de que não lhe é permitido "invocar um *meio de defesa pessoal* a outro devedor (cfr. art. 525º)" (assim PIRES DE LIMA / ANTUNES VARELA, *Código Civil Anotado*, vol. I, *cit.*, p. 536, anot. nº 1 ao art. 521º) – justificação que faz todo o sentido também no seio da solidariedade cambiária (sobre esta, ver CAROLINA CUNHA, *Manual de letras e livranças, cit.*, p. 49-51; sobre a possibilidade de recorrer subsidiariamente ao regime geral da solidariedade passiva, *idem*, p. 131-132). Finalmente, retira-se do art. 71º LU ("a interrupção da prescrição só produz efeito em relação a pessoa para quem a interrupção foi feita") um argumento *a pari* decisivo.

Ainda assim, defendendo que "a interrupção da prescrição relativamente ao avalizado *também se estende* ao avalista", ALEXANDRE DE SOVERAL MARTINS, *Títulos de crédito e valores mobiliários*, Parte I – Títulos de crédito, Volume I –"I. Dos títulos de crédito em geral. II. A letra", Almedina, Coimbra, 2008, p. 113, nota 376 (mobilizando o art. 32º I LU: "o avalista responde nos termos em que responde o avalizado"); já antes, no mesmo sentido e por considerar o avalista um fiador, J. M. DE SÁ CARNEIRO, *Da letra de câmbio na legislação portuguesa*, Tipografia Sequeira, Porto, 1919, p. 210. Defendendo (naquela que me parece a posição preferível) que a *interrupção* da prescrição quanto ao crédito sobre o avalizado *não vale para o avalista*, em plena harmonia com o disposto no art. 71º LU, A. VAZ SERRA, "Anotação ao Acórdão STJ de 3 de Junho de 1969, *RLJ*, ano 103º, nº 3431, p. 404-416, e nº 3432, p. 420-432, p. 430. No mesmo sentido se pronunciou o STJ no seu Assento 5/95 (DR nº 117/1995, Série I-A de 20 de Maio): o avalista está incluído "na regra da pessoalidade da interrupção da prescrição" constante do art. 71º LU, pelo que "a interrupção da prescrição da obrigação cambiária contra o subscritor de uma livrança não produz efeito em relação ao respectivo avalista". O STJ estriba-se em diversos argumentos, dos quais destaco "um certo equilíbrio de interesses [que] se obtém com regra do artigo 71º, em face da regra do artigo 7º: pela do artigo 7º, protege-se o portador à custa dos obrigados cambiários aos quais não aproveitam os vícios das obrigações precedentes, vícios que, por isso, são inoponíveis ao portador; pelo artigo 71º protegem-se os obrigados cambiários à custa dos portadores, que só podem opor a cada um dos actos interruptivos que contra ele pratiquem ou, de outro modo, que não podem beneficiar da eficácia interruptiva contra os demais do acto que pratiquem contra outro".

[213] Resumidamente: a ocorrência do incumprimento (e eventual resolução) do contrato fundamental garantido assinala o momento em que o portador *está legitimado* a preencher o título em branco e em que o seu direito se torna exercitável. Por ser assim, é esse o momento que nos faculta *a determinação da data de vencimento que deve ser aposta no título* e que acaba, reflexamente, por traçar um *limite factual taxativo* ao exercício da faculdade de preenchimento: apenas pode ocorrer até ao final do prazo de prescrição cambiária, o qual será contado desde aquele momento.

escoar demasiado tempo sem preencher o título. Além de que, naturalmente, *enquanto* não efectuar o preenchimento, *nem* o seu direito cambiário se constitui, *nem* a letra ou a livrança adquirem o valor de títulos executivos (em face do disposto no art. 703º, 1, c) CPCiv. e nos arts. 2º I e 76º I LU).

Resta uma última questão: *determinar o prazo de prescrição aplicável ao avalista* – prazo *por referência ao qual* o preenchimento extemporâneo haverá de reputar-se *abusivo* em face do art. 10º LU, o que *conduzirá* à procedência dos embargos que o avalista executado haja deduzido com esse fundamento e culminará na *extinção total* da execução nos termos do art. 732º, 4, CPCiv.

Sucede que *a Lei Uniforme não contempla expressamente*, na norma em que estabelece os prazos de prescrição cambiários, *a situação do avalista*: apenas se refere ao aceitante, ao sacador e aos endossantes (art. 70º LU), sujeitos a que acresce (pela remissão efectuada no art. 77º VIII, conjugada com a equiparação ordenada pelo art. 78º I) o emitente da livrança. Sou de opinião que a dificuldade se resolve com apoio no art. 32º I LU ("o dador de aval é responsável *da mesma maneira que* a pessoa por ele afiançada"), já que ainda está em causa determinar a *extensão objectiva* – na sua vertente *temporal* – da responsabilidade do avalista[214]. Assim, tratando-se de pretensão do credor contra o avalista do aceitante ou emitente da livrança, parece adequado que nos socorramos de um prazo de prescrição *idêntico* ao que vale para o avalizado – ou seja, *três anos a contar do vencimento* (arts. 70º I, 77º VIII e 78º I LU)[215]-[216].

[214] Ao contrário do que defende alguma doutrina, não me parece que a referida norma conduza equiparar o avalista ao avalizado aceitante ou emitente da livrança na sua qualidade de obrigado principal, para justificar uma suposta desnecessidade de protesto (cfr. CAROLINA CUNHA, *Manual de letras e livranças, cit.*, p. 163-164). Detalhadamente sobre o sentido da expressão "responsável *da mesma maneira que* a pessoa por ele afiançada", ver *idem*, p. 41-43.

[215] Assim já, VITTORIO ANGELONI, *La cambiale e il vaglia cambiario*, 4ª ed., Milano, Giuffrè, 1964, p. 274, e, entre nós, GONSALVES DIAS, *Da Letra e da Livrança, cit.*, vol. X, p. 278-279; mais recentemente, MICHEL DE JUGLART / BENJAMIN IPPOLITO, *Traité de Droit Commercial*, tomo II, "Les effets de commerce. Lettre de change, billet à ordre, chèque", 3ª ed. por, JACQUES DUPICHOT/ DIDIER GUÉVEL, Editions Montchrestien, Paris, 1996, p. 194, nº 295; ANGEL FERNANDEZ-ALBOR BALTAR, *El aval cambiario*, Editorial Civitas, Madrid, 1992, p. 378. Em sentido diverso (equiparando os avalistas *indiscriminadamente* aos restantes obrigados de garantia, *i.e.*, ao sacador e endossantes, e reputando de apenas um ano o prazo prescricional), ALFRED HUECK / CLAUS-WILHELM CANARIS, *Recht der Wertpapiere*, 12ª ed., Franz Vahlen, Munchen, 1986, p. 155.

[216] No mesmo sentido, RL 07-02-2008: "é aplicável à acção do portador contra o avalista do aceitante, o prazo prescricional de três anos previsto no § 1º do artº 70º, da LULL", "contando-se

5.3. O problema da potencial duplicação de pagamentos

Sem negar a importância de todas estas questões, a verdade é que o núcleo dos litígios que envolvem a *interface* entre o processo de insolvência do devedor avalizado e a execução movida por um dos seus credores contra o avalista consiste na delicada *questão da duplicação de pagamentos* – ou melhor, na imperiosa *necessidade de a evitar.*

5.3.1. Enunciado do problema. O silêncio do CIRE perante a existência de uma execução paralela

Se é verdade que, à partida, nada parece impedir o credor de reclamar os seus créditos contra o devedor principal no processo de insolvência e de mover, simultaneamente, uma execução contra o avalista com base no título cambiário, não é menos verdade que *não pode receber, no conjunto dos diferentes processos, mais do que aquilo que lhe é devido*. Esta proposição tanto abrange situações em que ocorra aritmeticamente uma *verdadeira duplicação* (recebimento integral da quantia em dívida por duas vezes – uma do avalizado, outra do avalista), como aquelas em que venha a receber, de ambos os obrigados, uma soma total *meramente superior à devida* (*v.g.*, porque o credor consegue o pagamento total na execução contra o avalista e obtém, seguidamente, pagamento parcial do devedor principal através do processo de insolvência). E estende-se, é bom de ver, às hipóteses em que o devedor principal é alvo de um *procedimento pré-insolvencial* como o PER, ou em que o processo insolvencial desemboca num *plano de insolvência*[217].

Naturalmente que o credor que acabe por *receber indevidamente* mais do que aquilo a que teria direito será obrigado a proceder à *restituição do excesso* (cfr. em particular os arts. 473º, 2 e 476º, 1 CCiv.[218]). Mas a questão

aquele prazo da data do vencimento das letras/livranças, e, no caso de livrança emitida em branco, desde o dia do vencimento aposto pelo exequente/beneficiário" (mas veja-se o que se disse *supra*, nº 5.2.2 sobre o *carácter não-discricionário* da aposição da data de vencimento).

[217] E estende-se, ainda, às (aparentemente raras) situações em que a dívida fundamental é garantida não por um título cambiário avalizado, mas por uma fiança – para um exemplo destas, cfr. RC 24-01-2017, decidindo que, não se provando que os créditos serão satisfeitos no âmbito da insolvência, pode o credor "demandar os fiadores do devedor insolvente em ação autónoma para a sua satisfação".

[218] Normas que dispõem, respectivamente, que "a obrigação de restituir, por enriquecimento sem causa, tem de modo especial por objecto o que for indevidamente recebido, ou o que for recebido por virtude de uma causa que deixou de existir" e que "o que for prestado com a intenção de cumprir uma obrigação pode ser repetido, se esta não existia no momento da prestação".

que se coloca é prévia: *como evitar que se produza* esse injustificado locupletamento do credor?

Como vimos[219], as normas que no CIRE se ocupam desta tutela preventiva fazem-no dentro de um contexto muito peculiar: os nºs 1 dos arts. 95º e 179º disciplinam a articulação da responsabilidade de garante e garantido *quando ambos hajam sido declarados insolventes.*

A primeira *permite* que o credor concorra pela totalidade do seu crédito a cada uma das massas insolventes, mas *proíbe* expressamente que o somatório das quantias que receba venha a exceder o montante desse crédito – reitera, portanto, o que já decorreria das regras gerais aplicáveis.

Já a segunda norma confere uma *original concretização prática* a este comando. Por um lado, *impede* que o credor receba qualquer quantia sem que apresente *certidão comprovativa* dos montantes recebidos nos processos de insolvência dos restantes devedores[220]. Por outro lado, *impõe* ao administrador da insolvência um *específico dever* de dar conhecimento nos demais processos (de que tenha notícia) do pagamento feito ao credor no processo que está a seu cargo.

O art. 179º, 1 CIRE contém, portanto, *uma disciplina útil e eficaz do ponto de vista preventivo,* com o objectivo de evitar que o credor receba mais do que lhe é devido. Mas pressupõe que o credor haja reclamado a totalidade do crédito *em dois (ou mais) processos de insolvência.* Nada é dito sobre as hipóteses – porém, muitíssimo frequentes – de concurso *entre* o processo de insolvência *e execuções singulares destinadas a obter o pagamento por um sujeito não insolvente.*

Ora, se o pagamento foi efectuado pelo obrigado principal avalizado, extinguiu *tanto* a obrigação fundamental (directamente) *como* (reflexamente) a relação jurídica cambiária (cfr. CAROLINA CUNHA, *Manual de letras e livranças, cit.*, p. 125-127), pelo que *desapareceu juridicamente* a pretensão do credor contra o avalista. Já se o pagamento foi efectuado pelo avalista, só ele pode exercer o direito cambiário de regresso contra o avalizado mas, à luz do que resulta da convenção executiva entre este último e o credor, ter-se-á igualmente extinguido o direito de crédito emergente da relação fundamental (*idem,* p. 52-55). Em ambas as hipóteses, portanto, o segundo *solvens* de quem o credor pretenda cobrar a quantia (que, precisamente, já não se encontra em dívida) estará a "cumprir" uma obrigação que deixou de existir, *i.e.*, de ter causa.

219 *Supra*, nºs 3.2 e 3.3.

220 Como esclareci acima (*supra,* nº 3.2), adiro à posição que estende o regime estatuído no art. 179º também aos *garantes* (sendo que o avalista é garante e simultaneamente – embora apenas no estrito plano cambiário – devedor solidário do avalizado – art. 47º I LU).

Será, também aí, defensável a aplicação (naturalmente analógica ou por extensão teleológica) das cautelas consagradas art. 179º, 1? Em particular: deverá o *pagamento* dos credores, no processo de insolvência, *ficar condicionado à exibição* de certidões documentadoras de pagamentos *extraídas das execuções* onde foram feitos? E impenderá sobre o administrador da insolvência o *dever de informar,* também *nos processos executivos* movidos contra co-obrigados, quanto a pagamentos efectuados no processo de insolvência?

Responde afirmativamente alguma doutrina[221]: uma vez que o legislador "não previu expressamente a possibilidade" de "terem sido recebidos valores em acções executivas" instauradas contra os mesmos devedores solidários, "a *formulação do artigo deve ser corrigida*, através do recurso à *interpretação extensiva* de modo a abranger na respectiva previsão não só os processos de insolvência de condevedores, mas *também os processos de execução em que os mesmos sejam executados*".

Para outros autores[222], porém, se é verdade que, com a criação do registo informático de execuções, *poderia ter-se optado por estender* o regime do preceito aos casos de coexistirem, com o de insolvência, processos de execução movidos pelo credor contra outros coobrigados, "*manifestamente não foi esse o caminho seguido pela lei*", pelo que a resposta às interrogações acima formuladas deve ser *negativa.*

5.3.2. Que crédito(s) reclama o credor do insolvente?

Para lograr uma resposta adequada a esta questão, no contexto particular em que nos movemos – insolvência do avalizado e execução do avalista –, convém começar por atentar nas suas particularidades.

Em primeiro lugar: *o que foi reclamado, ao certo,* pelo credor, no processo de insolvência do devedor principal? Como sabemos[223], o credor será tipicamente *titular de dois créditos de satisfação alternativa*: o crédito emergente da relação fundamental e o crédito cambiário (isto quer a letra ou livrança já haja sido emitida totalmente preenchida, quer o preenchimento tenha

[221] A. Raposo Subtil/ Matos Esteves/Maria José Esteves/ Luís M. Martins, *Código da Insolvência e da Recuperação de Empresas – Anotado,* Vida Económica, Porto, 2004, p. 256, anot. ao art. 179º, (sublinhados meus).

[222] Carvalho Fernandes/ João Labareda, *Código da Insolvência, cit.*, p. 698, anot. nº 11 ao art. 179º (sublinhados meus).

[223] Veja-se o que foi dito *supra,* nº 3.1., em especial 3.1.2.

ocorrido antes da reclamação e verificação do crédito[224]). Ou seja, também *perante o próprio devedor insolvente* se torna necessário assegurar que a duplicação de posições jurídicas do credor não conduza a mais do que um pagamento: ambas visam a satisfação do mesmo interesse económico e *essa satisfação deve ocorrer uma única vez* – tal como resulta da convenção executiva, expressa ou tacitamente celebrada aquando da emissão do título cambiário [225].

Cabe, naturalmente, ao administrador *zelar para que não ocorra uma duplicação de pagamentos* no seio do processo de insolvência. O credor irá, muito provavelmente, *reclamar a verificação de ambos os créditos* – o fundamental e o cambiário –, instruindo os respectivos requerimentos com as indicações exigidas pelo art. 128º, 1, CIRE, nomeadamente, a respectiva proveniência (al. a), natureza (al. c) e as condições a que estejam subordinados (al. b). Não será, portanto, difícil ao administrador *estabelecer a ligação entre os dois créditos e tomar as devidas precauções para evitar duplicações* – por exemplo, imputando em igual medida a ambos o pagamento que venha a ser realizado em sede de liquidação.

[224] Note-se que, mesmo que o *preenchimento* do título cambiário emitido em branco tenha sido *posterior* à declaração de insolvência (cfr. *supra*, nº 5.2.1), o crédito cambiário ainda cumpre os requisitos exigidos pelo art. 47º do CIRE para poder ser reclamado enquanto *crédito sobre a insolvência*. Desde logo, aplicando o seu nº 1, podemos dizer que *o seu fundamento é anterior à declaração de insolvência – sempre*, se divisarmos esse fundamento na *fattispecie* complexa integrada pela posse do título avalizado em branco (a que vai associado o poder potestativo o completar) e pelo acordo de preenchimento; *amiúde*, se divisarmos esse fundamento no incumprimento da relação fundamental que legitima o credor a completar a letra ou livrança. Distinguindo, no âmbito do CPEREF, entre "créditos que se encontrem constituídos no momento da declaração de falência" e créditos "cujos fundamentos já estão [pelo menos] verificados nesse momento", e considerando ambos *reclamáveis*, Miguel Teixeira de Sousa, "A verificação do passivo no processo de falência", *cit.*, p. 355.
E, quando esse incumprimento não seja já anterior à declaração de insolvência, seguramente virá a ser *por ela desencadeado* (cfr. *supra*, nº 5.2.1), pelo que em todo o caso o crédito cambiário se poderá dizer adquirido *no decorrer do processo* – o que permite equipará-lo, nos termos do art. 47º, 3 CIRE, a um crédito sobre a insolvência.

[225] Sobre o *carácter constitutivo* dos negócios jurídicos cambiários (a emissão da letra ou livrança dá origem a uma específica relação jurídica, separada e distinta de qualquer outra já existente), a *instrumentalidade* de relação jurídica cambiária perante a fundamental e a importância do *programa de coordenação* (amiúde tácito e/ou lacunoso) vertido na convenção executiva, remetemos novamente para Carolina Cunha, *Manual de letras e livranças, cit.*, p. 27 e p. 44. Cfr., também, o que ficou dito *supra*, nº 3.1.2.

Na hipótese de o credor *apenas* reclamar no processo de insolvência o *crédito fundamental*, mesmo sendo este garantido por letra ou livrança avalizada por terceiro, já o administrador não tem de adoptar idênticas cautelas: o crédito reclamado é só um, pelo que apenas a ele será imputado o pagamento susceptível de vir a ser realizado. Contudo, *dificilmente* em tal hipótese poderá o administrador *ignorar* que o crédito reclamado está respaldado por *uma garantia pessoal*, prestada através de um título cambiário avalizado por terceiro(s): o art. 128º, 1, al. d) CIRE determina que, no requerimento de verificação do crédito (*in casu*, do crédito proveniente da relação fundamental), se indique "a existência de eventuais garantias pessoais, com identificação dos garantes"[226].

Portanto, em qualquer das duas situações (*i.e.*, reclame ou não o credor no processo de insolvência o crédito cambiário junto com o fundamental) e em condições normais, *o administrador da insolvência terá conhecimento de que existe um aval* prestado em favor do insolvente sobre uma letra ou livrança. Resta saber – e a questão não é de somenos importância – *onde se encontra essa letra ou livrança.*

5.3.3. A imprescindibilidade do documento (da letra ou da livrança) para o concreto exercício do direito cambiário: a função dispositiva e a legitimação cartular

A importância prática de apurar o concreto paradeiro da letra ou livrança advém daquilo a que se tem vindo a chamar *a função dispositiva* do documento cambiário[227]. Na verdade, além da vulgar *função probatória* (art. 376º do CCiv.) e da *função constitutiva* (enquanto documento escrito no qual se devem exteriorizar as diversas declarações cambiárias – os negócios jurídicos cambiários são negócios *formais*), a lei atribui ao documento o

[226] À partida, apenas lhe será legítimo invocar desconhecimento caso o credor haja omitido, no requerimento, qualquer referência à garantia do crédito (e se o administrador não houver tomado conhecimento dela por outra via).

[227] Ver, por exemplo, A. Ferrer Correia, *Lições de Direito Comercial*, vol. III, "Letra de câmbio", colab. Paulo M. Sendim/ J. M. Sampaio Cabral/ António Caeiro/ M. Ângela Coelho, Universidade de Coimbra, 1975, p. 4-5; Fernando Olavo, *Direito Comercial*, vol. II, 2ª parte, fascículo I, "Títulos de crédito em geral", Coimbra Editora, Coimbra, 1977, p. 17; Tullio Ascarelli, *Teoria Geral dos Títulos de Crédito*, trad. Nicolau Nazo, Livraria Acadêmica Saraiva & Cia., S. Paulo, 1943, p. 61; ou Isidoro La Lumia, "Appunti sulla natura giuridica dei titoli di credito", *Riv. Dir. Comm.*, I, 1940, p. 1-20, p. 2.

estatuto de *indispensável para o exercício e transmissão do direito cartular nele representado*[228].

Reportando-me apenas à questão do *exercício* do direito cambiário (que é o que está em causa tanto no processo de insolvência, como numa eventual execução), para obter o pagamento da quantia inscrita no título deve o respectivo portador apresentá-la. Esta *apresentação a pagamento* implica um *acto de exibição física* da letra[229], que permita ao *solvens*, antes de efectuar o pagamento, proceder à verificação dos requisitos que fundam a *legitimação activa* e *passiva*.

A legitimação activa traduz a *habilitação para o exercício* do direito cartular: está *credenciado para exercer* o direito o portador que justifica a sua posição cambiária por uma série ininterrupta de endossos (art. 16ºI LU, aplicável à livrança *ex vi* art. 77ºI LU). Se letra não houver circulado, essa pessoa será o *tomador* nela indicado (art. 1º, 6 LU: a "pessoa a quem ou a ordem de quem deve ser paga") ou, como sucede no paradigma actual, mais precisamente o *sacador à própria ordem* (art. 3ºI LU). No caso da livrança que não circulou, habilitado será o beneficiário nela expressamente referido (art. 75º, 5, LU: a "pessoa a quem ou a ordem de quem deve ser paga")[230].

A legitimação passiva significa que fica *validamente desobrigado* o devedor que pague ao sujeito assim credenciado para exercer o direito – o que resulta com clareza do art. 40ºIII LU[231].

O efeito prático destas normas é, portanto, o de *dispensar o portador de provar e o devedor de averiguar a titularidade do direito cambiário*. Introduzem, assim, um *desvio* quer à *regra* segundo a qual a titularidade do direito coincide com a legitimidade para o seu exercício[232], quer à *regra* de que a pres-

[228] Desenvolvidamente, Carolina Cunha, *Manual de letras e livranças, cit.*, p. 87-91.

[229] A necessidade de *apresentação do título* – *i.e.*, a sua exibição física – para obter o pagamento está matricialmente consagrada no art. 38ºI LU para o sacado, mas o princípio que encerra é aplicável à exigência de pagamento a qualquer dos obrigados de garantia e ao subsequente exercício do direito de regresso entre eles (cfr., desde logo, o art. 50ºI LU).

[230] Note-se que, em qualquer um dos casos, *a falta de indicação* do tomador ou do beneficiário implicará que o *documento não produza efeitos* como letra ou como livrança (arts. 2ºI e 76ºI LU).

[231] "Aquele que paga uma letra no vencimento *fica validamente desobrigado*, salvo se da sua parte tiver havido fraude ou falta grave", sendo "obrigado a *verificar a regularidade* da sucessão dos endossos, mas não a assinatura dos endossantes".

[232] Ver, por exemplo, Pedro Pais de Vasconcelos *Direito Comercial. Títulos de crédito*, AAFDL, Lisboa, 1989, p. 26.

tação deve ser feita ao credor sob pena de não extinguir a obrigação[233]. É que, em bom rigor, *o portador legítimo não é inexoravelmente o titular do direito cartular*[234]-[235].

Semelhante desvio às regras gerais não atesta qualquer esoterismo cambiário: também na *cessão civilista de créditos* funciona um mecanismo de legitimação passiva que pode conduzir a resultados análogos: o devedor não notificado, que desconheça a cessão e não a tenha aceitado, desonera-se pagando ao primitivo credor *apesar de este (já) não ser titular do crédito* (art. 583º2 CCiv.)[236].

O que sobretudo contradistingue o mecanismo cambiário da legitimação passiva é *uma ideia de economia de meios. Um único e mesmo documento* (e não outro, ou tão-pouco uma cópia) exibe um (eventual) registo sequencial de transmissões que permite ao devedor que o compulsa inteirar-se, de uma só vez e no momento relevante – o momento em que lhe é exigido o pagamento –, *do percurso daquele direito* até ao sujeito cambiário que o interpela exibindo o título[237].

[233] Cfr. os arts. 769º e 770º CCiv. Note-se que, em sede de Lei Uniforme, sempre que o portador legítimo não se puder considerar titular do direito estaremos perante uma situação em que é a lei a determinar o carácter liberatório de uma prestação efectuada a terceiro – como, aliás, permite o art. 770º, al. f), CCiv..

[234] Exemplificativamente: suponha-se X *sonegou* a letra a A, último endossado, e *falsificou* um endosso de A seu favor ou preencheu com o seu próprio nome o endosso em branco que A descuidadamente apusera sobre a letra. Em face do art. 16ºI LU, *X é portador legítimo*, pois justifica a sua posição por uma série ininterrupta de endossos. Mas *não é, em bom rigor, titular do direito cambiário*, pois não o adquiriu validamente. Está, no entanto, *a um passo de poder alcançar desse estatuto* – basta que A *não consiga provar a má-fé* de X para que este beneficie da presunção de confiança contida no art. 16ºII LU e se torne, por excepção à regra *nemo plus iuris* (pois ocorreu uma quebra no nexo de derivação), verdadeiro titular do crédito cambiário.

[235] Sobre a situação inversa, *i.e.*, a hipótese do sujeito que adquiriu o direito de modo válido e eficaz, mas pela via extracambiária (cessão ou sucessão) e que, portanto, carece de legitimação formal, uma vez que a sua aquisição não se encontra documentada no título, ver o que dizemos em Carolina Cunha, *Letras e livranças, cit.*, p. 80-82.

[236] O que significa que, tanto no domínio das obrigações em geral como no domínio cambiário, o legislador se preocupou em acautelar os interesses do devedor *solvens* em face de mudanças ocorridas na titularidade do crédito, dispensando-o de proceder a averiguações complexas. No plano civilista o expediente encontrado foi, como é sabido, *a notificação* (ou aceitação) do devedor (art. 583º1 CCiv).

[237] Dispensando cada novo credor de proceder à notificação não só do devedor principal, como dos obrigados de garantia.

Todo este regime tem como consequência que, depois de pagar, a lei confira ao sacado-aceitante a *faculdade de exigir que a letra lhe seja entregue* (art. 39ºI LU); da qual goza igualmente qualquer dos co-obrigados que pague a letra (art. 50ºI LU). Semelhante poder de exigir do portador-credor satisfeito a *entrega material do documento* visa, consoante o estatuto cambiário do *solvens*, um duplo objectivo: proporcionar-lhe a *segurança* de lhe não voltar a ser exigido o pagamento da soma cambiária (ao obrigado principal) ou possibilitar-lhe o *exercício do direito de regresso* (ao obrigado de garantia)[238].

5.3.4. O paradeiro do título cambiário e a questão da inadmissibilidade de execuções fundadas em cópias

Neste contexto melhor se compreende a importância da questão que acima foi levantada, cuja resposta pode fornecer um apoio fundamental para solucionar o problema da prevenção do duplo pagamento: *onde se encontra a letra ou livrança?*

Se o credor do avalizado insolvente moveu contra o avalista uma acção executiva, *a resposta só pode ser uma*: *o documento cambiário foi entregue no tribunal onde corre a execução*. Como é sabido, a letra e livrança são títulos executivos, conforme o disposto no art. 703º, 1, c) CPCiv. E a lei exige que o requerimento executivo *seja sempre acompanhado do original do título de crédito que funda a execução*: desde o início, se o requerimento for entregue *em papel* (art. 724º, 4, a) CPCiv.), ou nos 10 dias subsequentes à distribuição, se o requerimento for entregue por *via eletrónica* (art. 724º, 4, a) CPCiv.)[239]

[238] Note-se que a *legitimação activa* no toca ao exercício do *direito cambiário de regresso* se afere *não* pela regra do art. 16ºI, *mas* pelas regras combinadas do art. 50º I e II LU – coincide com o sujeito que pagou ao portador e que tem (ou deveria ter) nas mãos o título, junto com o protesto e um recibo que certifica que o pagou; sujeito que será, doravante, o "último elo" da cadeia de garantes, tendo com permissão legal riscado os negócios celebrados pelos seus garantidos (os quais liberou de responsabilidade através do pagamento que fez). Para maiores desenvolvimentos, CAROLINA CUNHA, *Manual de letras e livranças, cit.*, p. 51. Afasto-me, como é bom de ver, das ideias tradicionais que recorrem à (perigosa) metáfora da "incorporação" do direito do título (cfr. p. 85, ss.).

[239] Aplaudindo esta solução da obrigatoriedade de envio posterior do original, por considerar "perigosa" a mera exigência da cópia, JOSÉ LEBRE DE FREITAS, *A acção executiva (à luz do Código de Processo Civil de 2013)*, 6ª ed., Coimbra Editora, Coimbra, 2014, p. 93, nota 92. Note-se que, entre a reforma da acção executiva operada pelo DL nº 226/2008, de 20-11 e a entrada em vigor no novo Código CPCiv. de 2013, houve um *hiato temporal* em que, sempre que o requerimento inicial fosse entregue por via electrónica, era *tão-só* exigida a cópia do título executivo, cabendo ao executado requerer, em oposição à execução, apresentação do original

– neste caso, pode inicialmente ter sido entregue uma cópia do título executivo, mas a falta de envio do original no prazo mencionado determina a *extinção da execução* nos termos da parte final do art. 724º, 5 CPCiv.[240].

É aliás, uma posição corrente (e de há muito) na jurisprudência aquela que *recusa que uma fotocópia, mesmo autenticada, de uma letra ou livrança possa servir de título executivo*[241]. Como se refere no Acórdão do STJ de 30-09-1999, abona-se tal orientação na lição de PINTO COELHO e FERRER CORREIA. Para o primeiro, decorre do art. 68ºI e II LU que "o possuidor da cópia só com o original poderá reclamar o pagamento"[242]; para o segundo, "o portador de uma cópia não pode reclamar o pagamento do aceitante, exibindo simplesmente a cópia; a não ser assim, poderia o aceitante ter que pagar segunda vez a quem lhe apresentasse o original"[243].

Por conseguinte, para o STJ, "admitir como título executivo uma fotocópia de documento cartular, mesmo autenticada, *é escancarar a porta ao perigo*, já que fica *incontrolado* que, no futuro, através de um simples endosso para um terceiro de boa fé, possa vir a ser apresentado a pagamento o original do documento"[244]. Nesta óptica, *o risco que se quer evitar é o do duplo pagamento por um obrigado cambiário* – efectuado, primeiro, ao portador da

(cfr. os arts. 810º, 6, a), e 150º, 3, 7 e 8 do antigo CPCiv.) – o que originou acórdãos como os do STJ 15-03-2012 e STJ 27-05-2014.

240 Isto é, se o exequente nada enviou nos 10 dias subsequentes à distribuição e, notificado pelo juiz, oficiosamente ou a requerimento do executado, para proceder ao envio do original do título de crédito, deixa escoar novo prazo de 10 dias sem nada fazer.

241 Assim STJ 23-03-1993 ("as cópias das letras exequendas, mesmo autenticadas, não podem legalmente servir de fundamento à execução"); STJ 27-09-1994 ("não pode ser reconhecida exequibilidade a fotocópias de livranças, ainda que autenticadas"); STJ 18-12-1995 ("as cópias (fotocópias) das livranças exequendas, apesar de autenticadas, não podem servir de fundamento à execução contra os avalistas, por as assinaturas destes não constarem delas, mas antes dos originais"); STJ 05-03-1996 ("não pode ser reconhecida exequibilidade a fotocópias de livranças, ainda que autenticada").

242 J. G. PINTO COELHO, *Lições de Direito Comercial*, 2º vol, fasc. II, "As letras", 2ª parte, Carlos Ernesto Martins Souto (Editor), Lisboa, 1943, p. 172.

243 FERRER CORREIA, *Lições de Direito Comercial*, vol. III, *cit.*, p. 152.

244 STJ 30-09-1999, sublinhados meus. E o Tribunal acrescenta: "com uma fotocópia do original, mesmo autenticada (por notário) o requerente da execução não prova que, nessa altura, – da instauração da execução – seja o portador do documento", uma vez que "a única certeza que se tem é que ele era o portador no momento em que o notário certificou que a fotocópia está conforme com o original", certeza "que já não existe quando a execução é requerida, pois o original pode, entretanto, ter entrado em circulação".

cópia; depois, ao portador do original – risco que é gerado pela circulação do título[245].

Salvo o devido respeito, *deixa-se na sombra um outro risco*, de igual dimensão e, no actual paradigma caracterizado pela ausência de circulação[246], muito mais premente: *o risco da obtenção de um duplo pagamento pelo portador do título* – o risco de receber, em *acções judiciais diferentes*, uma fundada no original e outra na cópia, a totalidade da quantia devida *de cada um dos obrigados cambiários* (sejam eles principais ou de garantia).

A pouca sensibilidade a este risco leva, aliás, a que a jurisprudência admita uma *excepção* à impossibilidade de requerer a execução com base em cópia autenticada: *os casos em que o original do título executivo se encontra junto a outro processo*[247]. Considera-se que, nestes casos, *o perigo da entrada do título em circulação está arredado*, desde que "o original não seja, por qualquer forma, desentranhado do processo onde se encontra, mesmo que esse processo finde", apenas se admitindo o desentranhamento "para inserir o original no processo *sub judicio*", substituindo a fotocópia, sendo que "para maior segurança, deverá esse facto ser mencionado no próprio título"[248]. Segundo uma outra formulação, "se for *impossível* a um exequente utilizar o original de um título executivo, sem quebra do princípio da boa fé e da *segurança do devedor*, não deixará de ser considerável a utilização de documento de igual valor substantivo"[249]. Outros arestos recorrem à ideia de que o portador do título cambiário "está impossibilitado, *sem culpa sua*, de efectivar o direito, em virtude de não ter à sua mercê o respectivo original"[250], ou "que seja *fundamentada e desculpável* a não utilização do original"[251].

[245] Como o STJ, aliás, explicitamente reconhece: em causa está "o perigo da sua entrada em circulação".

[246] Pois já não é rigoroso afirmar, na segunda década do século XXI, que "os títulos que incorporam obrigações cartulares "vivem" precisamente da sua entrada em circulação e desta mesma circulação" (como também se lê no aresto em análise). Para uma caracterização mais detalhada do actual modelo de utilização de letras e livranças, ver Carolina Cunha, *Manual de letras e livranças, cit.*, p. 20-23.

[247] Se bem que, em STJ 30-09-1999, a excepção admitida se restringe às situações em que *tudo se passa no mesmo tribunal* (como acontecia no caso dos autos: o segundo processo corria no mesmo tribunal e, inclusive, na mesma secção).

[248] STJ 30-09-1999.

[249] STJ 27-09-1994, CJSTJ, 1994, Ano II, Tomo III, pág. 69-71, sublinhados meus.

[250] RL 11-12-2001, sublinhados meus.

[251] RP 15-06-2011.

Analisemos a bondade dos argumentos em que se alicerça esta *excepcional admissibilidade* da cópia autenticada como título executivo. O argumento de que fica arredado o risco da circulação do original (e, assim, o risco de o executado com base na cópia pagar duas vezes) é válido, mas *insuficiente*: *permanece o risco*, igualmente grave e hoje mais premente, *de se permitir ao credor receber duas vezes* (de obrigados distintos) *a soma devida* – uma, apresentando o original, outra, apresentando a cópia[252]. A que *acresce um outro risco*, sempre que o executado com base na cópia do título seja um *obrigado de garantia*: a impossibilidade de o credor, uma vez satisfeito, *lhe devolver o título original* (por este ainda se encontrar no outro processo) – em violação do art. 50ºI LU e com a consequência de *precludir o exercício do direito de regresso* pelo *solvens* contra o obrigado principal e (eventuais) restantes garantes[253].

Já o argumento do "comportamento desculpável" – o credor não tem "culpa" de não poder apresentar o original do título, já que o utilizou para mover uma acção executiva contra outro obrigado cambiário é, a meu ver, muito discutível. Repare-se que o que está em causa é o *exercício da autonomia privada do credor* no que toca ao accionamento da garantia judicial dos seus direitos: numa situação em que *pode* exigir o pagamento da letra ou livrança a apenas *a um* dos obrigados cambiários, ou *a vários* em simultâneo ("o portador tem o direito de accionar todas essas pessoas, individualmente ou colectivamente" – art. 47ºII LU), *escolhe precisamente accionar dois deles em separado*, tendo de recorrer, para isso, a uma cópia do título. Estaria, por conseguinte, *perfeitamente ao seu alcance* ter realizado uma opção diferente, que lhe permitiria *usar apenas* – e como mandam as regras – *o original* da letra ou livrança: instaurar a execução contra ambos os obrigados em *litisconsórcio voluntário passivo*[254]. Se o não fez, *sibi imputet*: a falta do

[252] E não se diga, como o Tribunal *a quo* em RP 15-06-2011, que "o perigo de a exequente receber uma quantia superior à dívida exequenda *pode ser prevenido com uma simples consulta* à outra execução". Em que termos e por iniciativa de quem se fará essa "consulta"? Que garantias tem o executado que o resultado da "consulta", sendo "positivo", impede a consumação da execução contra si movida?

[253] Como muito bem se sublinha em STJ 27-09-1994, CJSTJ, 1994, Ano II, Tomo III, pág. 69-71.

[254] Quer dizer, podendo o pedido ser formulado apenas contra um réu (já que o regime da solidariedade cambiária, à semelhança do regime geral da solidariedade passiva, permite ao credor exigir a prestação integral de um só devedor), *nada impede que o credor opte por demandar vários réus*, por se verificarem os pressupostos do art. 32º CPCiv. – veja-se, aliás, o disposto no art. 517º CCiv. (a solidariedade não impede que os devedores solidários sejam conjuntamente

original da letra ou livrança para intentar uma segunda execução é *consequência do seu comportamento processual*[255].

Não me parece, portanto, que a utilização do original do título em outro processo judicial configure uma justificação para admitir a execução com base numa cópia autenticada. Note-se, aliás, as *cautelas* de que o regime geral da solidariedade passiva rodeia o *exercício judicial do direito do credor* contra os diversos obrigados: salvo existindo razão atendível (como a insolvência ou risco de insolvência do demandado, ou dificuldade, por outra causa, em obter dele a prestação), sempre que o credor exija judicialmente a um dos devedores a totalidade ou parte da prestação, *fica inibido de proceder judicialmente contra os outros pelo que ao primeiro tenha exigido* (art. 519º, 1 CCiv.)[256].

Todavia, neste regime *geral* da solidariedade, semelhante cautela não vale para o *exercício extrajudicial* do direito: "se, em vez de recorrer à via extrajudicial, o credor exigir a prestação extrajudicialmente a um dos devedores, *não fica inibido de a reclamar* de outro ou outros, enquanto não for efectuada"[257].

demandados pelo credor). Configurando explicitamente a *solidariedade* como um caso de *litisconsórcio voluntário*, ANTUNES VARELA / J. MIGUEL BEZERRA / SAMPAIO E NORA, *Manual de Processo Civil*, 2ª ed., Coimbra Editora, Coimbra, 1985, p. 160, ou LEBRE DE FREITAS, *A acção executiva, cit.*, p. 158; ver, ainda, M. J. ALMEIDA COSTA, *Direito das Obrigações*, 9ª ed., Almedina, Coimbra, 2001, p. 617.

255 Só em (raros) casos-limite o credor cambiário não terá sem seu poder o original do título *sem "culpa"* sua – e nem sequer são casos em que aquilo que pretende é uma duplicação de execuções. Veja-se a decisão tomada pelo Tribunal da Relação de Lisboa em 27-06-2000: "tendo-se alegado e provado, em sede de embargos de executado, que a exequente/embargada enviou o original da letra dada à execução à executada/embargante para obter o seu pagamento, não tendo esta efectuado o mesmo e retido o titulo, apesar de lhe ter sido solicitada a sua devolução, pode aquela exequente usar a fotocópia autenticada da letra como título executivo." Sobre a possibilidade de *reivindicação* do documento da letra ou livrança enquanto coisa corpórea, cfr. CAROLINA CUNHA, *Manual de letras e livranças, cit.*, p. 92-93.

256 Como frisa L. M. MENEZES LEITÃO, *Direito das Obrigações*, vol. I, "Introdução. Constituição das obrigações.", 5ª ed., Almedina, Coimbra, 2006, p. 169, a "maior eficácia" que a solidariedade confere ao direito do credor (na medida em que pode ser exercido integralmente contra qualquer um dos devedores) "não se traduz, porém, na pretensão de o credor *repetir sucessivamente a pretensão* perante os vários devedores" (sublinhados meus).

257 Como escrevem PIRES DE LIMA / ANTUNES VARELA, *Código Civil Anotado*, vol. I, *cit.*, p. 534-535, anot. nº 2. ao art. 519º. Ou seja, parece-me que o legislador pretendeu, acima de tudo, prevenir que o recebimento pelo credor de uma quantia superior à devida ocorresse *por força da intervenção dos tribunais*, optando por *eliminar o risco* de tal acontecer impondo *inibição*

Não assim no que respeita à solidariedade cambiária[258], em consequência da *função dispositiva que a lei assinala ao documento*[259]. Como vimos[260], a *exibição* do título (e não de uma cópia, sequer autenticada) é *condição de exercício do direito cambiário, mesmo extrajudicialmente*[261]. Pelo exame do título (do original, e não de uma cópia) o devedor comprova a verificação dos *requisitos de legitimação* activa e passiva que conferem eficácia liberatória ao pagamento que efectue. Após efectuar o pagamento, o mesmo devedor tem a faculdade de exigir a *entrega* do título (do original, e não de uma cópia), de modo a assegurar que não mais lhe virá a ser exigido o pagamento (caso se trate do obrigado principal) ou a poder exercer o direito de regresso contra os seus garantes (caso se trate de um obrigado de garantia). Ou seja, *só a utilização do documento original* (e não da sua cópia, mesmo que autenticada) *afasta todos os riscos envolvidos*: o risco de o devedor ser constrangido a pagar duas vezes, o risco de o credor conseguir cobrar duas vezes e o risco de o *solvens* não poder exercer o seu direito de regresso.

O regime cambiário consagra, portanto, a *infungibilidade do documento para o exercício do direito cartular* – o que explica, aliás, que a respectiva perda, destruição ou extravio só possa ser suprida através de um *processo judicial de reforma,* destinado a "produzir" um documento apto a substituir o anterior

de o credor proceder judicialmente contra os restantes devedores pelo que ao primeiro tenha exigido. Esta inibição só cede em casos especiais, havendo "razão atendível" (deixando-se ao tribunal a apreciação da procedência ou improcedência da causa invocada – assim PIRES DE LIMA / ANTUNES VARELA, *ult. op. e loc. cits.*)

258 Que é uma solidariedade imperfeita ou *sui generis,* dotada de um regime geral plasmado na Lei Uniforme o qual se afasta, em vários aspectos, do regime geral – como afirma GIORGIO DE SEMO, "Solidarietà cambiaria con speciale riguardo ai coobligati di pari grado", *BBTC,* II, 1961, p. 592-597, p. 595, a solidariedade cambiária deve "ser considerada, em face da solidariedade de direito comum, como uma *solidariedade modificada*" (sublinhados nossos).

259 Por isso não posso subscrever as interrogações de ANTUNES VARELA, "Anotação ao Acórdão do STJ de 24 de Novembro de 1983", *RLJ,* ano 121º, nº 3770, p. 138-160, p. 151, quando indaga se não será "a solução de recusar força executiva à fotocópia do título exequível *pura reminiscência do velho preconceito da autoridade contra o valor probatório* dessa coisa insólita que eram há umas dezenas de anos atrás as reproduções fotográficas ou mecânicas de documentos autênticos ou autenticados" – e isto porque *o que está em causa não é a função probatória, e sim a (bem diversa e mais complexa) função dispositiva* do documento cambiário.

260 Cfr. *supra* , nº 5.3.3.

261 Por isso não me parece correcto afirmar, como faz a Relação do Porto no Acórdão de 15-06-2011, que "não se vê que esse perigo [de o exequente receber uma quantia superior à dívida exequenda] seja *maior* do que o existente *antes* da interposição das execuções, *face* à solidariedade [cambiária] que une os devedores".

em todas as suas funções[262]. Esta infungibilidade *não pode ser postergada no contexto do exercício judicial do direito*[263], e a atestá-lo temos, hoje, a posição explicitamente adoptada pelo legislador no art. 724º, 5 do CPCiv.: quando a execução se funde em título de crédito, o exequente *deve sempre enviar o original para o tribunal*, sob pena de a execução se extinguir[264].

5.3.5. Implicações da função dispositiva do documento no concurso entre a insolvência do avalizado e a execução do avalista

Resulta de tudo quanto foi dito que, na eventualidade de concorrer com o processo de insolvência do avalizado a execução movida contra o avalista, a letra ou livrança *deverá ter sido entregue no tribunal onde corre a execução do avalista*. Sendo assim, *o original do documento não estará junto ao processo de insolvência*. Quer isto dizer que o *crédito cambiário* não poderá aí ser reclamado e exercido contra o avalizado?

5.3.5.1. Impossibilidade legal de executar o avalizado insolvente junto com o avalista. A reclamação do crédito fundamental no processo de insolvência

Repare-se: estamos a falar de um crédito sobre a insolvência[265], que por força da lei (art. 90º CIRE) tem *obrigatoriamente de ser exercido no processo de insolvência*. Isto é: ao contrário do que sucedia no mero concurso de execuções, em que *a demanda separada de avalista e avalizado correspondia a uma escolha do credor* – em detrimento da opção pelo litisconsórcio voluntário passivo, a qual eliminaria a duplicação e as consequentes dificuldades – *aqui o credor não tem escolha possível*. Mais: se o credor tiver eventualmente começado por executar, na mesma acção, avalizado e avalista, a declaração

[262] Sobre a reforma judicial de letras e livranças, ver CAROLINA CUNHA, *Manual de letras e livranças, cit.*, p. 92-93.

[263] Daí a largueza com que o art. 47ºIII da Lei Uniforme (ao contrário do art. 519º, 1 CCiv.) admite que o credor *accione sucessivamente* os diversos obrigados cambiários ("a acção intentada contra um dos co-obrigados não impede de accionar os outros, mesmo os posteriores aquele que foi accionado em primeiro lugar"). Na verdade, a necessidade de exibição do título (do original, e não de uma cópia) afasta qualquer dos riscos associados – em particular o do duplo pagamento e o do duplo recebimento.

[264] Discordo, portanto, de LEBRE DE FREITAS, *A acção executiva, cit.*, p. 93, nota 92, para quem "a norma não pode deixar de ser adaptada quando o título se encontra junto a outro processo – e enquanto aí se mantiver".

[265] Ver o que dissemos *supra*, nº 5.3.2.

de insolvência *obsta ao prosseguimento da acção executiva contra o insolvente* (art. 88º, 1 CIRE); prosseguindo a execução contra o avalista, será, em princípio[266], extraído e remetido para apensação traslado do processado relativo ao insolvente (art. 88º, 2 CIRE).

Mas, por outro lado, convém não esquecer que, nas hipóteses que analisamos, *o credor será tipicamente titular de dois créditos contra o próprio insolvente*: o crédito emergente da relação fundamental e o crédito cambiário. Como são *créditos de satisfação alternativa, basta-lhe exercer* (*rectius*, só pode exercer) *um deles*. Se, *fora* de um processo de insolvência, a sua opção recairá normalmente sobre o crédito cambiário, dada a vantagem em poder recorrer de imediato à via executiva, já *dentro* do processo de insolvência essa opção é, normalmente, indiferente: pode, sem desvantagem, reclamar *apenas* o crédito fundamental. E, para isso, *não precisa de exibir o original do título cambiário*[267]. Será conveniente, todavia – e necessário ao cumprimento do dis-

[266] Isto não estando causa acções que devam ser apensadas ao processo nos termos do nº 2 do art. 85º (se tiver sido "efectuado qualquer acto de apreensão ou detenção de bens compreendidos na massa insolvente").

[267] Bastante mais melindrosa será a questão – que não tenho, por isso, oportunidade de aqui desenvolver – de o portador de uma letra ou livrança pretender *exercer o seu direito contra dois ou mais avalistas que se encontrem insolventes*. O único crédito que pode reclamar contra ambos é *o cartular* (tipicamente *não intercede qualquer relação fundamental* entre credor e avalista – ver Carolina Cunha, *Manual de letras e livranças, cit.*, p. 56), e tem de forçosamente de o fazer *concorrendo a cada uma* das insolvências. Mas só dispõe de *um título cambiário*. Como fazer? Esta é a *única* hipótese na qual me inclino para uma solução que reconheça *a possibilidade de recorrer a cópias autenticadas do título original*, pois é a própria lei insolvencial que cria um *obstáculo* intransponível à demanda conjunta dos vários avalistas. E é a mesma lei que, no art. 95º, 1, afirma peremptoriamente que "o credor *pode concorrer* pela totalidade do seu crédito *a cada uma das diferentes massas insolventes de devedores solidários*".
Mas atenção: a cópia autenticada da letra ou livrança apenas servirá para a *reclamação e reconhecimento* do crédito. A partir daí, qualquer *pagamento* deverá observar escrupulosamente o disposto no art. 179º, aplicável aqui *directamente* porque os avalistas são *devedores solidários* (cfr. o AUJ do STJ nº 7/2012 e o que a propósito escrevi em Carolina Cunha, *Manual de letras e livranças, cit.*, p. 131-134). As medidas previstas na norma *evitarão adequadamente os riscos que a exigência cambiária de exibição do título original visa prevenir*. E deve impor-se uma cautela adicional: que o original do título seja entregue *num* dos processos de insolvência, onde permaneça "cativo". Se, depois, a massa insolvente de *outro* avalista vier a satisfazer *integralmente* o credor, deverá o título original ser *remetido* a esse processo de insolvência (respeitando o art. 50ºI LU), extinguindo-se a posição creditória do reclamante nos restantes processos. Se o pagamento for *parcial*, o cruzamento de informações possibilitado pelo art. 179º, 1 CIRE permitirá respeitar o comando do art. 95º, 1, *in fine* (que o somatório das quantias recebidas pelo credor não venha a exceder o montante do crédito) e o recurso

posto no art. 128º, 1, d) CIRE, na medida em que a letra ou livrança contém um aval – *juntar ao requerimento de reclamação de créditos uma cópia do título cambiário* (para efeitos informativos).

Portanto, e repetindo a conclusão acima alcançada[268], em condições normais, o administrador da insolvência *terá conhecimento* de que existe um aval prestado em favor do insolvente sobre uma letra ou livrança. E a circunstância de o credor *não* haver juntado ao processo *o original* desse título – nem, portanto, haver nele reclamado o correspondente crédito cambiário – faz *presumir fortemente a existência de uma execução paralela contra o avalista*. Isto quando o conhecimento dessa execução não seja *directamente proporcionado* pelo traslado remetido para apensação nos termos do art. 88º, 2 CIRE. Retenhamos esta conclusão.

5.3.5.2. Cautelas a adoptar pelo administrador da insolvência ao realizar o pagamento do crédito fundamental

A simples circunstância de o administrador da insolvência ter conhecimento de que o crédito fundamental reclamado no processo de insolvência *é garantido por um título cambiário, onde o insolvente assumiu também uma obrigação* (*in casu*, a obrigação principal, de aceitante da letra ou emitente da livrança), impõe que adopte *particulares cautelas no momento de efectuar pagamentos ao respectivo credor*. Se este tiver reclamado o crédito cambiário e entregado junto com o requerimento o original da letra ou livrança, vimos que os pagamentos devem ser *imputados a ambos os créditos* (fundamental e cambiário). Mas sempre que o *original desse título cambiário não se encontre junto do processo de insolvência*, as cautelas devem ser outras.

Como é sabido, sempre que um obrigado cambiário principal efectua um pagamento, tem a faculdade de exigir do *accipiens* a concomitante *entrega do título* (art. 39ºI e 77ºIII LU) ou, no caso de o pagamento ser parcial, de exigir que desse pagamento se faca *menção no título* e que dele lhe seja *dada quitação* (art. 39ºI e 77ºIII LU). Isto será assim *mesmo quando o pagamento é feito ao abrigo da relação fundamental*, aquela que proporciona a "causa remota" da relação cambiária: por força da *convenção executiva* que

ao expediente previsto no art. 39ºIII LU (menção no original do título do pagamento parcial, mesmo que efectuado noutro processo) acautelará adequadamente os interesses envolvidos.

[268] Cfr. nº 5.3.2.

une ambos os sujeitos, credor e devedor[269], *o pagamento só deve ser feito contra a entrega do título* (ou com a menção no título e entrega de quitação, se o pagamento for parcial)[270]. Portanto, o credor que pretenda ver cumprida a obrigação fundamental deve oferecer a restituição do título ao devedor, que, por seu turno, poderá licitamente recusar o pagamento da prestação enquanto a restituição do título lhe não for oferecida. Mesmo que a convenção executiva seja omissa a este propósito[271], *é a solução que obtemos pela via da sua integração*, com apoio na vontade conjectural das partes, eventualmente corrigida pela boa fé (art. 239º CCiv.), pois é única que *evita o risco de duplo pagamento*[272].

Por conseguinte, um administrador da insolvência *criterioso e ordenado* (estalão normativo fixado pelo art. 59º, 1 CIRE) *não efectuará qualquer pagamento* a um credor da insolvência que saiba (ou deva saber, pelos elementos à sua disposição) beneficiário de uma letra ou livrança subscrita pelo insolvente *sem lhe exigir a exibição do original desse título cambiário* – seja para

[269] CAROLINA CUNHA, *Manual de letras e livranças, cit.*, p. 52-55, e *Letras e livranças: paradigmas actuais e recompreensão de um regime, cit.*, p. 160-164.

[270] Outra solução favorecida pela *praxis* para manter a posição do credor cambiariamente respaldada em caso de pagamento parcial é o procedimento *impropriamente designado por "reforma"* das letras ou livranças. Reconduz-se, no essencial, à substituição voluntária de um título por outro, tipicamente acompanhada do pagamento de uma parcela da soma correspondente ao título substituído, com a consequente diminuição da quantia inscrita na segunda letra ou livrança.

[271] Sobre o carácter amiúde *tácito e lacunoso* deste negócio jurídico, ver o que dizemos em CAROLINA CUNHA, *Manual de letras e livranças, cit.*, p. 52-55.

[272] Se o devedor pagasse e o credor conservasse o título, transmitindo-o posteriormente, o devedor ficaria obrigado a um segundo pagamento perante o terceiro Além de, como vimos, assim se lograr proporcionar ao sujeito que paga, caso não seja obrigado principal, o instrumento necessário para o subsequente exercício do direito de regresso.
AITOR ZURIMENDI ISLA, "Efectos de la emisión o transmisión de títulos cambiarios sobre la relación subyacente", *Revista de Derecho Mercantil*, 2004, p. 901-976, p. 932, ss., considera que esta imposição também tem por finalidade *evitar que o credor possa satisfazer duas vezes o seu interesse*, recebendo uma atribuição patrimonial indevida: na verdade, o pagamento da obrigação principal converte-se em pagamento indevido quando o credor realiza o valor do título – *v.g.*, endossando-o. Partindo deste pressuposto, *funda nos princípios do enriquecimento sem causa a imperatividade da restituição do título*: às partes está vedado exclui-la no contrato de entrega. Frisando quer a necessidade de evitar um duplo pagamento, quer a conveniência em salvaguardar a garantia cambiária, UMBERTO SALVESTRONI, "Offerta in restituzione e deposito della cambiale: condizioni dell'azione causale o presupposti processuali?", *Riv. Dir. Comm.*, ano LXXVII, 1979, II, p. 181-195. Para outros desenvolvimentos, ver CAROLINA CUNHA, *Letras e livranças: paradigmas actuais e recompreensão de um regime, cit.*, p. 162-163.

doravante *o conservar*, na hipótese de pagamento total; seja para *nele mencionar* o pagamento parcialmente feito.

5.3.5.3. Quando o título cambiário se encontra junto ao processo executivo: obrigação de aí comunicar o pagamento (extensão teleológica do art. 179º, 1, *in fine*, CIRE)

Mas *quid iuris* se o credor lhe comunicar que *não esta em condições de exibir o original do título*, porque ele se encontra *junto ao processo executivo que moveu contra o avalista*? Repare-se: o credor não se apresenta no processo de insolvência a exercer *o* direito cambiário, mas sim *o* direito emergente da relação fundamental, pelo que não está exactamente em causa a função dispositiva do documento cambiário e sim (como acima justificámos) *a obrigação ou o ónus da sua exibição e entrega decorrente da convenção executiva*. Se, por conseguinte, for viável a obtenção da finalidade visada com tal obrigação ou ónus *através de outro comportamento* que não a exibição do original do título no processo de insolvência, parece-me de aceitar esse modo de cumprimento, na medida em que satisfaça igualmente o interesse do respectivo credor (que é, no caso, o insolvente).

Ora, é aqui que nos podemos valer com utilidade do lugar-paralelo constituído pelo art. 179º,1 CIRE, *in fine*. Na verdade, se impusermos, por extensão teleológica, o *dever de comunicação* previsto na parte final da norma[273], *i.e.*, se o administrador da insolvência *der conhecimento, no processo executivo*, do pagamento realizado ao credor, *ocorre uma de duas situações* – ambas providenciando resposta adequada ao problema que nos ocupa.

Ou esse *pagamento foi total* e extinguiu (em simultâneo com a dívida fundamental) a dívida cambiária, tendo aplicação o art. 846º, 5, CPCiv. – será junto ao processo *título extintivo* da obrigação exequenda, o que suspende a execução e determina a liquidação da responsabilidade do executado, extinguindo-se depois a própria execução (nos termos do art. 849º, 1,CPCiv.). O *original* da letra ou livrança, que serviu de título executivo, *deve agora ser remetido ao processo de insolvência*[274].

[273] Rectifico, portanto, a posição diversa que, *prima facie* e "sem embargo de ulterior reflexão", esbocei em Carolina Cunha, "Aval em branco e plano de insolvência", *Revista de Legislação e de Jurisprudência*, ano 145, Março-Abril 2016, nº 3997, p. 201-231, p. 216.

[274] Pois o proprietário do documento é, agora, o *solvens* – resulta dos arts. 39ºI e 50ºI LU o *reconhecimento da propriedade do título ao sujeito que satisfez o direito do portador*, como expediente destinado a evitar que outrem lhe volte a reclamar o pagamento e, sendo obrigado de

Já se o *pagamento foi parcial*, a comunicação do administrador determinará que se *inscreva no original do título essa menção* (em cumprimento do disposto no art. 39ºIII LU, fazendo o administrador a exigência prevista na norma ao abrigo dos poderes de administração e disposição que lhe cabem) e terá por consequência a *extinção parcial da execução*, que prosseguirá apenas relativamente à quantia ainda em dívida[275].

Este comportamento exigível ao administrador da insolvência, é bom de ver, vai sobretudo dirigido à *prevenção de um dano para o devedor insolvente* – o dano de ter de pagar duas vezes, pois, e mesmo que o original do título "cativo" do processo de execução nunca circulasse, o facto de o avalista aí executado satisfazer o credor iria proporcionar-lhe um direito cambiário de regresso *contra o avalizado insolvente*, que assim teria de pagar uma segunda vez[276] –, dano cuja concretização poderia fazer incorrer o administrador na *responsabilidade cominada pelo art. 59º CIRE* .

5.3.5.4. A obrigação de o administrador da insolvência condicionar os pagamentos à exibição de certidão extraída dos processos executivos

Mas parece-me também ser exigível ao administrador da insolvência, e ainda no quadro da composição de interesses genericamente plasmada no art. 179º, 1 CIRE, um outro comportamento, desta feita orientado para a *tutela dos (outros) credores da insolvência*. Na verdade, julgo imprescindível uma obrigação de o administrador *condicionar os pagamentos no próprio processo de insolvência à exibição da certidão extraída dos processos executivos* de cujo curso tenha conhecimento.

garantia (que o nosso insolvente tipicamente não é), a possibilitar o exercício do direito de regresso.

[275] Note-se que estamos em presença de um facto superveniente que, se não for logo oficiosamente relevado pelo juiz, confere pelo menos ao executado a faculdade de deduzir embargos no prazo de 20 dias (art. 728º, 2, CPCiv), determinando a procedência dos embargos a extinção parcial da execução nos termos do art. 732º, 4, CPCiv. *in fine*.

[276] E é bom de ver que, em ricochete, a concretização desta hipótese poderia igualmente *prejudicar os restantes credores da insolvência*, na medida em que o avalista *solvens* ainda estivesse em tempo de vir ao processo reclamar o seu direito cambiário de regresso (de cujo exercício o avalizado insolvente não se podia defender invocando o pagamento feito pela massa ao credor, já que se trataria de uma excepção oriunda de uma relação alheia ao avalista – a relação que une o avalizado ao credor – e, sobretudo, porque foi a manifesta negligência do avalizado – *rectius*, do administrador da insolvência no exercício dos poderes, nomeadamente os de representação outorgados pelo art. 81º, 4 CIRE –, ao descurar a entrega do original do título contra o pagamento da dívida, o que deu azo a toda a situação).

Ainda que a lei, na primeira parte do art. 179º, 1, CIRE, não contemple expressamente a situação, convém não esquecer que o art. 12º EAJ impõe aos administradores judiciais o dever geral de "orientar sempre a sua conduta para a *maximização da satisfação dos interesses dos credores* em cada um dos processos que lhes sejam confiados".

Ora, é na densificação deste dever que podemos sustentar a necessidade de um administrador *que saiba da existência de execuções paralelas,* no momento em que se dispõe a efectuar pagamentos aos credores no processo de insolvência, *se assegurar* de que alguns de entre eles não têm já o seu crédito (total ou parcialmente) solvido. Ao proceder assim, é bom de ver, o administrador *não só evita a duplicação de pagamentos a esses credores* (eliminando o problema que nos tem ocupado), como *optimiza a satisfação dos restantes,* dada a típica *insuficiência* do produto da liquidação para cobrir todas as dívidas do insolvente.

Por maioria de razão, sempre que (independentemente do conhecimento que tenha do curso de execuções paralelas) *lhe for efectivamente exibida certidão* extraída dos processos executivos – isto é, se chegar ao seu conhecimento *documento que comprove* que o credor *já recebeu, no todo ou em parte,* no processo executivo, a quantia que reclama em processo de insolvência–, então o administrador *não pode pura e simplesmente ignorar esse facto extintivo do direito de crédito*[277] e proceder ao seu pagamento, sob pena de violar (nesta hipótese, com evidente gravidade) o acima mencionado dever.

Em qualquer um dos casos, note-se, o administrador *incorre em responsabilidade* perante os restantes credores, os quais *não deveriam ter de suportar o concurso* daquele que já viu o seu direito satisfeito (ou na medida da satisfação parcial que haja sido obtida) fora do processo de insolvência. Recorde-se que o art. 59º,1, CIRE impõe que o administrador responda

[277] O STJ, no seu acórdão de 05-04-2016, considerou, aliás, aplicável às *situações de solidariedade passiva* "o tratamento legal previsto no art. 94º do CIRE" (norma segundo a qual "no processo de insolvência, os créditos sobre a insolvência sujeitos a condição resolutiva são tratados como incondicionados até ao momento em que a condição se preencha, sem prejuízo do dever de restituição dos pagamentos recebidos, verificada que seja a condição"). No entender do STJ, "o crédito submetido ao regime de solidariedade passiva permite que *a respetiva (eventual e futura) liquidação* integral ou parcial *por qualquer dos devedores solidários* possa ser encarada como *condição resolutiva* a que aquele se encontra sujeito, com a inerente repercussão na extinção integral ou parcial do respetivo montante, a ser invocada pelos devedores, como facto, total ou parcialmente, impeditivo do direito do credor (art. 342º, nº2, do CC)".

pelos danos causados "aos credores da insolvência e da massa insolvente pela *inobservância culposa* dos deveres que lhe incumbem".

5.3.6. A atitude da jurisprudência perante o risco da duplicação de pagamentos

É natural a preocupação dos avalistas executados com a circunstância de o pagamento que venham a efectuar no processo executivo consubstanciar uma duplicação (ou pelo menos um excesso) da satisfação do credor, e de estarem a efectuar uma prestação que as regras gerais os dispensariam de realizar (ou de realizar com semelhante amplitude).

Mas não só os expedientes defensivos que na prática invocam se revelam desadequados, como, na maioria dos casos, os seus receios não são (ou não se prova que sejam) justificados. A jurisprudência, por seu turno, mostra-se geralmente alertada quanto à existência de um risco de duplicação de pagamentos e, desde a perspectiva do processo executivo, manifesta abertura para retirar consequências da demonstração de que foram realizados pagamentos àquele credor no processo de insolvência do avalizado.

Os avalistas tentam afastar a execução com *argumentos* como a litispendência, a suspensão da instância por prejudicialidade ou mesmo a regra da suspensão das execuções prevista no art. 88º CIRE. Ao que os tribunais respondem, acertadamente, que a pendência paralela de um processo de insolvência contra o avalizado não é de molde a desencadear a aplicação de tais regimes. Assim, não ocorre *litispendência* porque não há, desde logo, identidade de sujeitos (as partes não são as mesmas sob o ponto de vista da sua qualidade jurídica)[278]. Também se afigura inviável *a suspensão da instância por prejudicialidade*, uma vez que a obrigação do demandando está devidamente concretizada e decorre de um título com força executiva, não se encontrando dependente de decisão a proferir no âmbito do processo de insolvência de terceiro[279]. Finalmente, não há fundamento para *suspender a execução com base no art. 88º, 1, CIRE*, com o objectivo de a reclamação do crédito do exequente vir a ser efectuada junto do processo de

[278] Assim RL 02-06-2011: obsta desde logo à verificação da litispendência o facto de o opoente/executado, sendo parte na acção executiva como avalista da aceitante, não o ser no processo de insolvência da mesma aceitante, no qual a exequente terá reclamado créditos.

[279] Cfr. RP 14-10-2013, debruçando-se sobre um caso com a particularidade significativa de a sociedade – financiada e insolvente – figurar na livrança como avalista, sendo os executados os emitentes (obrigados principais) da livrança.

insolvência: pelo contrário, os avalistas podem ser imediatamente executados sem dependência daquela reclamação de créditos. O que a referida norma prevê é a suspensão de diligências executivas que atinjam os bens integrantes da massa insolvente; aliás, a parte final do preceito até ressalva que se, houver outros executados, a execução prossegue contra estes[280].

Não obstante proceder à demonstração de que é infundada da argumentação dos avalistas, a jurisprudência revela sensibilidade perante o risco de *o credor poder vir a ser ressarcido da dívida*, "total ou parcialmente – ou mesmo poder já o ter sido – no âmbito do processo de insolvência"; caso isso aconteça, "o avalista poderá *opor ao credor a excepção de liberação* por extinção total ou parcial da obrigação do avalizado"[281]. Considera inclusive que, caso o exequente obtenha pagamento do crédito reclamado no processo de insolvência, deverá vir ao processo de execução dar conta disso, "reduzindo-se a quantia exequenda ou extinguindo-se a execução, consoante o montante conseguido"[282]. Mas *se e enquanto nada disso ocorrer* (e não basta a mera "possibilidade de tal vir a acontecer"[283]), a execução prossegue regularmente.

Não posso deixar de concordar com esta posição de princípio: apresentado em tribunal o (original do) título executivo, *a execução corre os seus termos, mesmo que haja um processo de insolvência pendente* contra o sujeito que no título figura como avalizado. Nos termos que acima defendi, é em primeira linha ao *administrador da insolvência* que cabe fazer o "cruzamento da informação" entre os dois processos (o de insolvência e o executivo), em particular e para o que à execução directamente interessa, aí comunicando *o pagamento que venha a ser realizado em sede de insolvência*[284]. O que não significa que essa informação não possa chegar ao processo executivo por outras vias – *v.g.*, através de alegação do *executado* ou de honesta participação do próprio *exequente*. Em qualquer das hipóteses, deverão ser *extraídas as consequências desse pagamento* – a saber, extinção ou redução da execução[285].

[280] RL 26-02-2015.

[281] RL 02-06-2011.

[282] RP 14-10-2013.

[283] RP 14-10-2013.

[284] Ver a extensão teleológica do art. 179º, 1, *in fine*, CIRE que proponho em 5.3.5.3.

[285] Pelo que não posso concordar com afirmações como as que encontramos em RL 26-02-2015: "o que ocorre ou possa ocorrer no âmbito do processo de insolvência *só tem reflexos* quanto ao insolvente e *não é invocável* pelos respectivos avalistas" (sublinhados meus).

Parece todavia afastar-se da genérica linha de cautela – pelo menos nos seus efeitos "duplicadores" – a decisão adoptada em RP 14-04-2015, segundo a qual "não actua em abuso do direito o portador da livrança que, tendo *reclamado o seu crédito no processo de insolvência*, onde foi reconhecido, *demanda o avalista pelo crédito titulado pela livrança*, ainda que tenha *obtido, com a venda do bem objecto do contrato de locação financeira* celebrado com a insolvente, *valor superior* ao da dívida emergente do contrato e que esteve na origem da subscrição da livrança".

In casu, a grua, objecto do contrato de locação financeira subjacente à emissão da livrança, havia sido entregue voluntariamente pelo locatário (posteriormente declarado insolvente) à locadora, na sequência da resolução do contrato (por esta) com base em incumprimento (daquele). Seguidamente, a locadora procedeu à venda da grua e assim conseguiu obter a quantia de € 22.140 Não obstante, veio reclamar o crédito fundamental no processo de insolvência do locatário e executar os avalistas da livrança dada em garantia. E o Tribunal considerou que o facto de a locadora *haver conseguido com a venda da grua um montante superior ao valor em dívida, garantido pela livrança* (emitida em branco e posteriormente preenchida por € 10.017) "nada tem de anormal ou chocante", antes "é consequência do figurino do contrato de locação financeira". Na sua perspectiva, assistia à locadora o direito de reaver o equipamento locado (que lhe pertencia) e dispor dele como entendesse, *sem que tivesse de abater* essa quantia à dívida. Conclui, portanto, que "se é verdade que conseguiu vender o equipamento por preço próximo do valor que obteria com o cumprimento integral do contrato, tal poderia não ter sucedido", e nesse caso, teria "de suportar o prejuízo"[286].

Sem querer adensar-me nas complexidades do regime aplicável à locação financeira, sempre direi que me parece estar em causa a função de garantia que a propriedade do bem locado desempenha neste contrato

[286] Mas, como sublinha Rui Pinto Duarte, "O contrato de locação financeira – uma síntese", Escritos *jurídicos vários 2000-2015*, Almedina, Coimbra, 2015, p. 453-511, p. 487-488, se é verdade que "dos direitos que a locação gera para o locador *pode resultar um lucro ou prejuízo* relativamente ao que se verificaria se o locatário cumprisse" – o que dependerá "do valor do capital em dívida à data da resolução e do valor pelo qual o locatário aliene a terceiros o bem objecto da locação financeira (ou, se se preferir, o valor de mercado desse bem)", já *não é verdade que seja juridicamente indiferente* a concretização de um "sobrelucro" para o locador – caso em que poderá ser necessário recorrer a mecanismos de correcção, como, p. ex., considerar manifestamente excessiva, à luz do art. 812º CCiv., uma eventual cláusula penal.

de financiamento[287]. Ora, se fica demonstrando que o locador consegue *concretizar essa garantia, vendendo o bem* por um preço substancial, *parece-me questionável* que possa continuar a pretender obter o exacto pagamento da dívida proveniente do contrato de locação financeira, *e, consequentemente*, a pretender cobrar a quantia inscrita na livrança entregue para reforçar esse pagamento. É certo que *a matéria de facto é parca* e não esclarece alguns pontos importantes – diz-se que o montante em dívida (pelo qual a livrança veio a ser preenchida (€ 10.017) resulta da soma da falta de pagamento de *prestações vencidas* com a "*indemnização contratualizada entre as partes*", sem que se perceba, ao certo, *que danos* cobre tal indemnização (*v.g.*, corresponde a uma percentagem das rendas vincendas?)[288]. Também se provou que, caso tivesse optado pela aquisição desse equipamento "*aquando da resolução do contrato*", o locatário teria de pagar à exequente a quantia de € 22.167 a título de preço[289].

Em suma, *apesar de,* no que toca ao concurso entre a execução e a insolvência o Tribunal advertir que "se, por hipótese, o credor vier a ser ressarcido no âmbito do processo de insolvência, havendo duplicação parcial do seu crédito, haverá mecanismos legais para repor a justiça", vem a revelar-se, *todavia,* pouco sensível ao facto de, com a venda do bem recuperado após a extinção do contrato de locação financeira, o credor já ter visto, afinal, pelo menos *parcialmente satisfeito* o seu interesse[290].

[287] Sobre a (mera) função de garantia desempenhada pela propriedade do bem no contrato de locação financeira e sobre a importância para o locador financeiro do valor desse bem (que "poderá ter, fruto da resolução do contrato ou do não exercício do direito de compra pelo locatário, que transacionar") cfr., L. Miguel Pestana de Vasconcelos, *Direito das garantias*, 2ª ed., reimp., Almedina, Coimbra, 2016 p. 511-512.

[288] Adverte Pestana de Vasconcelos, *Direito das Garantias, cit.*, p. 517, para a *necessidade de evitar soluções* susceptíveis de "conduzir a um *enriquecimento injustificado* do locador" (sublinhados meus); por isso, "a resolução implicará a restituição [ao locatário] do montante das rendas" que constituem a amortização do bem, já que o locador obtém *a restituição do próprio bem* (cujas eventuais depreciações serão cobertas pela indemnização igualmente devida). Também Rui Pinto Duarte, "O contrato de locação financeira – uma síntese", *cit.*, p. 487-488, equaciona, em função do caso concreto, o recurso ao art. 812º CCiv. para reduzir o montante excessivo de uma pena convencional (que, como é sabido, pode ser indemnizatória).

[289] Portanto, seria o valor residual calculado à data da resolução, e não o previsto para o termo do prazo do contrato, numa situação de regular cumprimento. Mas, em todo o caso, seria *uns meros € 27 superior* ao valor *efectivamente conseguido* pela locadora com a subsequente venda do bem.

[290] Segundo Fernando de Gravato Morais, *Manual da locação financeira*, 2ª ed., Almedina, Coimbra, 2011, p. 248, a obrigação de restituição do bem uma vez resolvido o contrato "tem como função primordial a *recuperação do capital investido*".

Capítulo 6
Consequências da aprovação de um plano de insolvência sobre a posição do avalista do insolvente

6.1. Enquadramento geral do problema e argumentação dos avalistas executados

Voltemos agora a nossa atenção para um importante grupo de casos: aqueles em que, no âmbito do processo de insolvência do avalizado (recorde-se: o aceitante da letra ou o emitente da livrança), os credores aprovam *um plano de insolvência que altera a fisionomia da obrigação fundamental cujo cumprimento é garantido pelo título em branco* – seja reduzindo o seu valor[291], seja introduzindo uma moratória que difere no tempo a sua exigibilidade[292], seja determinando o seu pagamento em prestações[293], e amiúde combinando entre si algumas destas modificações.

Contra este pano de fundo, o credor preenche o título em branco pelo *valor integral da dívida* emergente da relação fundamental com o insolvente-garantido *aferindo* quer esse valor, quer a própria existência de um incumprimento, *pelos termos originariamente em vigor* – ou seja, pelos parâmetros

[291] RC 01-07-2014 (redução dos juros reclamados a 10% do seu valor); RG 30-05-2013 (redução dos créditos a 10% do seu valor, o que faria dívida em causa descer dos € 221.789,13 para os € 20.000); STJ 30-10-2014 (perdão do valor do capital reconhecido aos credores comuns em 25% e perdão integral dos juros vencidos).

[292] RC 17-06-2014 (período de carência de 2 anos); RG 11-09-2012; RC 01-07-2014; RG 12-09-2013 (12 meses de carência).

[293] RC 17-06-2014 (liquidação em 12 anos através de 40 prestações trimestrais); RG 04-12-2008 (pagamento integral da dívida num prazo de 5 anos em prestações semestrais e sucessivas); RL 26-06-2012 (recuperação da globalidade dos créditos num horizonte temporal de 15 anos); RG 12-09-2013 (108 prestações mensais).

que resultam dos acordos realizados aquando da subscrição do título em branco. E move uma execução contra o avalista. Este deduz embargos, *opondo-se à execução* com fundamento *nas alterações* que a aprovação do plano de insolvência provocou sobre a obrigação fundamental que o título cambiário garantia[294].

Tal como comecei por destacar no início deste estudo[295], é verdade que, com apoio no art. 10º LU, o avalista em branco se pode prevalecer de certas vicissitudes de uma relação fundamental à qual é alheio, já que a determinação do conteúdo a inserir na sua própria declaração cambiária se efectua *per relationem.*

Reportando este raciocínio às situações que estamos a analisar, *o eixo da argumentação* dos avalistas executados é, justamente, a existência de preenchimento abusivo[296].

Na verdade, as *modificações* – em particular as moratórias ou "períodos de carência" e os esquemas de pagamento em prestações – introduzidas pela aprovação do plano de insolvência na dinâmica da relação fundamental garantida parecem apontar, à primeira vista, para a ocorrência de um *preenchimento injustificado ou extemporâneo*[297] do título. Em virtude das modificações aprovadas parece difícil sustentar que o devedor principal se encontre em incumprimento da obrigação fundamental, que era a ocorrência à qual o completamento do título estava subordinado. A ser assim, parece haver razão para o *afastamento da pretensão cambiária ex vi* art. 10º LU[298] e o preenchimento injustificado provocará *a extinção total da execução* (art. 732º, 4, 1ª parte, CPCiv.).

Já nas hipóteses em que a aprovação plano de insolvência *reduz* (por vezes, consideravelmente) *o valor do crédito* emergente da relação fundamental garantida, a tónica é colocada na *discrepância* entre a quantia inscrita no título e aquela que, nos termos da modificação, actualmente se encontra

[294] Problema que me mereceu uma primeira abordagem em CAROLINA CUNHA, "Aval em branco e plano de insolvência", *cit.*, p. 201, ss.

[295] Cfr. *supra* , nº 2, em particular nº 2.2.

[296] Para uma análise mais aprofundada dos litígios, cfr. CAROLINA CUNHA, "Aval em branco e plano de insolvência", *cit.*, p. 203-207.

[297] Sobre as duas modalidades de preenchimento abusivo de títulos em branco, cfr. CAROLINA CUNHA, *Manual de letras e livranças, cit.*, p. 184-186

[298] Sobre *a prova* concretamente a realizar pelo subscritor em branco para lograr este objectivo, cfr. CAROLINA CUNHA, *Manual de letras e livranças, cit.*, p. 180-184.

em dívida pelo contraente insolvente. Estaremos, portanto, perante aquela segunda modalidade de preenchimento abusivo que consiste na *incorrecta configuração das menções* introduzidas – mais precisamente, na inserção de uma quantia *superior* à que se encontra em dívida. A ser assim, desembocaremos numa *extinção parcial da execução* – face à demonstração de um excesso de execução, o juiz deverá determinar a *redução* da mesma, afim de se conter nos limites do título executivo (art. 732º, 4, 2ª parte, CPCiv.)[299].

Estas conclusões, todavia, pecam por não ter devidamente em conta as (gravosas) *implicações da disciplina imposta pelo CIRE* aos garantes do devedor declarado insolvente que haja visto aprovado um *plano de insolvência*. Refiro-me, naturalmente, ao preceituado pelo art. 217º, 4.

Serão estas implicações que podem fazer claudicar a defesa dos garantes– *e não os argumentos fundados na alegada autonomia e abstração da obrigação cambiária do avalista*, os quais, como vimos[300], *sucumbem* perante o regime a que o art. 10º da Lei Uniforme submete as subscrições em branco, tipologia que corresponde à esmagadora maioria das situações que chegam aos nossos tribunais. Isto não obstante os mesmos tribunais denotarem uma clara preferência por tal (a meu ver, falacioso) "argumento cambiário", sustentando repetidamente que a inoponibilidade pelo avalista das modificações operadas pelo plano de insolvência do avalizado radica, antes de mais, na impossibilidade de o avalista se defender com as excepções que o seu avalizado pode opor ao portador do título[301].

6.2. O art. 217º, 4, CIRE: a tomada de posição do legislador e o sacrifício do interesse dos garantes

Estatui expressamente a primeira parte do art. 217º, 4, CIRE que as providências previstas no plano de insolvência com incidência no passivo do devedor *não afectam a existência nem o montante dos direitos dos credores da insolvência contra os terceiros garantes da obrigação*[302]. Daqui, e nos termos que tive

[299] Sobre o fundamento e modo de *reconfiguração* da pretensão cambiária nestas situações, ver CAROLINA CUNHA, *Manual de letras e livranças, cit.*, p. 184-186.

[300] Cfr. *supra*, nº 2.2

[301] Neste sentido, entre muitos, para o plano de insolvência, STJ 26-02-2013; para o plano de revitalização, RL 04-06-2015; RG 14-04-2016; RE 15-11-2016; RC 23-05-2017; RE 02-10-2016; STJ 04-05-2017.

[302] A norma também se aplica *expressis verbis* aos condevedores, mas, por uma questão de simplificação do texto, deixá-los-ei de fora das considerações que vou expender.

o ensejo de descrever[303], conclui a jurisprudência prevalecente que *são irrelevantes em sede de execução contra os avalistas as modificações introduzidas pelo plano* nos créditos sobre a insolvência – quer respeitem à sua existência e montante, quer aos termos e prazos de pagamento.

6.2.1. A composição de interesses efectuada pela norma

O preceito representa um *corte* com o regime anteriormente consagrado no CPEREF e constitui uma *tomada de posição* do legislador insolvencial quanto ao merecimento relativo dos vários interesses – titulados pelos credores, pelo insolvente e pelos sujeitos que prestaram garantias pessoais[304] – no contexto da aprovação e homologação de um plano de insolvência. A opção foi (e isso é generalizadamente reconhecido[305]) no sentido de *sacrificar a posição e interesses dos garantes* à *protecção do interesse dos credores* e à *tutela da posição do próprio insolvente.*

Na verdade, é deixada em aberto *aos credores* a recuperação integral da quantia em dívida *fora* do processo de insolvência (*i.e.*, junto dos garantes), sem estarem sujeitos às limitações do plano. *Ao devedor insolvente* é conferida a confortável segurança de *nunca* poder vir a ser constrangido pelos seus garantes, no exercício do direito de regresso que venham a adquirir, a pagar mais do que o que resulta do plano, ou em condições diferentes das que aí foram fixadas[306]. É fácil de concluir *quem vai suportar, jurídico-economicamente, a discrepância entre* o pagamento feito aos credores (nos termos

[303] Cfr. CAROLINA CUNHA, "Aval em branco e plano de insolvência", *cit.*, p. 201-206. A argumentação da jurisprudência prevalecente também apela a outros preceitos do CIRE. É frequente a afirmação "preliminar" de que, por força do art. 192º do CIRE, *o plano de insolvência apenas incide sobre os débitos do insolvente*, regulando os termos e as condições em que *esses débitos* irão ser pagos – e a conclusão de que não afecta, por conseguinte, as obrigações dos condevedores do insolvente ou dos terceiros garantes. Sobre esta argumentação, cfr. o que se diz adiante, na nota 335.

[304] Já a interface dos direitos decorrentes de *garantias reais* e de *privilégios creditórios* com o plano de insolvência é disciplinada pelo art. 197º, a), CIRE, em termos que exprimem uma *composição* algo *diferente* – podem tais direitos ser atingidos, desde que a afectação conste do plano (ver CARVALHO FERNANDES/ JOÃO LABAREDA, *Código da Insolvência, cit.*, p. 762, anot. nº 6 ao art. 197º).

[305] Embora não deixe de ser pontualmente censurado – assim A. SOVERAL MARTINS, *Um curso de direito da insolvência, cit.*, p. 500, "no que diz respeito aos garantes, a solução parece violenta".

[306] Sublinhando esta (nem sempre devidamente evidenciada) tutela do *próprio devedor* pelo regime legal de que curamos, e que resulta da parte final da norma (o garantes "*apenas* poderão agir contra o devedor *em via de regresso* nos termos em que o credor da insolvência *pudesse*

do crédito originário) *e* a recuperação (meramente eventual e sempre nos termos das modificações introduzidas pelo plano): serão os *garantes*.

Perante este regime e a equação de interesses que revela, surgiram diversas tomadas de posição doutrinais, que podemos agrupar em dois pólos: aquelas que aplaudem o regime consagrado no CIRE, reconhecendo mérito à opção do legislador; e aquelas que consideram que essa opção não foi a mais feliz, procurando (algumas de entre elas) minorar as consequências da aplicação do novo regime. Escrutinemo-las brevemente.

6.2.2. A solução do art. 217º, 4, CIRE como "uma evolução positiva no direito falimentar"

Para se compreender o alcance da opção legislativa, torna-se necessário contrastá-la com aquela que vigorava no domínio do CPEREF. Deste cotejo retiram os críticos do regime anterior a consagração dos pontos de vista que já então defendiam quanto à composição de interesses preferível, e extrai a jurisprudência dominante respaldo para interpretação e aplicação a que submete o preceito[307] no grupo de casos que analisamos.

O art. 63º do CPEREF também começava por dispor que as providências de recuperação[308] não afectavam a existência ou o montante dos direitos dos credores contra os terceiros garantes da obrigação, *mas* introduzia, logo de seguida, uma importante ressalva: "*salvo se* os titulares dos créditos tiverem *aceitado ou aprovado* as providências tomadas e, neste caso, na medida da extinção ou modificação dos respectivos créditos". Ou seja, o credor que aprovasse ou aceitasse a providência[309] *ficava impedido de actuar contra o garante na exacta medida da extinção ou modificação* do crédito contra o garantido.

exercer contra ele os seus direitos" após as modificações introduzidas pelo plano), CARVALHO FERNANDES/ JOÃO LABAREDA, *Código da Insolvência, cit.*, p. 839, anot. nº 13 ao art. 217º.

307 Cfr. CAROLINA CUNHA, "Aval em branco e plano de insolvência", *cit.*, p. 204-206.

308 Que, no contexto problemático em que nos movemos, podemos equiparar *mutatis mutandis* ao plano de insolvência.

309 Segundo LUÍS A. CARVALHO FERNANDES/ JOÃO LABAREDA, *Código dos Processos Especiais de Recuperação de Empresa e de Falência Anotado*, 2ª ed., Quid Juris, Lisboa, 1995, p. 194, anot. nº 4 ao art. 63º, "a aprovação da medida significa a sua votação favorável no local próprio" e a aceitação, que pode ser expressa ou tácita, ocorre quando o credor, "aprovada a medida sem o seu voto de conformidade, adopta comportamentos dos quais decorre a sua adesão a ela". Para os autores, "não pode ser tida como aprovação ou aceitação a pura abstenção do credor na votação", atendendo ao "valor geral do silêncio no Direito português".

A norma visava "assegurar a protecção de terceiros"[310], evitando justamente o resultado que o regime actual do CIRE veio consagrar: que esses terceiros (nomeadamente, os garantes), uma vez aprovada a medida, "ficassem numa *situação de impossibilidade ou grave limitação* no que respeita ao exercício do direito de regresso".

Esta opção legal recebeu *críticas* de CARVALHO FERNANDES e JOÃO LABAREDA por fomentar, da parte dos credores, uma "*maior relutância*" no apoio às (desejáveis) providências de recuperação (porque isso implicaria perda de direitos também contra os garantes e coobrigados), e ainda porque essa situação – *i.e.*, a ausência de recuperação da empresa do devedor principal – "*muito raramente* trará aos terceiros coobrigados e garantes uma *situação mais favorável* do que a emergente da aprovação da medida de modificação ou redução dos créditos"[311].

Por conseguinte, a radical alteração representada pelo art. 217º, 4, CIRE mereceu aplausos da parte deste sector da doutrina, por representar uma "evolução positiva no direito falimentar"[312] e constituir uma solução "aceitável no quadro geral da harmonização e composição dos interesses em jogo"[313].

Na verdade, e uma vez que, seja qual for a posição assumida no processo, os credores mantêm *incólumes* os direitos de que dispunham contra condevedores e terceiros garantes, "podendo exigir deles *tudo* aquilo por que respondem e no regime de responsabilidade *originário*"[314], por certo, conclui PEDRO PIDWELL, "estarão mais abertos, e eventualmente até mais

[310] CARVALHO FERNANDES/ JOÃO LABAREDA, *Código dos Processos Especiais, cit.*, p. 192, anot. nº 2 ao art. 63º.

[311] Este argumento parece-me, contudo, algo falacioso: é certo que, da perspectiva da *solvabilidade* do garantido, a *providência de recuperação* adoptada poderia ter efeitos positivos, mas a *repercussão* desses efeitos na situação do garante (*i.e.*, vir a ser liberado por um eventual pagamento voluntário do insolvente ao credor) tenderia a ser *totalmente anulada* pela opção que o credor afinal *imediatamente* faria (*rectius*: faria *se não fosse* o regime do art. 63º CPEREF): demandar o garante pela *totalidade da dívida*, em lugar de *aguardar* a efectiva recuperação de quem lhe iria solver apenas uma parte (isto quando a providência não implicasse, pura e simplesmente, a extinção do crédito).

[312] PEDRO PIDWELL, *O processo de insolvência e a recuperação de sociedade comercial de responsabilidade limitada*, Coimbra Editora, Coimbra, 2011, p. 290.

[313] CARVALHO FERNANDES/ JOÃO LABAREDA, *Código da Insolvência, cit.*, p. 838, anot. nº 12 ao art. 217º.

[314] CARVALHO FERNANDES/ JOÃO LABAREDA, *ult. op. e loc. cits.*

interessados na *ideia de recuperação da empresa*, do que aquilo que sucederia se, tal como anteriormente, a aprovação de um plano de insolvência implicasse uma diminuição das garantias de que beneficiam"[315].

6.2.3. A solução do art. 217º, 4, CIRE como "tutela excepcional" que justifica uma "interpretação restritiva"

A solução trazida pelo art. 217º, 4, CIRE também mereceu, todavia, vivas críticas, desde logo por se afigurar pouco admissível que "um credor que *aprovou* expressamente o plano de insolvência e nada disse a respeito da sua homologação judicial venha depois *negar* o compromisso assumido e tentar utilizar formas alternativas de satisfação", demandando garantes e condevedores[316].

Para Catarina Serra, semelhante comportamento, além de *eticamente reprovável*, é susceptível de *infringir o princípio da igualdade* entre os credores: *se*, por meio do seu voto, o credor *aceitou* as alterações aos créditos previstas no plano de insolvência, *como* se pode admitir que venha, depois, colocar-se em condições de *não ser afectado* por elas, deixando os restantes credores à mercê dos riscos naturais que esse plano acarreta[317]?

Pretendendo mitigar este resultado indesejável, estriba-se a autora no *elemento literal* da norma: o legislador teria, *de caso pensado*, utilizado no nº 4 do art. 217º as expressões "*existência*" e "*montante*" por forma a salvaguardar a integralidade dos direitos dos credores contra os garantes ou condevedores *apenas e unicamente* perante *duas das típicas providências* com incidência no passivo: o *perdão* e a *redução* do valor dos créditos (ambas previstas no art. 196º,1, a) CIRE)[318]. Tratar-se-ia, portanto, de uma "tutela excepcional", *restrita aos casos* em que, de outro modo (*i.e.*, na ausência dessa mesma tutela), "o credor *perderia*, de uma penada, *os dois patrimónios* responsáveis pela obrigação", ficando-lhe (total ou parcialmente, consoante houvesse extinção ou redução do valor do crédito) "vedada a possibilidade de reali-

[315] Pedro Pidwell, *ult. op. e loc. cits.*

[316] Catarina Serra, "Nótula sobre o art. 217º, nº 4, do CIRE (o direito de o credor agir contra o avalista no contexto de plano de insolvência), *Estudos dedicados ao Professor Doutor Luís Alberto Carvalho Fernandes*, vol. I, Universidade Católica Editora, Lisboa, 20111, p. 377-387, p. 379 (sublinhados meus).

[317] Catarina Serra, "Nótula sobre o art. 217º, nº 4, do CIRE", *cit.*, p. 380

[318] Catarina Serra, "Nótula sobre o art. 217º, nº 4, do CIRE", *cit.*, p. 380.

zar o seu direito, seja às custas do património insolvente, seja às custas do património do condevedor ou garante".

De *fora do âmbito de aplicação* do preceito ficariam, por conseguinte, todas as outras providências de efeito menos drástico sobre o crédito, como sejam o *condicionamento* do reembolso, a modificação do *prazo* de vencimento ou a *moratória*. Nestes casos ("porventura os mais vulgares"), "deverá continuar a valer o regime geral, ou seja, o consentimento prestado pelos credores da insolvência no momento da aprovação do plano de insolvência estende-se à relação deles com os condevedores e garantes"[319]: na prática, portanto, o garante passa aqui a *responder nos mesmos termos que valem para o devedor principal*[320].

Esta "interpretação restritiva" suscitou a concordância (embora "não sem dúvidas"[321]) de Januário Gomes, baseada (sobretudo) no argumento de *o efeito resultante de tal interpretação ficar nas mãos do credor*, que pode fazer uso da faculdade concedida pelo art. 216º, 1, a), CIRE (após ter manifestado a sua oposição à medida, pode *solicitar ao juiz a não homologação* do plano demonstrando que a sua situação ao abrigo deste "é previsivelmente menos favorável do que a que interviria na ausência de qualquer plano); e baseada, ainda, no *repúdio da posição de privilégio* em que acaba por ficar, face aos demais, um credor que, tal como esses outros, *apostou deliberadamente* na recuperação da empresa.

Mas contra esta interpretação levantam-se também *vozes críticas* que, desconsiderando o relevo do elemento literal, *não descortinam* – à luz do *espírito* que preside ao preceito e dos *fins* que o determinam – *razões para aplicar um regime diferente consoante* se esteja perante uma extinção (total ou parcial) da dívida *ou* simplesmente face ao seu reescalonamento, "protegendo melhor o credor na primeira situação"[322].

[319] Catarina Serra, "Nótula sobre o art. 217º, nº 4, do CIRE", *cit.*, p. 382.

[320] Catarina Serra, "Nótula sobre o art. 217º, nº 4, do CIRE", *cit.*, p. 384

[321] Assim M. Januário Gomes, "Sobre os poderes dos credores contra os fiadores no âmbito de aplicação do CIRE", *cit.*, p. 332.

[322] Carvalho Fernandes/ João Labareda, *Código da Insolvência*, *cit.*, p. 839, anot. nº 14 ao art. 217º. Já Nuno Ferreira Lousa, "Os créditos garantidos e a posição dos garantes nos processos recuperatórios de empresas", *Revista de Direito da Insolvência*, nº 0, 2016, p. 147-167, p. 162-163, salienta que as situações de perdão parcial *não são necessariamente mais gravosas* do que uma moratória (aplicando o conceito financeiro de "custo de capital") e que existe uma racionalidade económica que leva a que se estabeleçam "vasos comunicantes entre as duas

Esta solução, observam, potencia "*resultados perversos*", que seriam "contrários ao interesse da generalidade dos credores e do próprio devedor, que o plano de insolvência intenta promover"[323]: criar-se-ia um *obstáculo* ao apoio a planos de reescalonamento por parte do credor que beneficiasse de garantias pessoais de dívidas e seria de esperar que o mesmo *preferisse* o perdão à recalendarização, o que redundaria *em prejuízo do próprio garante*[324].

6.2.4. O verdadeiro alcance da norma: financiamento pelos garantes da (eventual) recuperação do insolvente

Parece-me evidente a radical a *modificação do esquema de composição dos interesses em conflito* operada pelo CIRE, no confronto com o CPEREF. Com efeito, o legislador não se limitou a "encontrar outras alternativas que, protegendo na medida do possível os vinculados ao pagamento, pudessem favorecer a viabilização da empresa"[325]: o legislador, pura e simplesmente, *assacou integralmente aos garantes um risco ainda maior que o da insolvência do garantido*, afastando-se da solução que *repartia entre os garantes e o credor* as desvantagens associadas à situação regulada.

Na verdade, no domínio do CPEREF, o credor que tivesse dado o seu consentimento à providência de recuperação *suportava em* definitivo, na sua esfera jurídica, a *redução*, a *extinção do crédito*, ou *a demora acrescida* na sua satisfação – pois só nesses termos modificados podia accionar o garante. Já o garante, por seu turno, suportava *o risco da insolvência propriamente dita*

medidas", razão pela qual são frequentemente *adoptadas em conjunto* – o que tornaria muito difícil a aplicação "diferenciada" do art. 217º.

[323] Carvalho Fernandes/ João Labareda, *Código da Insolvência, cit.*, p. 839, anot. nº 14 ao art. 217º. Os autores salientam igualmente as dificuldades levantadas pelas hipóteses, que reputam frequentes, em que o plano cumula a redução com a moratória.

[324] Argumento que faz algum sentido, pois optando o credor pela alternativa de plano que previsse a extinção (total ou parcial) do crédito, o garante *não só terá de lhe satisfazer, a ele, a prestação integral* (ao abrigo da tal "tutela excepcional" que Catarina Serra, "Nótula sobre o art. 217º, nº 4, do CIRE", *cit.*, p. 382, advoga), *como verá, depois, decisivamente afectado* (*i.e.*, total ou parcialmente extinto) *o seu direito de regresso*. Já conservando sempre o credor a faculdade de demandar o garante pela totalidade da prestação, e disposto a aceitar com maior latitude planos de simples reescalonamento da dívida, o risco que o garante teria de suportar seria *o do mero diferimento* e/ou *falta de meios de cumprimento* por banda do garantido (sendo que este último risco é *transversal* às diversas hipóteses).

[325] Como advogavam, em tom conciliatório, Carvalho Fernandes/ João Labareda, *Código dos Processos Especiais, cit.*, p. 192, anot. nº 2 ao art. 63º.

do garantido, no sentido do risco da falta de solvabilidade ou da ausência de meios para o cumprimento.

Dito de outra forma, *uma vez satisfeito o credor*, o risco que o garante corria era (apenas) *o de não lograr obter o pagamento* do insolvente contra o qual viesse a exercer o seu *direito de regresso* (direito cujo conteúdo e extensão coincidia, em princípio, com aquele que o credor exercera contra si).

Agora, ao abrigo da solução adoptada pelo CIRE, *todos os riscos* são alocados à esfera jurídica do *garante*. Vejamos: continua a suportar o *risco da insolvência propriamente dita* do devedor garantido (*i.e.*, o risco de este não ter meios para satisfazer o seu direito de regresso). Mas suporta também, sozinho e sem qualquer possibilidade de repercussão sobre terceiros, *a redução ou extinção do crédito, ou a demora acrescida na sua satisfação*, que correspondem às consequências da aprovação do plano de insolvência. Isto resulta, naturalmente, da *discrepância* entre o *pagamento* que faz ao credor (nos termos do crédito originário) *e* a *recuperação* (espartilhada nos termos das modificações introduzidas pelo plano) que (na melhor das hipóteses) conseguirá do devedor.

Para termos uma *melhor noção deste risco* – que só é "risco" na perspectiva de um plano de insolvência que ainda não foi aprovado, porque, *após* a homologação de um plano de insolvência que reduza, extinga ou reestruture o crédito garantido, converte-se numa certeza e numa *inevitabilidade* – consideremos a situação extrema de um plano que preveja a *extinção do crédito garantido*. Suponhamos que o credor consegue, em paralelo e tal como permite o art. 217º, 4, obter do garante o pagamento da totalidade da dívida. Este garante terá de *suportar em definitivo, na sua esfera jurídica, o valor da dívida que garantiu*: o mesmo art. 217º, 4, na sua parte final, *não o autoriza a obter*, em via de regresso, mais do que o credor poderia conseguir nos termos do plano, e, nos termos do plano, o credor *poderia obter zero*: o crédito foi extinto[326].

[326] De par com esta situação extrema do perdão total da dívida garantida, outras hipóteses complexas são equacionáveis: em RP 17-10-2016, o plano de insolvência determinou *a integral conversão dos créditos* (incluindo o garantido) *em participações sociais da sociedade insolvente*. Depois de satisfazer o credor garantido, de que direito de regresso disporá o avalista contra o avalizado ex-insolvente? O credor tornou-se sócio deste e detém agora uma participação social, não um direito de crédito susceptível de fornecer "os termos" do exercício do regresso pelo avalista. Sobre esta delicada questão, em que o quadro dos interesses e atribuições patrimoniais não mimetiza exactamente o do perdão total de dívida – e pode, por isso, reclamar uma solução diferente – ver o que se dirá *infra*, nº 6.4.2.

Dir-se-á: mas a este resultado (o garante suportar em definitivo o valor da dívida) *também chegaríamos* pela concretização do simples risco da insolvência do garantido, *i.e.* de falta de meios de pagamento. Ora, aqui está o busílis de toda a questão: *quod erat demonstrandum*. É que *o insolvente pode* (até por força da recuperação que o plano desencadeou) *ter meios de pagamento*. Pelo que o garante poderia, *não fosse* a compressão ou total supressão do seu direito de regresso efectuada pela parte final do art. 217º, 4, *recuperar, no todo ou em parte*, aquilo que satisfez ao credor.

É isto que consubstancia verdadeiramente *o sacrifício dos interesses dos garantes* no altar do plano de insolvência: os meios que o devedor garantido possa ter *são drenados* unicamente para a sua própria recuperação, em lugar de também serem aplicados na *máxima satisfação possível* do direito de regresso. Sempre que isto aconteça[327], os garantes estão a *financiar directamente* a recuperação do devedor insolvente.

6.2.5. Apreciação crítica da solução legal: a prestação de garantia como um negócio de risco consentido pela autonomia privada

Em meu entender, a (manifesta) "*violência*" da solução legal[328] não reside no *alegado privilégio* concedido ao credor que dispõe de garantias pessoais, e que por isso é admitido a contornar as limitações de um plano de insolvência accionando os garantes e logrando "a imediata satisfação do seu crédito fora do plano, poupando-se aos riscos, às delongas e aos restantes inconvenientes"[329]. Porque até aqui ainda estamos, creio, perante as consequências de um *legítimo exercício do poder jurigénico da autonomia privada*[330]: os sujeitos são livres de auto-regulamentar a sua esfera jurídica e, dentro dos limites impostos pela ordem jurídica, *prever e alocar entre si riscos através da celebração de negócios jurídicos.*

[327] Sempre que *haja meios* para satisfazer o direito de regresso nos seus termos originários, claro. Se o devedor *não tiver, de todo meios* (como muitas vezes sucederá), a não-satisfação do garante nas vestes de credor de regresso corresponde à *concretização do comum risco de insolvência.*

[328] A pertinente expressão, como já referimos, é de A. SOVERAL MARTINS, *Um curso de direito da insolvência, cit.*, p. 500.

[329] CATARINA SERRA, "Nótula sobre o art. 217º, nº 4, do CIRE", *cit.*, p. 380.

[330] Sobre o poder jurisgénico ou "criador de Direito", enquanto "poder de autodeterminação do indivíduo" e "poder de autogestão da sua esfera de interesses" reconhecido pelo Direito, ORLANDO DE CARVALHO, *Teoria Geral do Direito Civil (Sumários desenvolvidos para uso dos alunos do 2º ano (1ª turma) do Curso Jurídico de 1980/1981)*, Centelha, Coimbra, 1981, p. 16-21.

Naturalmente, aqueles credores que não logram obter a prestação de garantias ocupam – seja dentro, seja fora do processo de insolvência – *uma posição jurídico-económica mais frágil*. Aliás, recorde-se que, mesmo dentro do processo de insolvência e mesmo após a aprovação de um plano, também ficam, à partida, "*beneficiados*" os credores que obtiveram uma garantia real ou que gozam de privilégios creditórios sobre bens da massa (art. 197º, a). Por isso, não me parece que (salvo circunstâncias particulares) a atitude dos credores que dispõem de garantia pessoal e, não obstante, votam favorável e consabidamente um plano de viabilização da empresa que introduz limitações aos seus créditos se possa reputar de "eticamente reprovável"; como não me parece que o subsequente accionamento da garantia pessoal represente (sem mais) um comportamento que ponha em causa o princípio da igualdade entre os credores[331].

Porém, ao mesmo tempo, também não posso concordar inteiramente com a afirmação de que "atenta a *natureza* das obrigações assumidas" pelos garantes, "não se justifica que pela simples aprovação de uma medida de recuperação estes ficassem *desonerados*" das responsabilidades integrais que inicialmente assumiram[332]. É que a veracidade desta conclusão depende, desde logo e no que toca às garantias pessoais[333], da *modalidade* que revistam e do *particular regime* a que estejam sujeitas. Depende, sobretudo, de ostentarem ou não, e em maior ou menor grau, a característica da *acessoriedade*, cujo núcleo duro consiste na invocabilidade das excepções derivadas da obrigação principal, bem como na delimitação do âmbito da responsabilidade dos garantes[334]-[335]. Só assim poderemos determinar *quais* as responsabilidades que "inicialmente assumiram".

Mas, pelo mesmo motivo (variabilidade de regimes entre as diversas garantias), também *não podemos afirmar taxativamente* que os termos em que responde o garante "*não deverão divergir* dos termos em que responde

[331] Catarina Serra, "Nótula sobre o art. 217º, nº 4, do CIRE", *cit.*, p. 380 e 378

[332] Pedro Pidwell, *O processo de insolvência e a recuperação de sociedade comercial*, *cit.*, p. 290.

[333] Repetindo o que já tenho frisado, a minha análise deixa de fora a situação dos condevedores, também abrangidos pelo art. 217º, 4.

[334] Cfr., reportando-se à fiança, M. Januário Gomes, "Sobre os poderes dos credores contra os fiadores no âmbito de aplicação do CIRE", *cit.*, p. 318.

[335] Por isso *carece de demonstração caso-a-caso* o supracitado argumento jusrisprudencial no sentido de que, por força do art. 192º do CIRE, o plano de insolvência *não afecta* as obrigações dos terceiros garantes, porque *apenas* incide sobre os débitos do insolvente: tudo está em apurar o *grau de vulnerabilidade* das primeiras às vicissitudes que atinjam os segundos.

o responsável principal" ou que "uma convenção celebrada entre o credor e o responsável principal não possa colocar o garante numa situação diversa daquela em que se encontra o primeiro e muito menos coloca-lo em situação mais onerosa"[336].

Desde uma outra perspectiva, por assim dizer mais genérica ou abrangente (*i.e.*, menos sensível[337] à concreta modalidade), convém não esquecer que (todas) as garantias pessoais preenchem uma *finalidade de segurança do crédito* e que constituem *um negócio de risco para o prestador de garantia*[338]: o garante "pode ter que ser chamado a suportar o esforço de satisfação do credor" correndo depois, por sua conta, "o subsequente esforço de obter, junto do devedor, *grosso modo*, a reintegração do que realizou, sem ter certezas quanto à respectiva efectivação".

Resulta destas considerações que o problema não reside na primeira parte do art. 217º, 4: não se suscita, portanto, pelo facto de o credor poder *continuar* a exercer em face dos garantes os direitos que contra eles dispunha *antes* da aprovação do plano de insolvência. No exercício da sua autonomia privada, os garantes celebraram um negócio de risco[339] e o exercício consentido aos credores pelo art. 217º, 4, CIRE *não extravasa o limiar de risco* que os garantes voluntariamente assumiram: aqui sim, pode dizer-se que a solução legal (ainda) vai de encontro à "natureza e teor das responsabilidades a que estão adstritos". Como já sublinhou JANUÁRIO GOMES[340], não faria sentido que quem garante a solvência do devedor "*pudesse escusar-se* a satisfazer o crédito no caso de o devedor não estar em condições [de o fazer], por incapacidade económica": tal equivaleria a *transformar* a

[336] Como faz CATARINA SERRA, "Nótula sobre o art. 217º, nº 4, do CIRE", *cit.*, p. 384.

[337] Menos sensível, mas não totalmente insensível.

[338] São características que M. JANUÁRIO GOMES, "Sobre os poderes dos credores contra os fiadores no âmbito de aplicação do CIRE", *cit.*, p. 317, ss., assinala à fiança, mas que julgo valerem, *mutatis mutandis*, para outras modalidades de garantias pessoais.

[339] Sobre particulares aspectos de regime associados aos negócios de risco ou de perigo – no caso, a fiança – M. JANUÁRIO GOMES, "Sobre os poderes dos credores contra os fiadores no âmbito de aplicação do CIRE", *cit.*, p. 320.
Outra questão – diferente, mas obviamente conexa – respeita às *condições do próprio exercício da autonomia privada* por quem presta uma garantia, cuja análise passa por problemas de formação e formulação de vontade e pode levar a interrogações diversas sobre a (ou sobre o grau de) necessidade de tutela dos (potenciais) garantes.

[340] M. JANUÁRIO GOMES, "Sobre os poderes dos credores contra os fiadores no âmbito de aplicação do CIRE", *cit.*, p. 322, a propósito da fiança, mas o raciocínio é extensível, como já sublinhei, à generalidade das garantias pessoais.

garantia pessoal prestada numa "*mera figura de decoração* que em nada aproveitaria ao credor".

O regime em causa é, quando muito, susceptível de *privar* o garante (e só em certos casos, dependentes da modalidade e regime da garantia prestada) da possibilidade de *invocar a modificação* (pelo plano) do crédito garantido *como excepção* à pretensão do credor, e de assim alterar supervenientemente os termos da própria prestação a que está adstrito. Mas, em face do *risco inicialmente assumido* (suportar o peso económico da *totalidade* da prestação debitória), não há uma sobrecarga; aliás, a lei é clara quando toma como referência o *status quo ante* (as providências "não afectam a *existência* [prévia] nem o *montante* [prévio] dos direitos dos credores").

6.2.6. Apreciação crítica da solução legal (cont.): os entraves ao exercício do direito de regresso sem relação com a capacidade económica do insolvente

O problema, em suma, parece-me residir na segunda metade do art. 217º, 4: o *exercício adiado, mitigado ou mesmo suprimido do direito de regresso*, que é imposto pela lei *sem qualquer relação com a verdadeira capacidade económica do insolvente*.

Ter-se-á pretendido conferir ao devedor insolvente a segurança *de nunca poder ser constrangido* (*in casu*, pelos seus garantes no exercício do respectivo direito de regresso) a pagar *mais do que* o que resulta do plano ou *em condições diferentes* das que aí foram fixadas[341]. Mas, ao fazê-lo, o legislador tomou uma opção, essa sim, merecedora de crítica: são os (eventuais) garantes *quem passa a suportar, na sua esfera jurídica, o peso económico dos sacrifícios impostos pelo plano de insolvência*. Eles, terceiros que não tiveram qualquer intervenção nesse negócio jurídico *sui generis*, e que não podem, à partida, evitar a sua homologação[342], vão afinal custear a sua implementação, arcando com a diferença entre o crédito originário *e* o crédito reduzido, reestruturado ou extinto pelo plano[343].

[341] Carvalho Fernandes/ João Labareda, *Código da Insolvência, cit.*, p. 839, anot. nº 13 ao art. 217º.

[342] O art. 216º CIRE não lhes confere directamente essa legitimidade (neste sentido, aliás, Carvalho Fernandes/ João Labareda, *Código da Insolvência, cit.*, p. 838, anot. nº 12 ao art. 217º), e não me parece que se possa equacionar, no contexto das situações que analisamos, mesmo que os garantes (também) sejam sócios da sociedade insolvente (qualidade que deverá estar directamente relacionada com o fundamento do pedido de não-homologação).

[343] Como bem observa M. Januário Gomes, "Sobre os poderes dos credores contra os fiadores no âmbito de aplicação do CIRE", *cit.*, p. 332, nota 86, a propósito dos fiadores, que

Retomando o exemplo citado por CATARINA SERRA, consideremos uma situação-limite em que *existem garantias pessoais para todos os créditos*: "nenhum credor do insolvente permaneceria credor: todos os credores originários seriam impelidos a executar" os garantes[344]. É verdade: na medida em que conseguissem obter a satisfação junto dos garantes, extinguir-se-iam os seus créditos contra o insolvente e *não mais estariam os credores sujeitos aos constrangimentos* (moratórias, perdões e reduções) constantes do plano. Porque todos esses constrangimentos seriam, doravante, suportados pelos garantes, ao tentar exercer – e exercer apenas nesses termos, *ex vi* art. 217º, 4 *in fine* – os respectivos direitos de regresso.

Concordo que tal está em manifesta dissonância com "a regra da *coincidência* entre quem tem o *poder de decidir* a recuperação e *quem é afectado* por ela", implícita no art. 212º, 2, a), CIRE [345]. Mas o problema não se coloca *entre credores* afectados ou não afectados pelo plano. Coloca-se – o que ainda é mais grave, em meu entender – em face de *terceiros que não têm qualquer possibilidade de intervir* na negociação e aprovação do plano.

E (parece-me este o nó górdio, incontornável, da questão) o legislador da insolvência fê-lo de caso pensado, *blindando o sacrifício dos garantes* através da conjugação do art. 192º, 2 (que *autoriza* expressamente o plano a interferir com os direitos de terceiros sempre que uma norma do título IX do CIRE assim o dispuser) com o art. 217º, 4, *in fine* (norma integrada no referido título que *interfere significativamente* com o conteúdo, exercício e até com a existência do direito de regresso dos garantes pessoais do insolvente).

De muito pouco serve o paliativo avançado por CARVALHO FERNANDES e JOÃO LABAREDA – a saber, a possibilidade de reacção do garante "nos termos gerais, se puder *demonstrar* que o procedimento adoptado, a favor do devedor, foi exclusiva ou predominantemente *dirigido a prejudicá-lo*", o que significa que o garante não fica "sempre e necessariamente nas mãos do credor, sem qualquer *protecção contra condutas impróprias*"[346]. Não

podem ficar na "posição de terem de "custear", na prática, a viabilização do plano acertado à sua revelia".

344 CATARINA SERRA, "Nótula sobre o art. 217º, nº 4, do CIRE", *cit.*, p. 383-383.

345 CATARINA SERRA, "Nótula sobre o art. 217º, nº 4, do CIRE", *cit.*, p. 383, sublinhados meus.

346 CARVALHO FERNANDES/ JOÃO LABAREDA, *Código da Insolvência, cit.*, p. 838, anot. nº 12 ao art. 217º, e p. 839, anot nº 14 ao mesmo artigo (sublinhados meus). Em sentido análogo, NUNO FERREIRA LOUSA, "Os créditos garantidos e a posição dos garantes nos processos recuperatórios de empresas", *cit.*, p. 163-164: "se se demonstrar que a relação de

só porque, como contrapõe JANUÁRIO GOMES, "será ilusória" a possibilidade de os garantes conseguirem fazer prova de uma "conduta imprópria" da parte do credor[347], como sobretudo porque *o verdadeiro problema* são as condutas "próprias", *i.e.*, aquelas que (como acabamos de comprovar) a lei permite e respalda.

6.3. Aplicação do art. 217º, 4, CIRE ao garante que avalizou um título em branco

Regressemos ao quadro normativo específico do aval em branco para lhe aplicar o comando contido na *primeira parte* do art. 217º, 4, CIRE. Concluir-se-á: as providências previstas no plano de insolvência com incidência no passivo do devedor *não afectam a existência nem o montante* dos direitos dos credores da insolvência contra os avalistas em branco. A lei pretende, como vimos, que o credor *conserve os direitos que tinha* contra o garante na sua "formulação originária", *i.e.*, anterior à aprovação e homologação do plano de insolvência. Mas *que direitos são esses*, no caso da garantia prestada através da aposição de um aval num título *em branco*?

Repare-se: no caso de um aval prestado sobre um título *ab initio* completo, é possível determinar sem dificuldade *que direito* tem o credor contra o avalista: o direito de exigir a quantia inscrita na letra ou livrança, que é tipicamente a mesma que poderia exigir do devedor insolvente avalizado[348]. E, ainda nesta hipótese de aval prestado sobre um título *ab initio* completo, o direito do credor – que é, naturalmente, um direito cambiário – é insensível a *modificações* ocorridas *no seio da relação fundamental* que liga o avalizado ao credor[349].

O mesmo já não acontece com o avalista de um título em branco. Este, ao abrigo do art. 10º LU e nos termos que oportunamente explicitei[350],

garantia constituída com o credor foi abusiva e artificialmente descaracterizada por força do comportamento do credor (concertado ou não com o devedor) no âmbito do processo de insolvência", deverá "recorrer-se a institutos gerais de direito – como o abuso de direito ou a fraude à lei – destinados a evitar um aproveitamento inapropriado da situação por parte do credor".

347 M. JANUÁRIO GOMES, "Sobre os poderes dos credores contra os fiadores no âmbito de aplicação do CIRE", *cit.*, p. 332, nota 86.

348 Porque é incomum os avalistas fazerem uso da faculdade conferida pelo art. 30ºI LU e limitarem a sua responsabilidade a uma parte da quantia inscrita no título – sobre esta faculdade, ver CAROLINA CUNHA, *Letras e livranças, cit.* p. 110, 399 e 588.

349 Cfr. o que dissemos *supra*, nº 2.2

350 *Supra*, ainda nº 2.2.

pode prevalecer-se de certas vicissitudes da relação fundamental credor--avalizado. E pode fazê-lo *porque a determinação do conteúdo a inserir na sua própria declaração cambiária* (que, recorde-se, está *incompleta*: a subscrição e entrega do título em branco constituem um mero embrião de vinculação cambiária, primeira etapa de uma *fattispecie* complexa integrada também pelo acordo preenchimento[351]) é levada a cabo *per relationem:* depende da verificação do *mesmo pressuposto* do qual está dependente a responsabilidade cambiária do avalizado – tipicamente, o *incumprimento* daquela relação fundamental.

Ora, é *daqui* que devemos partir para a determinação de quais sejam os direitos do credor contra o avalista em branco – de quais sejam, afinal, aqueles direitos que o art. 217º, 4, estatui não serem afectados pelas providências do plano.

6.3.1. O preenchimento do título e o accionamento do avalista após a declaração de insolvência: determinação do incumprimento da obrigação fundamental

A primeira questão a apurar é, *se chegou ou não a verificar-se, quando e em que termos*, o pressuposto do qual depende, tipicamente, o preenchimento do título: *o incumprimento, pelo devedor insolvente avalizado, da relação fundamental garantida pelo título em branco.*

Naturalmente que esta determinação não prescinde do contributo das circunstâncias específicas de cada caso, mas, ainda assim, é possível tecer algumas considerações gerais.

Desde logo, que a própria *situação de insolvência* (sobretudo, a tipificada no art. 3º, 1, CIRE – impossibilidade de cumprir as obrigações vencidas), cuja posterior verificação judicial conduz à *declaração* de insolvência, é, por si só, de molde a *indiciar fortemente* a ocorrência (já verificada ou iminente) de um incumprimento da relação que nos ocupa[352]. Não se esqueça, em todo o caso, que o art. 91º, 1, CIRE preceitua que a própria declaração de insolvência *opera o vencimento de todas as obrigações do insolvente.* Ou seja, à

[351] Cfr. *supra* , nº 2.1

[352] Incumprimento eventualmente precipitado pelo disposto no art. 780º, 1 CCiv. quanto à perda do benefício do prazo: "estabelecido o prazo a favor do devedor, pode o credor, não obstante, exigir o cumprimento imediato da obrigação, se o devedor se tornar insolvente, ainda que a insolvência não tenha sido judicialmente declarada"

partida *a dívida garantida torna-se exigível*[353] e, não havendo pagamento imediato – que não irá ocorrer porque estamos num procedimento concursal e há que respeitar a tramitação estabelecida (verificação de créditos, liquidação ou aprovação de plano, etc.) – podemos *tecnicamente* afirmar que se verifica um *incumprimento*[354].

Esta derradeira afirmação requer, contudo, alguns esclarecimentos, importantes no contexto em que nos movemos. Para desencadear o preenchimento do título cambiário, deveremos estar, por via de regra[355], perante um incumprimento da relação fundamental *imputável ao devedor*. Ora, é certo que estamos perante uma situação de *inexecução*[356], pois a obrigação não foi cumprida no momento do vencimento. E, tratando-se de uma prestação pecuniária, o credor *continua a ter interesse* na sua realização – não estamos, portanto, perante uma hipótese de incumprimento definitivo[357].

[353] Utilizo aqui a expressão exigibilidade na acepção que F. Pessoa Jorge *Lições de Direito das Obrigações*, policopiado, AAFDL, Lisboa, 1966-1967, p. 284-285, designa por "sentido forte" – "a possibilidade de exigência imediata da prestação", *situação que ocorre após o respectivo vencimento*, e não no seu "sentido fraco de mera "possibilidade de interpelação" (utilizado sobretudo no âmbito das obrigações puras, que são "exigíveis" desde o momento da sua constituição). Criticando a redacção do preceito homólogo do CPREF (art. 151º, 1), nos termos do qual se prescrevia que "a declaração de falência *torna imediatamente exigíveis* todas as obrigações do falido, *ainda que sujeitas a prazo não vencido*", Oliveira Ascensão, "Efeitos da falência sobre a pessoa e negócios do falido", *cit.*, p. 657-658. Detalhadamente, confrontando os conceitos de *obrigações vencidas* e *obrigações exigíveis* no horizonte do CIRE, Manuel Requicha Ferreira, "Estado de insolvência", in *Direito da Insolvência – Estudos*, coord. Rui Pinto, Coimbra Editora, Coimbra, 2011, p. 131-386, p. 234-238.

[354] Algo que já tinha aflorado *supra*, nº 5.1.2, a propósito do preenchimento do título posterior à declaração de insolvência do obrigado principal.

[355] Cfr. o que diremos *infra*, nº 7.1.6.

[356] Tal como definida por Pessoa Jorge *Lições de Direito das Obrigações*, *cit.*, p. 282.

[357] Não se verifica, portanto, a situação contemplada na primeira parte do art. 808º,1 CCiv. (sobre o ponto, ver, entre tantos, Antunes Varela, *Das Obrigações em Geral*, vol. II, *cit.*, p. 63). Claro que, nos termos da segunda parte da norma, o credor pode *transformar* a mora em *incumprimento definitivo* através de uma *intimação admonitória ou cominatória* (fixação de um prazo adicional e peremptório, transcorrido o qual a obrigação se considera como definitivamente não cumprida), o que, à luz do regime geral do art. 801º, 2 CCiv., lhe atribui *o direito à resolução* do contrato fundamental. Uma resolução nestes moldes não se poderá poderá dizer *directamente* afastada pelo art. 119º, 2 CIRE – não só porque decorre da lei, e não de cláusula contratual; como porque o facto relevante não é "a situação de insolvência", mas o incumprimento definitivo dela eventualmente resultante; e, ainda, porque se pode sustentar que o nº 2 do art. 119º se aplica *somente* aos casos abrangidos pelo Capítulo IV

Mas tratar-se-á de uma inexecução que se possa dizer *imputável ao devedor* – de uma verdadeira *mora*, na acepção do art. 804º, 2 CCiv. –, ou de uma simples *impossibilidade temporária*, por *causa não imputável ao devedor* (prevista no art. 792º CCiv.)?

Dir-se-á: a obrigação venceu no mesmo momento em que o devedor perdeu os poderes de administração e disposição dos seus bens, já que ambos os efeitos são *consequências legais* da declaração de insolvência (arts. 91º1 e 81º, 1 CIRE). Decorre também do regime legal da insolvência que o eventual cumprimento da obrigação apenas poderá vir a ser efectuado (depois de reclamado o correspondente crédito) no âmbito de um procedimento concursal (art. 90º CIRE), que frequentemente implicará rateios parciais levados a cabo pelo administrador da insolvência (art. 178º CIRE) – ou, em alternativa, será levado a cabo nos termos determinados por um plano de insolvência. Isto é, não há exactamente *omissão*, por parte do devedor, de um acto (o cumprimento) que estivesse *legalmente ao seu alcance* praticar[358].

Mas, em face da disciplina jus-civilista geral, parece adequado concluir que estamos perante uma situação de incumprimento imputável ao devedor *não apenas* quando é ele próprio quem, dolosa ou negligentemente, se abstém do comportamento devido, *mas também quando esse comportamento deixa de ser possível por causa que lhe é imputável* – é, aliás, a exacta formulação do art. 804º, nº 2 CCiv.: o atraso na execução da prestação só constituirá o devedor em mora se for de atribuir a "causa que lhe seja imputável"[359].

(Efeitos sobre os negócios em curso) do Título IV (Efeitos da declaração de insolvência) – contratos bilaterais em que, à data da declaração de insolvência, não haja ainda total cumprimento *nem* pelo insolvente *nem* pela outra parte –, o que deixa de fora os contratos em que o não-insolvente já cumpriu (como são muitos dos incluídos nas situações que analisamos neste estudo). Resta saber se, de alguma forma, a declaração de insolvência do devedor e a inexecução que forçosamente gera das obrigações cujo vencimento produz *se repercutem ou não* sobre as faculdades ou direitos (intimação admonitória, resolução) que a lei geral reconhece ao credor.

[358] Pelo que faz sentido a formulação utilizada por MARIA DO ROSÁRIO EPIFÂNIO, *Manual de Direito da Insolvência, cit.*, p. 177 (sublinhados meus): "se apenas o contraente *in bonis* cumpriu, restar-lhe-á reclamar o seu crédito face ao insolvente no processo de insolvência, *ficando o devedor impedido de satisfazer este crédito*".

[359] Tal como do art. 801º,1 CCiv., onde a lei *ainda* qualifica a falta de cumprimento decorrente da impossibilidade da prestação *como* falta de cumprimento *imputável ao devedor* porque e na medida em que *a impossibilidade da prestação tem origem numa causa que lhe é imputável*.

Independentemente da (aliás, interessante) discussão em torno do conceito de "causa imputável"[360], parece-me que o legislador insolvencial toma implicitamente partido no nº 2 do art. 91º, *ao determinar a contagem de juros*[361] (ainda que com o cuidado de evitar o benefício do credor por juros superiores decorrentes do vencimento antecipado[362]), posição aliás criticada por não facilitar o propósito de estabilização do passivo do devedor[363]. Sendo *os juros* em causa a indemnização do *dano da mora* (art. 806º, 1, CCiv.), a conclusão parece-me ser a de que, para o legislador do CIRE, *não* estamos perante uma impossibilidade temporária não imputável ao devedor – pois, nesse caso, nos termos do art. 792º, 1 CCiv., o devedor não responderia pelos prejuízos resultantes do retardamento da prestação[364], logo

[360] Abordado entre nós sobretudo no quadrante da impossibilidade da prestação – cfr. referências doutrinais e algumas conclusões em CAROLINA CUNHA, *A indemnização de clientela do agente comercial*, Coimbra Editora, Coimbra, 2003, p. 265-268.

[361] Como sublinham L. MENEZES LEITÃO, *Direito da Insolvência, cit.*, p. 164: "em consequência desse vencimento antecipado, as obrigações passarão a vencer juros legais a partir dessa data"; e A. SOVERAL MARTINS, *Um curso de direito da insolvência, cit.*, p. 164: "a declaração de insolvência não impede a contagem de juros", advertindo (nota 51) que "os credores da insolvência devem ter isso em conta ao redigirem a reclamação dos créditos: cfr. o art. 128º, 1, e)".

[362] Sobre esta preocupação legislativa com o *interusurium*, cfr. CARVALHO FERNANDES/JOÃO LABAREDA, *Código da Insolvência, cit.*, p. 461, anot. nºs 4, 5 e 6 ao art. 91º; L. MENEZES LEITÃO, *Código da Insolvência, cit.*, p. 148, anot nº 4 ao art. 91º e, detalhadamente (advertindo que "a redacção do preceito é tudo menos clara"), A. SOVERAL MARTINS, *Um curso de direito da insolvência, cit.*, p. 163, bem como GONÇALO ANDRADE E CASTRO, "Efeitos da declaração de insolvência sobre os créditos", *cit.*, p. 284.

[363] Assim CATARINA SERRA, *O Novo Regime Português da Insolvência, cit.*, p. 77; L. MENEZES LEITÃO, *Direito da Insolvência, cit.*, p. 164, nota 239; e de alguma forma também A. SOVERAL MARTINS, *Um curso de direito da insolvência, cit.*, p. 164. Concluindo que "a estabilização do passivo, que surgia anteriormente como decorrência normal da declaração de falência, agora não existe", MARIA JOSÉ COSTEIRA, "Classificação, verificação e graduação de créditos no Código da Insolvência e da Recuperação de Empresas", *I Congresso de Direito da Insolvência*, coord. Catarina Serra, Almedina, Coimbra, 2013, p. 241-252, p. 244. Já GONÇALO ANDRADE E CASTRO, "Efeitos da declaração de insolvência sobre os créditos", *cit.*, p. 283, minimiza o impacto da contagem de juros *quando comparada* com a possibilidade de verificação e reconhecimento ulterior de créditos prevista no art. 146º CIRE, que reputa "mais gravosa para a estabilização do passivo", até porque considera que os interesses protegidos pelo princípio da estabilização são susceptíveis de acomodar aquele impacto, tanto mais que não existem "razões de peso que justifiquem o sacrifício puro e simples dos créditos de juros constituídos".

[364] Cfr, entre vários, ALMEIDA COSTA, *Direito das Obrigações, cit.*, p. 1005, ANTUNES VARELA, *Das Obrigações em Geral*, vol. II, *cit.*, p. 79-80.

não seriam devidos juros – e *sim* em face de uma situação de mora propriamente dita, enquanto primeira etapa do incumprimento em sentido amplo.

Por conseguinte, há justificação para o credor levar a cabo o preenchimento do título cambiário[365]. O que faz todo o sentido, se tivermos em conta que a garantia prestada através da subscrição de uma letra ou livrança em branco é uma *garantia pessoal*[366] e, em termos substanciais, o *principal risco* que pretende cobrir consiste na insolvência do devedor garantido[367]; seria, pois, incongruente que, verificado esse risco, o credor se visse impedido de accionar a garantia – algo que deverá ser tido na devida conta ao interpretar e integrar o acordo de preenchimento.

Por outro lado, cabe ainda ressalvar que a potencial aplicação[368] do art. 782º CCiv. aos garantes (outorgando-lhes *imunidade face à perda do benefício do prazo* que o vencimento antecipado acarreta para o devedor principal)[369] *não colhe para o avalista em branco*: no momento relevante, a sua obrigação não está ainda constituída e não tem um prazo, logo não é possível que perca algo que, verdadeiramente, não lhe tinha sido concedido.

Até aqui, portanto, a conclusão a extrair é que, verificado o incumprimento da obrigação fundamental garantida pelo título em branco, *e sem embargo de estar pendente um processo de insolvência contra o devedor garantido*, o credor pode preencher a letra ou livrança pelo valor em dívida: ao fazê-lo, não incorre em preenchimento abusivo nos termos do art. 10º LU. E, ao fazê-lo, completa (regularmente) a última etapa da *fattispecie* complexa que conduz à constituição da obrigação e do direito cambiários.

[365] Remeto, todavia (e novamente), para o nº 7.1.6, *infra*.

[366] Cabendo na ampla definição dada por M. JANUÁRIO GOMES, "Sobre os poderes dos credores contra os fiadores no âmbito de aplicação do CIRE", *cit.*, p. 314, enquanto *solução externa* de satisfação do crédito "em que, através de uma vinculação específica, um terceiro dá ao credor um aumento *quantitativo* da possibilidade de satisfação do seu crédito, mediante a adjunção de um novo património que se soma ao do devedor, garantindo o cumprimento da obrigação principal".

[367] Veja-se o que ficou dito *supra*, nº 6.2.5. Retomando as palavras de M. JANUÁRIO GOMES, "Sobre os poderes dos credores contra os fiadores no âmbito de aplicação do CIRE", *cit.*, p. 316, que me parece valerem tanto para a fiança, como para o aval, pois que ambas são garantias pessoais, a insolvência do devedor é "precisamente um risco, amiúde *o risco* – que o credor pretende prevenir"

[368] Relembrada por GONÇALO ANDRADE E CASTRO, "Efeitos da declaração de insolvência sobre os créditos", *cit.*, p. 290.

[369] Aplicação defendida por M. JANUÁRIO GOMES, "Sobre os poderes dos credores contra os fiadores no âmbito de aplicação do CIRE", *cit.*, p. 329-330, na esteira dos ensinamentos de VAZ SERRA.

Dir-se-á: mas, uma vez preenchido o título, não terá o credor que *apresentá-lo a pagamento ao obrigado principal* (o avalizado insolvente) e lavrar o correspondente *protesto*, como condição *sine qua non* para demandar o avalista[370]? Não exactamente: como vimos, a Lei Uniforme contém um *regime específico* para os casos de insolvência do obrigado cambiário principal[371].

Afastada esta dificuldade, então, assentamos em que, estando em curso o processo de insolvência do avalizado, *o credor pode preencher o título e demandar directamente o avalista* pelo valor que estiver em dívida aquando do incumprimento da obrigação fundamental, com *observância* pelo estipulado no acordo preenchimento.

A verdadeira dificuldade surge quando, *antes* do preenchimento do título (ou mesmo *depois* dele, mas em todo o caso antes de ser utilizado para accionar o avalista), é *aprovado e homologado um plano de insolvência que altera o conteúdo (ou até suprime a existência) da obrigação fundamental.* Estaremos, nesta hipótese, perante um *preenchimento abusivo* da letra ou livrança? Poderá o avalista defender-se, nos termos do art. 10º LU, *extinguindo total ou* parcialmente a execução contra ele movida[372]?

6.3.2. Breve confronto com o lugar-paralelo que é a renegociação da dívida *fora* de um processo de insolvência

Antes de avançarmos para uma resposta, convém atender ao *lugar-paralelo* constituído pela *(vulgar) renegociação dos termos do cumprimento da relação fundamental* entre o credor e o devedor inadimplente (mas não insolvente).

Como tive oportunidade de observar noutro contexto[373], muitas vezes essa renegociação implica um pagamento parcial e tem, nessa medida, uma eficácia liberatória[374]; outras vezes incide simplesmente sobre prazos e modos de pagamento[375]; e também pode, embora seja aqui menos fre-

[370] Estamos com aqueles que consideram *imprescindível* o protesto para o accionamento do avalista do obrigado cambiário principal, atendendo à função do protesto e ao estatuto do obrigado de garantia – CAROLINA CUNHA, *Manual de letras e livranças, cit.*, p. 163-164.

[371] Remeto, portanto, para o que ficou dito *supra*, nº 5.1, em especial nº 5.1.2.

[372] Nos termos que genericamente indicámos *supra*, nº 6.1.

[373] CAROLINA CUNHA, *Manual de letras e livranças, cit.*, p. 227, ss.

[374] Cfr. o caso subjacente aos Acórdãos da Relação de Guimarães de 21-04-2004 e do STJ de 19-10-2004, em que se levantou um problema relativo à delimitação das dívidas abrangidas pelo "acordo de liberação" celebrado entre o subscritor cambiário e o banco portador do título.

[375] No caso decidido pelo Acórdão da Relação de Lisboa de 30-06-2005, havia sido firmado um "acordo de regularização" nos termos do qual as partes "consolidaram a dívida anterior

quente, envolver um perdão de parte da dívida. Em todo o caso, mesmo que os sujeitos da relação fundamental deixem *"formalmente" intocado* o acordo de preenchimento, parece-me que ocorre a sua *modificação tácita* nos termos do art. 217º CCiv. – isto é, passa a valer para a relação fundamental *tal como foi reconfigurada*, substituindo-se ao consenso originário *enquanto parâmetro* de aferição da (in)existência de incumprimento.

Todo este arrazoado apenas vale, todavia, quando haja *coincidência* entre o *subscritor em branco* e o *sujeito que procede à renegociação* com o credor. O que pode não acontecer na situação do avalista em branco que prestou a sua garantia a uma determinada relação contratual. Caso o avalizado (e apenas ele) venha a renegociá-la com o credor, *não é obviamente possível sustentar que houve uma declaração tácita do avalista.*

Nesta hipótese, o que é curial sustentar é que se a renegociação *suavizou a responsabilidade* dos subscritores em branco (porque, por exemplo, incluiu um perdão parcial de dívida), devem os novos termos valer para o avalista. Mas se, pelo contrário, a renegociação de alguma forma *agravou a eventual responsabilidade* dos subscritores em branco, o preenchimento que *ultrapasse* os parâmetros (nomeadamente, quantitativos ou temporais) correspondentes à *configuração inicial* da relação fundamental será de reputar abusivo em face do avalista[376].

Note-se que estas são as soluções que parecem mais curiais *à luz da interpretação e integração* do acordo de preenchimento, que é frequentemente *omisso* quanto à influência de futuras renegociações sobre a aferição da regularidade de preenchimento do título. Quer isto dizer que os subscritores do título e do acordo preenchimento (avalista incluído) *têm, exercendo a sua autonomia privada e dentro dos limites gerais, a liberdade de convencionar uma disciplina específica para o caso de ocorrer uma renegociação da dívida* emergente da relação fundamental.

Julguei útil a referência a este lugar-paralelo porque, na verdade, as providências previstas no plano com incidência no passivo do devedor

e estabeleceram novos prazos e forma de pagamento"; no entender do tribunal, o devedor "provou que cumpriu o acordo de consolidação de dívida", pelo que o fornecedor "desrespeitou o pacto de preenchimento" ao completar e accionar a letra.

[376] Porque tal preenchimento não corresponde à vontade objectivamente manifestada pelo avalista – que não sofreu alterações, já que o avalista não participou na renegociação nem lhe deu o seu assentimento, e este facto não pode ter escapado ao conhecimento do credor – cfr. Carolina Cunha, *Manual de letras e livranças, cit.*, p. 228.

insolvente (em particular, o perdão ou redução do valor dos créditos e a modificação dos seus prazos de vencimento – art. 196º, 1, a) e c) CIRE), também correspondem, objetivamente, *a uma alteração do conteúdo da dívida fundamental e dos termos do seu cumprimento.* A (relevantíssima) diferença é que *não são obtidas pela comum via da negociação* entre os titulares da relação jurídica afectada, e sim pela decisão maioritária dos credores da insolvência nos termos dos arts. 209º a 212º CIRE. – após o que ficam plasmadas no negócio jurídico *sui generis* que é o plano de insolvência, cuja eficácia é desencadeada pela homologação judicial nos termos do art. 217º, 1 ("com a sentença de homologação produzem-se as alterações dos créditos sobre a insolvência introduzidas pelo plano").

Ora, pode dizer-se que as alterações operadas pelo plano *tipicamente suavizam a responsabilidade associada à dívida fundamental.* O que, *caso houvessem* sido introduzidas por uma *vulgar negociação* entre as partes (credor e avalizado) e mesmo sem a participação do avalista[377], *nos permitiria sustentar* na interpretação (art. 236º CCiv.) e, sobretudo, na integração (239º CCiv.) do acordo de preenchimento que os novos termos reconfigurados *também valeriam para o avalista,* substituindo-se ao consenso originário enquanto parâmetro de aferição da (in)existência de incumprimento. Ou seja, o credor *só* o poderia accionar, preenchendo o título, se houvesse (doravante) incumprimento e nos (mitigados) termos (qualitativos e quantitativos) da relação reconfigurada.

Na verdade, se o avalista manifestou, no acordo de preenchimento *originário,* sua a vontade de responder em caso de incumprimento da dívida fundamental pelo valor que fosse devido pelo avalizado, *a vontade que teria tido caso houvesse previsto a renegociação mitigadora* (que é o "ponto omisso", para efeitos da aplicação do art. 239º CCiv.) seria, certamente, a de responder pelo valor reduzido e/ou nos termos mais favoráveis. E outra não poderia ser a correspondente vontade hipotética do credor, máxime se fizermos operar o *padrão correctivo da boa fé* previsto pelo mesmo art. 239º CCiv. Pois um contraente honesto, correcto e leal não poderia pretender que o avalista em branco houvesse de responder de forma *mais gravosa* que o avalizado, quando nada foi especificamente convencionado sobre esse ponto e *o primeiro se limitou a aceitar responder nos termos que valessem para o*

377 Porque, caso o avalista participasse, seria evidente a *manifestação (actual) da sua (nova) vontade* no que toca ao preenchimento.

segundo. Ao que acresce um último argumento, significativo embora apenas eventual: os casos de renegociação que reduzem o valor da dívida correspondem, o mais das vezes, a situações em que o devedor principal *paga de imediato* uma parcela ao credor – o que, obviamente, tornaria abusivo que este pudesse pedir a totalidade ao avalista, preenchendo o título.

Todavia, parece-me que nas hipóteses de aprovação de um plano de insolvência que modifique, mitigando-a, a obrigação fundamental, a interpretação e integração do acordo de preenchimento *não pode seguir a mesma linha de raciocínio.* Vejamos porquê.

6.3.3. O preenchimento do título e o accionamento do avalista *após* a homologação do plano de insolvência

Voltemos a atentar no dado normativo fundamental fornecido pela primeira parte do art. 217º, 4: corresponde à intenção do legislador insolvencial que as alterações introduzidas pelo plano *não afectem a existência nem o montante* dos direitos dos credores contra os garantes; essa existência e montante são *aferidas* pelo regime jurídico aplicável à garantia prestada e pela configuração *negocial* que originariamente lhe foi dada[378].

Ora, *à data do incumprimento* (que, como vimos, terá tipicamente ocorrido *antes da homologação do plano*[379]), o crédito garantido tinha um determinado conteúdo, o qual não compreendia (ainda) qualquer redução, perdão ou moratória. Então – mas só, frise-se, na ausência de específica previsão do acordo de preenchimento – é esse *o ponto de referência ou o padrão* para aquilatar da regularidade do preenchimento que vai completar a *fattispecie* complexa e consolidar na esfera do credor o direito cambiário "contra" (para usar a terminologia do art. 217º, 4 CIRE) o terceiro garante.

As mais das vezes[380] o acordo de preenchimento é também *omisso* quanto a eventuais implicações da *insolvência do devedor principal.* Todavia, aqui, a

[378] Por isso, como muito bem observa NUNO FERREIRA LOUSA, "Os créditos garantidos e a posição dos garantes nos processos recuperatórios de empresas", *cit.*, p. 164, nota 13, se estiverem em causa *fianças sujeitas ao regime da excussão prévia* estas *continuarão a só poder "ser executadas depois de excutido o património do devedor,* algo que tendencialmente não acontecerá em caso de homologação de plano de insolvência". Dando idêntico relevo a esta nota do regime da fiança, SALAZAR CASANOVA / SEQUEIRA DINIS, *O processo especial de revitalização, cit.*, p. 60.

[379] Cfr. *supra*, nº 6.3.2.

[380] Mas não sempre: no caso subjacente a RC 17-06-2014, o acordo das partes (cláusula 15ª) *previa especificamente o relevo* de "situações indiciadoras de impossibilidade de cumprir", como a "pendência de processo de insolvência", que *autorizariam o credor* a "declarar o vencimento

interpretação (mais até, parece-me, do que propriamente a integração) do acordo de preenchimento não prescinde da banal consideração de que *o risco tipicamente assegurado pelo garante*, em qualquer negócio de garantia pessoal (e o aval em branco constitui, nos temos complexos que temos vindo a analisar, uma garantia pessoal), *é o da insolvência do devedor*[381].

Assim, à partida, e na ausência de especial modelação das partes (credor, avalista e avalizado) vertida no acordo de preenchimento, responder pelo risco da insolvência *significa* responder nos termos (que serão *per relationem* vertidos no título) do incumprimento da relação fundamental *aquando* da verificação da insolvência do devedor principal. Significa, portanto, responder pela *totalidade do valor em dívida, sem reduções, alterações ou moratórias*. É, aliás, com isso que o avalista em branco pode contar desde o início – desde o momento em que subscreve o título e o acordo de preenchimento.

Portanto, no contexto dos casos que analisamos e dentro das condições que acabamos de delinear, *não deve proceder o argumento dos executados-avalistas de que o preenchimento do título pelo credor-exequente foi abusivo à luz do art. 10º LU*. Com o que atingimos, portanto, embora trilhando outra via, uma solução *grosso modo* coincidente com aquela em que desemboca a jurisprudência dominante acima referida[382].

6.3.4. O campo de actuação da autonomia privada: relevo da disciplina fixada no acordo de preenchimento

Todavia, é importante sublinhar que esta conclusão *supõe* que o acordo de preenchimento *seja omisso* quanto às eventuais repercussões da insolvência do devedor fundamental garantido *sobre* os poderes reconhecidos ao credor no preenchimento do título. Outra será a solução se o acordo contiver disciplina diversa: sou de opinião que não há razões para afastar o *papel modelador da autonomia privada*, numa matéria que é *manifestamente disponível*.

Já era este, aliás, o entendimento de CARVALHO FERNANDES e JOÃO LABAREDA, embora discorrendo num quadro cujas coordenadas normativas fixavam *solução inversa* – na vigência do CPEREF, recorde-se, a *regra legal* determinava que os credores que houvessem aderido à providência

antecipado e imediato da obrigação de reembolso dos fundos mutuados e das demais obrigações emergentes do contrato" e " exigir, em qualquer dos casos, o pagamento imediato de todos os montantes que, consequentemente, sejam devidos".

[381] Ver o que dissemos *supra*, nº 6.2.5.

[382] Cfr. *supra*, nº 6.1.

modificativa ou extintiva do crédito *perderiam*, nessa medida, os direitos contra os garantes. Ora, os citados autores advogavam, à época, que "*nada impede o afastamento da solução legal*, quando o credor e o terceiro obrigado ou garante convencionarem a *manutenção* dos direitos daqueles contra estes", porque nos encontramos "no domínio de *direitos disponíveis*"[383].

Por conseguinte, ontem como hoje está *ao alcance da liberdade contratual* de credor e garante *antecipadamente preverem e regularem a medida dos direitos que ao primeiro é dado exercer contra o segundo*: alargando-a, quando a lei a restringe (como sucedia no CPEREF), ou restringindo-a, quando a lei a alarga (como sucede no CIRE).

Não me parece que a primeira parte do art. 217º, 4, do CIRE tenha cunho *imperativo*: limita-se a consagrar uma solução que, ao contrário da prevista no CPEREF, dá primazia ao interesse do credor sobre o interesse do garante. Nada impede *os titulares dos interesses em causa* de estabelecerem uma outra composição, no livre exercício da sua autonomia privada.

Repare-se que também *não estão em causa interesses de terceiros* – nem dos *restantes credores*, nem do *devedor* ou da própria *execução do plano de insolvência*. Estes interesses recebem, isso sim, *a protecção conferida pela segunda parte do art. 217º, 4,* CIRE: a certeza de que os garantes *não podem* exercer os seus *subsequentes* direitos de regresso contra o insolvente em maior medida do que aquela que o plano outorgava aos credores que os garantes satisfizeram. E esta protecção *não* é beliscada pela convenção a que nos referimos – convenção através da qual *os únicos sujeitos por ela afectados* (credor e garante) *regulam o exercício da garantia*, tornando-a *permeável* a vicissitudes decorrentes da aprovação de um plano de insolvência[384].

[383] Carvalho Fernandes/ João Labareda, *Código dos Processos Especiais, cit.*, p. 192, anot. nº 2 ao art. 63º (sublinhados meus).

[384] Nem se diga que, por ter *ex ante* convencionado a reflexa redução de direitos com o garante, o credor *estará menos inclinado* a aceitar as modificações constantes do plano. Mesmo que tal seja empiricamente verdade, *uma coisa é a desejabilidade de uma solução legal que estimule a adesão dos credores* a um plano de recuperação da empresa, conferindo-lhes um determinado nível de "protecção" na sua relação com os garantes (como faz o art. 217º, 4, primeira parte, CIRE). Outra coisa, totalmente infundada, *seria afirmar que essa "protecção" é indisponível porque a sua remoção* (através de convenção dos interessados) *iria afectar a propensão do credor* para aderir a tal plano. O estímulo aos motivos e incentivos dos credores para aceitar um plano de recuperação pode ser um *móbil* legítimo do legislador insolvencial, mas não pode converter-se num (conveniente, mas irrazoável) *fundamento* da putativa imperatividade das soluções que influencia.

Acrescentarei, ainda, que do ponto de vista da *composição global de todos os interesses* em jogo, admitir este exercício da autonomia privada significa abrir a porta a um *factor de correcção de uma solução legal altamente discutível*: a de assacar aos eventuais garantes o peso económico dos sacrifícios impostos pelo plano de insolvência. Como vimos[385], são os garantes (e os condevedores), simples terceiros *que não tiveram qualquer intervenção* na aprovação do plano de insolvência, que acabam, afinal, por *custear a sua implementação, ao arcar com a diferença* entre o crédito originário (que tiveram de satisfazer ao credor) *e* o crédito reduzido, reestruturado ou extinto pelo plano (correspondendo ao que podem, depois, exercer em via de regresso).

O factor de correcção consiste, naturalmente, na modelação contratual *ex ante* do primeiro dos mencionados créditos, *eliminado a diferença* e *realocando o sacrifício económico da* esfera do garante *para* a esfera do credor – que foi quem verdadeiramente *o aceitou*, ao aprovar o plano ou, pelo menos, quem *participou directamente* no processo que conduziu à sua aprovação.

E o garante, repare-se, *continua* – porque é esse o cerne da garantia prestada e aí a modelação contratual não interfere – *a suportar o tradicional risco de insolvência do devedor*, o qual se concretiza sempre que, *depois* de satisfazer o credor (mesmo nos termos reajustados para reflectir as alterações do plano), não consiga obter o reembolso junto do insolvente.

Em conclusão, está ao alcance do sujeito que avaliza em branco o título destinado a garantir uma dívida alheia *acordar com o respectivo credor, no pacto de preenchimento*, que, na hipótese de vir a ser homologado um plano num eventual processo de insolvência do devedor garantido, a letra ou livrança só possa vir a ser preenchida *reflectindo as modificações* que esse plano introduza no crédito fundamental.

Sempre que isto aconteça, ao aplicarmos o art. 217º, 4, CIRE, a "existência" e o "montante" do "direito do credor" serão *aqueles que resultam do específico acordo de preenchimento*[386] e que, portanto, *necessariamente reflectem* as modificações introduzidas pelo plano de insolvência. Assim foi *originariamente modelado* o direito do credor contra o terceiro garante, pelo que qualquer agravamento deste cânone será de reputar *abusivo* nos termos do art. 10º LU e conduzirá à extinção (total ou parcial) da execução movida contra o avalista.

385 Veja-se o que dissemos *supra*, nº 6.2.4 e 6.2.6.

386 Recorde-se o que dissemos *supra*, nº 2.1, sobre as especificidades da subscrição em branco como modo de prestação de uma garantia pessoal.

Pese embora o mérito que reconheço a esta correcção negocial das iniquidades decorrentes da opção legislativa, tenho noção das *dificuldades práticas* que a sua concretização certamente levanta. Em muitos casos, *o poder negocial* detido pelo credor será suficiente para *afastar qualquer veleidade auto-protectora do potencial avalista* – sobretudo quando este seja sócio da sociedade garantida e esteja empenhado em conseguir o financiamento ou a oportunidade de negócio corporizados na celebração do contrato fundamental.

Ainda assim, por serem variadas e variáveis as possíveis relações de força, é de todo conveniente que os potenciais avalistas em branco tenham *plena consciência dos riscos que correm* na hipótese de o avalizado vir a ser declarado insolvente e dos *mecanismos negociais de que dispõem* para mitigar alguns de entre eles.

6.4. O direito de regresso do avalista *solvens* após a homologação de um plano de insolvência

6.4.1. Enquadramento geral da questão: a aquisição de um direito novo e a sua reclamação no processo de insolvência

Tivemos oportunidade de concluir que o legislador insolvencial não dá resposta concludente a diversos problemas relacionados com *o exercício do direito de regresso pelo garante do insolvente que pagou ao credor*[387]. Com excepção do art. 217º, 4, as normas do CIRE que directamente regulam a posição do garante incidem sobre *situações específicas*[388]. Assim, o art. 95º, 2 admite que o garante possa reclamar no processo de insolvência do garantido o seu *meramente eventual* direito de regresso contra ele *apenas quando o credor haja optado por não se apresentar a concurso* no processo de insolvência. Quanto ao art. 179º, 2, debruça-se sobre a posição peculiar do garante *solvens* que, no âmbito do *seu próprio* processo de insolvência, liquidou *parcialmente* a dívida ao credor, estabelecendo uma precedência desse credor sobre o *solvens* quanto ao remanescente[389].

[387] Cfr. *supra*, nº 3.3.4.

[388] Cfr. a análise feita *supra* , nºs 3.3.1. e 3.3.2.

[389] Sendo que este regime me parece igualmente aplicável (por analogia ou interpretação extensiva) ao garante que satisfaça (apenas) parcialmente o direito do credor *mesmo fora de um processo de insolvência*, isto atendendo à sua *ratio* – não deixar o credor exposto, no processo de insolvência do garantido, à concorrência de quem, afinal, seja em sede insolvencial, seja fora dela não lhe pagou tudo o que lhe devia.

Já sobre *a posição do garante que satisfez integralmente o credor o CIRE é omisso* – e não me parece que tal constitua um problema, já que as coordenadas dessa posição serão fornecidas pela *intersecção do regime especial da garantia prestada com o regime geral do processo de insolvência*.

Assim, começando pela natureza do direito que o garante *solvens* pretende fazer valer, saber se está a exercer um *direito novo*, que tem como facto constitutivo o pagamento da dívida garantida, ou se assume, *por sub-rogação*, a posição do credor originário, *depende do tipo de garantia prestada*[390].

Nos casos que temos vindo a analisar, não me parece possível afirmar que o avalista subingressa na posição jurídica do credor – como acontecerá, tipicamente, com o fiador *solvens* (art. 644º CCiv.). A disciplina do aval pela Lei Uniforme não permite caracterizá-lo como uma garantia subjectiva destinada a "caucionar" a responsabilidade do avalizado, mas sim como uma *garantia objectiva*: o avalista garante *o pagamento da letra* (art. 30ºI LU)[391]. Apesar da formulação equívoca do art. 32ºIII LU ("se o dador de aval paga a letra, *fica sub-rogado* nos direitos emergentes da letra"), à luz dos restantes dados normativos não parece minimamente exacto que o avalista pagante *sub-ingresse* verdadeiramente na posição jurídica do credor satisfeito. Basta notar que o avalista *não adquire qualquer direito contra os obrigados intermédios, i.e.*, contra aqueles que respondiam perante o credor satisfeito, mas não perante o avalizado[392].

[390] Não posso, por isso, concordar integralmente com CARVALHO FERNANDES/ JOÃO LABAREDA, *Código da Insolvência, cit.*, p. 467, anot. nº 6 ao art. 95º, para quem, se os coobrigados e garantes pagarem aos credores que hajam reclamado os créditos no processo de insolvência do devedor principal, "demonstrando a situação no processo, *assumem a posição do credor originário na parte que couber*", concluindo mais adiante (p. 697, anot. nº 8 ao art. 179º), que "embora a lei não o esclareça, supomos que o exercício do direito que aqui se consagra [o direito do garante que satisfez parcialmente o credor], atento o regime próprio da reclamação de créditos, se faz *por sub-rogação ao credor já pago*" (sublinhados meus). A questão não tem merecido grande atenção por parte da restante doutrina, com excepção de SALAZAR CASANOVA / SEQUEIRA DINIS, *O processo especial de revitalização, cit.*, p. 59-63, cuja posição no contexto do PER terei oportunidade de analisar *infra*, nº 7.1.4.1.

[391] Para abundantes justificações e referências bibliográficas, CAROLINA CUNHA, *Manual de letras e livranças, cit.*, p. 39, ss, *Letras e livranças: paradigmas actuais e recompreensão de um regime, cit.*, p. 105, ss. A clara distinção entre aval e fiança foi, aliás, um dos fundamentos do AUJ do STJ nº 7/2012 – cfr. CAROLINA CUNHA, "Pluralidade de avalistas e direito de regresso", *cit.*, *passim*. Retomarei a questão *infra*, no nº 7.1.4.1.

[392] Por exemplo: na cadeia de endossos A-B-C-D-E, o avalista de B que pagou ao portador E não pode accionar nem D nem C, *como aconteceria se, de facto, ocorresse uma sub-rogação legal* nos

O que o avalista adquire é o direito que a lei reconhece a qualquer obrigado de garantia que pague a letra: o *direito de regresso* configurado pelo art. 49º LU[393]. Aliás, se houvesse verdadeira sub-rogação e o credor satisfeito fosse aquele que tinha o título cambiário em seu poder no vencimento (como normalmente sucede, já que não há circulação), o conteúdo da posição jurídica adquirida pelo avalista seria *injustificadamente o contemplado pelo art. 48º LU* para o portador do título, que *difere quantitativamente do previsto no art. 49º LU*[394] para o regresso do obrigado *solvens* contra os seus próprios garantes.

Portanto, o direito de regresso do avalista é, nos termos da Lei Uniforme que o prevê e disciplina, *constituído* por força do pagamento efectuado, e é *adquirido no momento em que tal pagamento se efectua*: não há qualquer sub-rogação no direito do credor.

Assim, se o processo de insolvência *ainda não tiver sido encerrado*, o direito de regresso do avalista *solvens* corresponde a um *direito adquirido no decorrer do processo* que lhe confere o estatuto de credor da insolvência (art. 47º, 3 CIRE)[395]. A *reclamação* deste crédito novo poderá ser feita, nos termos do

direitos de E – cfr. o art. 593º,1 CCiv ou o próprio art. 644º CCiv, relativo à sub-rogação do fiador que cumpre nos direitos do credor.

[393] A precisão introduzida pelo art. 32ºIII LU apenas visa, como já tive oportunidade de defender (Carolina Cunha, *Letras e livranças: paradigmas actuais e recompreensão de um regime, cit.*, p. 113-114), esclarecer um aspecto que poderia não resultar evidente das normas que genericamente disciplinam a pretensão cambiária de regresso. Repare-se que a LU prevê, em geral, que o signatário que paga o título possa accionar "sacadores, aceitantes, endossantes ou avalistas" (art. 47ºIII e I), mas não prevê que também possa demandar *o seu avalizado*. Daí, justamente, o *sentido útil* da referência do art. 32ºIII ao direito de regresso do avalista *solvens*: pode demandar o próprio avalizado e os obrigados que perante esse avalizado respondem.

[394] Uma vez que esta última norma manda computar "*a soma integral*" *paga* ao credor pelo obrigado de garantia (incluindo, portanto, o montante das despesas em que o credor incorreu e dos até aí juros vencidos), *mais* os juros dessa soma e as despesas em que o garante tiver incorrido, enquanto que o art. 48º parte simplesmente do *valor facial da letra* (embora também lhe acrescente juros e despesas concretamente incorridas).

[395] Apesar da interpretação que Carvalho Fernandes/ João Labareda, *Código da Insolvência, cit.*, p. 307-308, anot nº 7 ao art. 47º, fazem deste preceito, considerando que tem por objecto a *transmissão de créditos* no decurso do processo de insolvência, em virtude da qual "o transmissário adquire uma posição idêntica à do transmitente", não vejo por que razão a referência legal à *aquisição de créditos* deva considerar-se restringida à aquisição *derivada translativa* (transmissão de créditos) e não possa abranger *todos os casos de aquisição de direitos* (enquanto fenómeno de *entrada do direito na esfera jurídica do sujeito* – cfr. C. Mota Pinto, *Teoria Geral do Direito Civil, cit.*, p. 359: "um direito é adquirido por uma pessoa quando esta

art. 146º,1 e 2, b), no *prazo de três meses após a sua constituição*[396], ou seja, três meses após o pagamento que o avalista haja feito ao credor[397].

De notar, por último, que o pagamento integral realizado pelo avalista ao credor *opera a extinção do crédito deste sobre o insolvente* – não só *do crédito cambiário* (que não terá provavelmente sido reclamado no processo[398]), o qual foi directamente satisfeito pelo avalista (em cujas mãos se deve encontrar, agora, a letra ou livrança, ou seja, o título com base no qual irá reclamar o seu direito de regresso no processo de insolvência do avalizado), mas também, reflexamente (*i.e.*, atendendo ao disposto na convenção executiva

se torna titular dele"). Claro que é necessário respeitar o regime do art. 81º, 6, CIRE, o qual sanciona com a *ineficácia* um vasto leque de factos aquisitivos, mas as aquisições de créditos por terceiros na pendência do processo *não têm de provir* de negócios celebrados com o insolvente – além da situação analisada em texto, pense-se na aquisição de um direito à indemnização por facto ilícito extracontratual, etc.

[396] A menos que ainda esteja a correr, findos esses três meses, o prazo geral estabelecido na primeira parte da al. b) do art. 146º, 2, CIRE, caso em que será esse o prazo aplicável. Cfr. A. Soveral Martins, *Um curso de direito da insolvência, cit.*, p. 313; ou Mariana França Gouveia, "Verificação do passivo", *Themis- Revista da Faculdade de Direito da UNL*, Edição Especial "Novo Direito da Insolvência", 2005, p. 151-163, p. 162.

[397] Situação curiosa, atípica e diversa da analisada em texto foi a que deu azo ao acórdão da RP de 19-05-2016, que, não obstante o processo de insolvência ainda estar em curso, admitiu a *execução paralela do insolvente e da sua mulher*, por haverem, respectivamente, *aceite e avalizado uma letra após a declaração de insolvência* – assim recusando, implicitamente, quer a ineficácia do acto, quer que se tratasse de uma dívida da insolvência a reclamar no processo.
O Tribunal argumentou que a execução não era impedida pelo art. 88º, 1 CIRE, uma vez que se destinava "à cobrança de dívida alegadamente constituída/garantida pelos insolventes muitos anos decorridos sobre a sentença que os declarou insolventes", e que, nos termos do art. 81º, 1 "*a contrario sensu*, quanto aos bens patrimoniais não incluídos na massa insolvente, o devedor mantém os seus poderes de administração e de disposição". Assim, "como resulta do artigo 81º, nº 8, a) do CIRE, estando em causa actos praticados pelo insolvente após a declaração de insolvência que não contrariem o disposto no nº 1, pelas dívidas do insolvente respondem apenas os seus bens não integrantes na massa insolvente". Ora, "não tendo os actos praticados pelos insolventes – aceite e aval da letra exequenda após a declaração de insolvência – necessariamente que se reflectir sobre a massa insolvente (de resto, a decisão recorrida nem sequer questiona a eficácia desses actos), respondendo os executados pela dívida (própria) exequenda (exclusivamente) com os seus patrimónios, nenhum obstáculo legal se coloca quanto à admissibilidade da execução". Remata o Tribunal que saber "se a exequente conseguirá ou não obter a satisfação do seu crédito através do património próprio dos executados, sem afectação da massa insolvente, como se exige, é questão que se há-de colocar no decurso da acção executiva, enquanto não ocorrer o encerramento do processo de insolvência, mas que não interfere com a admissibilidade da instauração dessa execução".

[398] Veja-se o que se disse *supra*, nº 5.3.2 e ss.

contida no pacto de preenchimento[399]), *do crédito fundamental* que havia sido garantido pela letra ou livrança – esse, sim, tipicamente reclamado no processo de insolvência[400].

6.4.2. Exercício do direito de regresso após homologação do plano de insolvência e consequente extinção do processo

Como é sabido, o trânsito em julgado da decisão de homologação do plano de insolvência *produz tipicamente a extinção do processo* (art. 230º, 1, b). Ressalva a lei que tal efeito extintivo *pode ser afastado pelo próprio conteúdo do plano*, mas as hipóteses ilustrativas desta excepção implicam, geralmente, a previsão da prática ulterior de *actos de liquidação*[401], o que poucas vezes sucede nos planos que se limitam a *restruturar o passivo* do devedor – os mais frequentes nos casos objecto deste estudo.

Ora, com o encerramento do processo *cessam todos os efeitos* que resultam da declaração de insolvência (art. 233º, 1, a) e os *credores da insolvência voltam a poder exercer os seus direitos* contra o devedor nos termos gerais, *i.e.*, sem os constrangimentos decorrentes dos art. 90º ou 88º, 1 – direitos, recorde-se, cujos prazos de prescrição ou caducidade o decurso do processo de insol-

[399] Sobre as (comuns) situações em que a obrigação cambiária surge como "executiva" da obrigação fundamental, dado que ambas buscam a satisfação do mesmo interesse económico do credor, e sobre a necessidade de, através da convenção executiva, coordenar o exercício das correspondentes pretensões creditórias de modo a evitar um duplo pagamento e/ou cobrança (uma vez através do título, outra através do exercício do direito emergente do contrato fundamental) e assegurar que a satisfação do credor só ocorra uma vez, cfr, Carolina Cunha, *Manual de letras e livranças, cit.*, p. 54-55.

[400] O CIRE *não contempla expressamente* as consequências da extinção superveniente, por causa alheia ao processo de insolvência, de um crédito reclamado e reconhecido, mas caberá seguramente ao *administrador da insolvência* retirá-las – dando o crédito como total ou parcialmente satisfeito, por forma a evitar qualquer duplicação de pagamentos e a diligenciar (como impõe o art. 12º, 2 EAJ) pela "maximização da satisfação dos interesses dos [restantes] credores".
Note-se, por último, que *já não estamos perante a situação prevista no art. 95º, 2 CIRE*, uma vez que o pagamento da dívida pelo condevedor solidário/garante (o avalista em causa comunga de ambos os estatutos) não é "eventual" e "futuro": *ocorreu efectivamente* e operou a correspondente extinção do direito do credor, pelo que deixa de poder ocorrer a *duplicação* de créditos reclamados que o art. 95º, 2 pretende evitar.

[401] Assim Carvalho Fernandes/ João Labareda, *Código da Insolvência, cit.*, p. 875, anot. nº 7 ao art. 230º (afirmando ser "natural" que, quando tenha sido apresentada uma proposta de plano, "o processo de insolvência encerre, normalmente, com a sua homologação"), e A. Soveral Martins, *Um curso de direito da insolvência, cit.*, p. 387.

vência suspendeu (art. 100º)[402]. O art. 233º, 1, b), contudo, ressalva as *restrições* que para esses direitos resultem de um eventual plano de insolvência.

Tomando em conta este cenário, se o avalista *solvens* adquire o seu direito de regresso *após o encerramento do processo*, nem chega a alcançar o estatuto jurídico de credor da insolvência[403], pelo que, à partida e em face do art. 233º,1,b), poderia exercer o seu direito sem qualquer limitação – será um *novo credor*, pós-insolvência.

Todavia, é aqui que se fazem verdadeiramente sentir os efeitos da parte final do art. 217º, 4: mesmo sendo tecnicamente um credor pós-insolvência (o seu direito de regresso foi adquirido no momento em que pagou ao credor, já após o encerramento do processo), a posição jurídica do avalista *solvens* é *directamente afectada pela estatuição legal* – apenas será admitido a agir contra o devedor em via de regresso *nos termos em que* o credor da insolvência pudesse exercer contra ele os seus direitos.

Ocorre, portanto, uma *modificação* ex lege *do direito (de regresso) cambiário do avalista no plano das relações imediatas entre ele e o avalizado*. Continua a dispor de um título (a letra ou livrança) com base no qual pode intentar uma execução, mas se os termos em que pretende exercer o direito *extravasarem* os limites configurados pelo plano de insolvência, o avalizado tem fundamento para se opor com sucesso (total ou parcialmente) à execução movida. Assim, se o avalista pretender o pagamento *antes de decorrida a moratória* estabelecida no plano de insolvência para a dívida fundamental, a execução deverá ser considerada extemporânea[404]; se pretender o paga-

[402] Como relembra A. SOVERAL MARTINS, *Um curso de direito da insolvência*, *cit.*, p. 392.

[403] Que lhe assinalei *supra*, nº 6.4.1, na hipótese de ter pago ao credor *antes* do encerramento do processo de insolvência.

[404] Se o avalista for constrangido *ex vi* art. 217º, 4 CIRE a aguardar o termo da moratória introduzida pelo plano para poder exercer o seu direito cambiário contra o avalizado (tipicamente, o aceitante da letra ou o emitente da livrança), parece-me da mais elementar justiça que se *opere uma suspensão da prescrição cambiária*, sem o que corre *o risco de ver extinguir-se* o seu direito de regresso *antes mesmo de ser legalmente autorizado a exercê-lo* (recorde-se os curtos prazos de prescrição estabelecidos pelo art. 70º LU). O expediente adequado será, porventura, a invocação de um *motivo de força maior* (a saber, o impedimento legal decorrente do art. 217º,4 CIRE) que, nos termos do art. 321º CCiv., *suspenderá o decurso dos últimos três meses do prazo de prescrição*. Parece-me que a *ratio* tradicionalmente apontada a esta norma – "a protecção daqueles que reservaram o fim do prazo para agir e se viram impossibilitados de o fazer" (PIRES DE LIMA / ANTUNES VARELA, *Código Civil Anotado*, vol. I, *cit.*, p. 289, anot. nº 1 ao art. 321º) – ainda se pode estender a situações em que a inércia não foi sequer voluntária

mento integral da quantia inscrita no título (que foi, recorde-se, a que ele próprio satisfez ao credor) *quando o plano perdoou parte da dívida fundamental*, a execução só deve proceder quanto ao valor correspondente à dívida reconfigurada.

Note-se, todavia, que tais fundamentos *apenas são oponíveis ao avalista* solvens *pelo avalizado (o ex-insolvente)* – ou seja, para utilizar uma terminologia cambiária, apenas valem *no plano das relações imediatas* entre ambos. Se, porventura, o avalizado *solvens* pretender exercer o seu direito de regresso (já não cambiário, mas ao abrigo do regime geral da solidariedade passiva[405]) contra *eventuais co-avalistas*, poderá fazê-lo *sem qualquer das limitações referidas*.

Para terminar, cabe uma alusão a situações extremas, susceptíveis de redundar, em termos práticos, numa *verdadeira extinção* do direito de regresso do avalista contra o devedor principal avalizado. Não me refiro ao risco comum, partilhado pela generalidade dos sujeitos que prestam uma garantia pessoal como o aval ou a fiança, de o devedor garantido carecer, de todo em todo, de meios para satisfazer o direito de regresso – situação *fortuita* na qual o garante acaba suportar, em definitivo, o valor da dívida. Pretendo, isso sim, chamar a atenção para os casos em que o regime do art. 217º, 4 é susceptível de produzir, por si só, semelhante resultado – a "eliminação" (por impossibilidade de exercício) do direito de regresso.

A hipótese paradigmática será aquela em que o plano de insolvência prevê a *extinção do crédito garantido*: como art. 217º, 4 CIRE, na sua parte final, não autoriza o garante a obter, em via de regresso, mais do que o credor poderia conseguir nos termos do plano, e, como, nos termos desse plano, o credor *nada poderia obter* do devedor garantido, o avalista que satisfez (porventura, integralmente) a pretensão do credor *também nada pode exigir*, em via de regresso, do avalizado.

Há, todavia, uma hipótese mais complexa – que já aflorou na nossa jurisprudência, no acórdão da RP de 17-10-2016: um plano de recuperação que determine a *conversão dos créditos em participações sociais da sociedade insolvente por correspondente aumento de capital*, nos termos dos arts. 198º, 2, b), e 203º,

(o que até é *menos* censurável, do ponto de vista dos interesses em jogo) e em que avulta a impossibilidade (por força de comando legal) de agir.

[405] Cfr. Carolina Cunha, "Pluralidade de avalistas e direito de regresso", *cit.*, p. 56-57.

do CIRE[406]. Mais complexa porque, no plano dos interesses envolvidos e das atribuições patrimoniais implicadas, *não há um alinhamento perfeito com a hipótese anterior* (perdão total do crédito, *i.e.*, remissão).

À primeira vista, pode parecer que sim – dir-se-á que o crédito originário (garantido pelo título em branco avalizado) *se extinguiu*, ainda que se possa discutir se o mecanismo operativo foi a *dação em cumprimento* ou a *compensação*[407]. Ora, se o direito do credor contra a sociedade insolvente se extinguiu, o avalista *solvens* nada pode exigir desta em via de regresso, por força do que prescreve a parte final do art. 217º, 4, CIRE.

Só que este *alinhamento estrutural* oculta uma importante *discrepância funcional*. No caso do perdão total ou remissão, o credor *nada recebe* como contrapartida da extinção do seu direito; na hipótese de conversão dos créditos em participações sociais, *adquire um bem jurídico novo: a própria participação social*[408]. Pode discutir-se *qual o seu valor económico*, ou, sobretudo, qual *o tipo de valor relevante*, ou qual *o momento* indicado para se

[406] No caso concreto, o aumento de capital implicou "uma entrada efetuada por Banco B..., S.A. (...) mediante a conversão de créditos sobre a sociedade de que era titular, no montante de cinquenta e oito mil quatrocentos e sessenta e cinco euros e sessenta e oito cêntimos (€ 58.465,78), ficando a deter, cinco milhões oitocentos e quarenta e seis mil quinhentas e sessenta e oito ações de sociedade, no valor nominal de cinquenta e oito mil quatrocentos e sessenta e cinco euros e sessenta e oito cêntimos". Ou seja, *o valor nominal da participação social* ficou a *coincidir exactamente* com o *valor nominal do crédito convertido*.

[407] Como faz o Tribunal, inclinando-se para a hipótese da *compensação*: "este será o instituto mais vocacionado para integrar a previsão factual vertida nos autos, pese embora o facto de na situação *sub judice*, não existir qualquer acordo negocial, ou mesmo qualquer manifestação de vontade do credor (que se opôs sem sucesso ao plano proposto, que veio a ser aprovado)" e apesar de estar ciente de que no "atual regime jurídico das sociedades é inequívoca a proibição de extinção de obrigação de entrada no capital social, por compensação de um crédito" – artº 27º, 5 CSC. A RP rejeita a hipótese da *dação em cumprimento* com o argumento de que a dação, "nos termos imperativamente previstos no artº 837º [CCiv.], 'só exonera o devedor se o credor der o seu assentimento" e "o credor votou contra o plano de insolvência".
Sem pretender embrenhar-me na questão, sempre direi que a *concreta ausência de consentimento do credor* em causa, retirada do facto de ter votado contra o plano de insolvência, poderá ser *expeditamente ultrapassada* atendendo ao comando do art. 203º, 1 ("não carece do consentimento dos respectivos titulares a conversão de créditos comuns ou subordinados em capital da sociedade insolvente") e à circunstância de o plano de insolvência não exigir a unanimidade dos credores para a sua aprovação (art. 212º CIRE), sendo a produção de efeitos desencadeada pela subsequente homologação judicial (art. 217º, 1 e 3 CIRE).

[408] Sobre a participação social enquanto "bem jurídico autónomo" e "objecto unitário de direitos reais", cfr. Coutinho de Abreu, *Curso de Direito Comercial*, vol. II, "Das sociedades", 5ª ed., Almedina, Coimbra, 2015, p. 205.

apurar esse valor, que, aliás, flutua[409], mas é indiscutível que *algo de novo ingressa no património do credor* em consequência da extinção do crédito. E é esta a *diferença* essencial face à hipótese do perdão ou remissão: a margem que o comando legal do art. 217º, 4 CIRE acaba por abrir a um *locupletamento do credor*, o qual, além de *obter do avalista* o pagamento do valor correspondente ao crédito garantido, *ainda lhe adiciona o valor da participação social* na sociedade (doravante ex-)insolvente, cujo ingresso na sua esfera jurídica se torna eficaz com a homologação do plano de insolvência (art. 217º, 3, b)[410].

É difícil descortinar a solução mais adequada para semelhante problema. Mas tal solução não pode passar, em meu entender, simplesmente por desconsiderar *tout court* o valor económico da participação social adquirida[411]. No horizonte avultará sempre a possibilidade de recorrer ao instituto do *enriquecimento sem causa* (arts. 473º, ss., CCiv.), por forma a *transferir* o *locupletamento do credor para o património do avalista*[412]. E talvez seja de acolher a faculdade de o avalista, quando demandado pelo credor para

[409] Para uma distinção entre *valor nominal*, *valor de subscrição*, *valor contabilístico* e *valor comercial* das participações sociais, cfr. Coutinho de Abreu, *Curso de Direito Comercial*, vol. II, *cit.*, p. 210. A importância (devido à flutuação dos valores contabilístico e comercial) do *momento em que se procede à avaliação* é sobejamente reconhecida pela fixação de um marco temporal relevante em todas as normas legais que, no CSC e fora dele, requerem a avaliação das participações sociais.

[410] Embora no caso subjacente ao acórdão em análise se tenha julgado necessária a celebração de uma escritura pública – apesar de o plano ter sido "homologado por sentença de 12/05/2014", em "09/10/2014, nos termos do artigo 217º, nº 3, do CIRE e em cumprimento da sentença homologatória do plano de recuperação da sociedade G..., SA, foi outorgada a escritura pública de aumento de capital e alteração do contrato de sociedade".

[411] E fazer tal desconsideração económica *repercutir-se* no plano jurídico, como sustenta a RP no acórdão *supra* mencionado, afirmando que "a extinção [do crédito] é 'formal', dado que o credor da insolvente é obrigado a adquirir ações de uma sociedade insolvente, pelo seu valor facial, quando de acordo com o valor de mercado, certamente nenhum valor teriam", e que "por isso, em bom rigor, o verdadeiro valor de tais participações dependerá sempre da capacidade reditícia da sociedade a que respeitam as participações, só podendo substancialmente considerar-se extinto o crédito quando as participações sociais adquiridas tenham um valor de mercado coincidente com o seu valor facial".

[412] Como também acaba por reconhecer a RP, admitindo claramente a "suscetibilidade das questões" e equacionando – embora, na sua perspectiva, apenas se ocorrer "a hipótese (pouco habitual) de recuperação" efectiva da sociedade insolvente – a possibilidade de uma "ação dos avalistas contra o credor originário" fundada numa "situação de enriquecimento sem causa *caucionada pelo próprio regime legal*" (sublinhados meus).

cumprimento da obrigação cambiária de garantia, poder optar por esgrimir *imediatamente* essa defesa (naturalmente, em embargos de executado), abatendo ao valor da dívida a parcela correspondente àquele locupletamento.

Capítulo 7
Aval e PER

O processo especial de revitalização (PER), introduzido no CIRE pela revisão de 2012 – sob o impulso do célebre Memorando de Entendimento celebrado com a Troika[413] e no âmbito do denominado "Programa Revitalizar", criado pela Resolução do Conselho de Ministros nº 11/2012, de 3 de Fevereiro[414] –, depressa ganhou o favor dos agentes jurídicos e económicos. De tal modo que se veio a concluir que *"o PER 'canibalizou' o plano de insolvência*, no sentido em que, depois de disponível esta ferramenta, *deixou praticamente* de se recorrer ao processo de insolvência como instrumento de recuperação económica e financeira de primeira linha"[415].

[413] Prevendo a alteração da legislação nacional no sentido de alcançar "uma maior rapidez nos procedimentos judiciais de aprovação de planos de reestruturação – cfr. Alexandre Soveral Martins, "O P.E.R. (Processo Especial de Revitalização)", *Ab Instantia*, 2013, abril, nº 1, Abreu Almedina, p. 17-41, p. 18, ou Madalena Perestrelo de Oliveira, "O processo especial de revitalização: o novo CIRE", *RDS* IV (2012), p. 707-726, p. 708.

[414] Visando, nomeadamente, "a execução de mecanismos eficazes de revitalização de empresas viáveis nos domínios da insolvência e da recuperação de empresas" (cfr. nº 2, a). Para maiores desenvolvimentos, ver Catarina Serra, "Revitalização – A designação e o misterioso objecto designado. O processo homónimo (PER) e as suas ligações com a insolvência (situação e processo) e com o SIREVE", *I Congresso de Direito da Insolvência,* Almedina, Coimbra, 2013, p. 85-106, p. 85-88; ou Filipa Gonçalves, "O processo especial de revitalização", *Estudos de Direito da Insolvência,* coord. Maria do Rosário Epifânio, Almedina, Coimbra, 2015, p. 51-98, p. 52-53; ou João Aveiro Pereira, "A revitalização económica dos devedores", *O Direito,* 145º, 2013, I/II, p. 9-50, p. 10-12.

[415] Fátima Reis Silva, "Paralelismos e diferenças entre o PER e o processo de insolvência – o plano de recuperação", *Revista de Direito da Insolvência,* nº 0, 2016, p. 135-145, p. 136. De

Não admira, portanto, que grande parte dos problemas envolvendo os avalistas-garantes hajam, por assim dizer, *transitado* da órbita do processo e do plano de insolvência *para* a esfera do processo de revitalização e do respectivo plano de recuperação. O que *não* equivale a dizer que esta deslocação tenha deixado intocado o modo como os problemas se colocam ou, sobretudo, a solução que lhes deve ser aplicada. Pelo contrário: *apesar* de partilharem o amplo horizonte daquilo a que poderemos chamar medidas de reestruturação, *há significativas diferenças entre o PER e o processo/plano de insolvência*. Diferenças que vão *influenciar decisivamente a resposta a questões só aparentemente idênticas* e que vão, além do mais, suscitar *problemas novos*.

Analisemos essas questões e esses problemas, nos moldes em que mais recorrentemente se colocam na prática. Mas não sem antes salientar, com a devida ênfase, que boa parte das alterações sofridas pelo CIRE em 2017[416] se registaram no âmbito da disciplina do PER, a qual, doravante, apenas estará ao dispor de *empresas*[417] – *rectius*, de *devedores que sejam titulares de empresas*[418]. Ainda assim, as repercussões desta exclusão sobre os devedores "de qualquer outra natureza" (expressão utilizada pelo novíssimo nº 3 do art. 1º do CIRE para designar os devedores não titulares de empresas) tenderão a ser consideravelmente mitigadas pela disponibilização de um *processo especial para acordo de pagamento* (PEPAP – previsto e regulado nos recém-introduzidos arts. 222ºA a 222ºJ), cujas semelhanças com o PER

"*coup de grâce* ao plano de insolvência" fala Catarina Serra, "Revitalização – A designação e o misterioso objecto designado", *cit.*, p. 106.

416 Cfr. o DL nº 79/2017, de 30 de Junho, cujo contexto mais detalhadamente explicitamos *supra*, na nota 1.

417 Cfr. a nova redação do art. 1º, 2, e dos arts. 17ºA, 1 e segs. do CIRE – normas nas quais a anterior designação "devedor" foi meticulosamente substituída pelo termo "empresa".

418 Note-se que o CIRE adopta, por princípio, uma *concepção objectiva de empresa*, a qual define no art. 5º como "toda a organização de capital e de trabalho destinada ao exercício de qualquer actividade económica". Mais: como realça J. M. Coutinho de Abreu, *Curso de Direito Comercial*, vol. I, "Introdução, Actos de comércio, Empresas, Sinais distintivos", 10ª ed., Almedina, Coimbra, 2016, p. 340, "quando [o CIRE] se refere a empresa, o faz quase sempre respeitando a noção adiantada no art. 5º – a empresa aparece em quase todas as normas em sentido objectivo, como objecto-instrumento de sujeito para o exercício de uma actividade económica". Parece-me que a nova disciplina do PER se desvia desta linha, utilizando o vocábulo "empresa" para designar o *sujeito/devedor titular de semelhante organização*. Advirto desde já que, nas páginas seguintes, utilizarei amiúde a expressão "devedor" para designar a empresa (devedora) que recorre ao PER.

são bem marcadas[419]. No contexto do problema que nos ocupa, é de prever que os devedores principais – normalmente sociedades titulares de empresas – continuem a recorrer ao PER, mas que os seus avalistas – com frequência, pessoas singulares não empresárias (sócios e sócios-gerentes) – passem a valer-se de um PEPAP.

7.1. Repercussões da instauração de um PER nos direitos do credor contra o avalista

7.1.1. A situação do credor garantido confrontado com um PER: relevo do tipo de garantia e da específica moldura normativa. A letra ou livrança *ab initio* preenchida

Quando o credor de uma empresa em situação económica difícil ou de insolvência meramente iminente é confrontado com a instauração de um PER, é natural que pense menos nas *vantagens* que a futura e eventual recuperação desse devedor lhe trará do que nas *consequências mais próximas e menos apetecíveis* que tal instauração desencadeia – em particular, a imediata impossibilidade de intentar acções de cobrança de dívidas (ou de prosseguir com as que estejam em curso) e a provável alteração da fisionomia do seu crédito caso o PER se conclua com a homologação de um plano de recuperação.

Havendo tido o cuidado de obter, como garantia da satisfação desse crédito, um título cambiário subscrito pela empresa devedora, na qualidade de obrigada principal, e por um ou mais avalistas, é igualmente natural que o credor em causa *equacione* a viabilidade de obter dos terceiros garantes a satisfação imediata e/ou integral (*i.e.*, nos termos originários) da sua pretensão. Saber se pode ou não trilhar esse caminho é algo que depende da ponderação de duas variáveis: da *fisionomia concreta da garantia prestada* (*maxime* das condições da sua exigiblidade) e do *quadro normativo que regula o PER*[420].

[419] Lê-se, aliás, no Preâmbulo do DL nº 79/2017 (como já se lia na Exposição de Motivos do respectivo Projecto) que se pretendeu desenhar "um PER dirigido às empresas, *sem abandonar o formato para as pessoas singulares não titulares de empresa ou comerciantes*" (sublinhados meus).

[420] Cautelas igualmente destacadas por Bertha Parente Esteves, "Da aplicação das normas relativas ao plano de insolvência ao plano de recuperação conducente à revitalização", *II Congresso de Direito da Insolvência*, Almedina, Coimbra, 2014, p. 267-278, p. 276: a resposta a questões como a que tratamos em texto "não poderá ser dada de forma genérica, devendo, ao invés, *ser construída casuisticamente* e *atendendo ao tipo de garantias prestadas*", "tendo sempre

Começando pela primeira variável – a fisionomia concreta da garantia prestada –, convém recordar que, no âmbito restrito do aval (única garantia objecto do presente estudo), grassam diversos malentendidos, os quais já por numerosas vezes tive o ensejo de procurar esclarecer[421], agrupados sob o tão confortável quanto lacónico denominador comum da suposta "autonomia dos títulos de crédito"[422].

Convém distinguir, também aqui, a situação do credor que tem em seu poder uma letra ou livrança *ab initio* preenchida – quer dizer, um título que desde o momento da sua criação[423] ostenta todos os requisitos mencionados nos arts. 1º e 75º da LU, de modo a que cada um dos subscritores (incluindo o avalista) assume, a partir do momento em que assina, uma obrigação cambiária *definida*: o compromisso de pagar uma certa quantia em dinheiro numa data previamente fixada[424]. Nesta hipótese, chegado o *momento do vencimento* fixado no título, aplicam-se os *procedimentos cambiários normais* – apresentação a pagamento ao obrigado principal (aceitante, na letra, ou emitente, na livrança), cuja eventual recusa em pagar moti-

por base o princípio de que o primordial escopo do PER *não será*, como sucede no processo de insolvência, a satisfação do interesse dos credores, *mas sim* a revitalização do devedor" (sublinhados meus).

421 Sobre o regime jurídico do aval prestado sobre um título em branco, cfr. *supra* nº 2.2. Para uma desmontagem crítica dos (alegados) princípios da abstracção, autonomia, incorporação e literalidade, cfr. CAROLINA CUNHA, *Manual de letras e livranças, cit.*, p. 59-118 e, mais desenvolvidamente, *Letras e livranças: paradigmas actuais e recompreensão de um regime, cit.*, p. 371, ss.

422 Assim paradigmaticamente NUNO LOUSA, "Os créditos garantidos e a posição dos garantes nos processos recuperatórios de empresas", *cit.*, p. 167, cujo interessantíssimo estudo sobre a posição dos garantes nos processos de recuperação *desconsidera*, todavia, os casos de prestação de aval por não se afigurarem "de grande complexidade", já que a solução é encontrada com base na referida "autonomia dos títulos de crédito". Na mesma linha de raciocínio, ISABEL MENÉRES CAMPOS, "A posição dos garantes no âmbito de um plano especial de revitalização", Ac. do TRG de 5.12.2013, *Cadernos de Direito Privado*, nº 46, Abril/Junho, 2014, p. 57-67, p. 62 ("considerando os princípios da literalidade, da incorporação, da autonomia e da abstração dos títulos cambiários"); ou ANA RAQUEL RIBEIRO / GONÇALO DELICADO, "Posição dos avalistas em Processo Especial de Revitalização", *AB INSTANTIA*, nº 2, Outubro 2013, p. 273-276, p. 275 e *passim*. Esta é, aliás uma abordagem prevalecente na jurisprudência, como se regista em diversos pontos deste estudo.

423 Sobre o momento da criação do título cambiário e da simultânea constituição da relação jurídica que documenta, ver CAROLINA CUNHA, *Manual de letras e livranças, cit.*, p. 228-231.

424 Sobre a quase omnipresença actual desta modalidade de vencimento nos títulos cambiários que não são emitidos em branco, ver CAROLINA CUNHA, *Manual de letras e livranças, cit.*, p. 33.

vará o protesto do título, munido do qual o credor poderá, por fim, exigir o pagamento ao respectivo avalista[425]. E o avalista não poderá esquivar-se ao pagamento invocando excepções ou meios de defesa provenientes das relações pessoais – *i.e.*, extracartulares – entre o credor e o avalizado. Não por força de uma nebulosa "autonomia dos títulos de crédito", mas em virtude do bem delimitado (e bem sedimentado no nosso ordenamento jurídico) princípio *res inter alios acta*, que impede terceiro (o avalista) de retirar um benefício de uma relação obrigacional que lhe é estranha (a relação extracartular que intercede entre o avalizado e o credor). Este princípio geral é, aliás, manifestado pelo art. 17º LU[426] e corroborado pelo art. 32ºII LU[427].

Nesta situação, portanto – repete-se: sendo o credor portador de uma letra ou livrança que *não foi emitida em branco* –, o exercício do direito cambiário contra o avalista é *insensível às vicissitudes ocorridas no PER*. Não será afectado pela impossibilidade de demandar judicialmente o avalizado, cominada pelo art. 17ºE, 1, CIRE – mas note-se que a norma *não abrange* o exercício extrajudicial dos direitos[428], pelo que a letra ou livrança *deverá* ser regularmente apresentada a pagamento ao devedor em dificuldades (na sua qualidade de obrigado cambiário principal), que poderá entender

[425] Vejam-se os arts. 44º I e IV e art. 53º LU e os arts. 7º, 1, al. c), 14º e 119º a 130º do Código do Notariado, bem como o que dizemos em CAROLINA CUNHA, *Manual de letras e livranças, cit.*, p. 49 e p. 163-164.

[426] Norma cujo conteúdo preceptivo, todavia, não contempla *directamente* a situação do avalista, por haver sido construída para as situações geradas pela *circulação* do título. Na verdade, não só o avalizado não é necessariamente um "*portador anterior*" (e se coincidir, como quase sempre sucede, com o aceitante da letra ou emitente da livrança, nunca foi, *sequer*, "portador" do título), como o que o avalista pretende *não é* prevalecer-se de excepções fundadas nas *suas* relações pessoais com o avalizado, *e sim* prevalecer-se das relações pessoais *do avalizado com o credor* demandante. Mas ambas as dimensões– não ser *prejudicado* ou *beneficiado* por vínculos obrigacionais alheios – estão contidas no referido princípio *res inter alios acta*. Para maiores desenvolvimentos, CAROLINA CUNHA, *Letras e livranças: paradigmas actuais e recompreensão de um regime, cit.*, p. 244, ss.

[427] Norma que, com ressalva das hipóteses de vício de forma, determina que *a obrigação do avalista se mantém* "mesmo no caso de a obrigação que ele garantiu ser nula por qualquer razão". Ora, *se no próprio plano cambiário* a nulidade da obrigação do avalizado não se comunica à vinculação assumida pelo avalista (solução radicalmente divergente da consagrada para a fiança pelo art. 632º, 1 CCiv), *por maioria de razão* não há-de ser possível ao avalista invocar vicissitudes *extracambiárias* atinentes ao avalizado para justificar uma recusa de cumprimento da *sua própria obrigação cambiária*.

[428] Sobre o alcance do art. 17ºE, 1, CIRE, cfr. *infra*, nº 7.1.2.

pagá-la no vencimento[429]. E o direito cambiário, perfeitamente definido desde o momento em que o título foi emitido, *não será atingido pelas alterações* decorrentes da homologação de um plano de recuperação. Essas alterações dizem respeito aos vínculos extracartulares entre o credor e o devedor em dificuldades[430], pelo que permanecem para o avalista uma *res inter alios acta*.

Não assim se estivermos perante uma letra ou livrança que foi *emitida em branco*, pois nessa situação há uma radical diferença ao nível da *fisionomia da garantia* prestada e, consequentemente, nas *condições da sua exigiblidade*[431].

7.1.2. O credor portador de um título cambiário emitido em branco e o *stand still* previsto pelo art. 17ºE, 1, CIRE

O art. 17ºE, 1, CIRE determina que a instauração de um PER[432] *obsta* à propositura de quaisquer *acções para cobrança de dívidas* contra a empresa e que, durante todo o tempo em que perdurarem as negociações, ficam *suspensas*, quanto à empresa, as acções em curso com idêntica finalidade.

Tem-se discutido se a norma apenas abrange acções executivas (junto com diligências executivas e providências cautelares de natureza executiva) ou se também se aplica a acções declarativas[433]. Mas esta discussão

[429] O que não pode, naturalmente, é ser executado com base no título cambiário (veja-se o que dizemos a seguir, nº 7.1.2.).

[430] Pelo que, se acaso o credor, após a homologação do PER, executasse a empresa devedora com base na letra ou livrança, esta já poderia, em oposição à execução, fazer valer em seu benefício as alterações introduzidas pelo plano. Para usar a terminologia convencional, estaria a fazer valer excepções pessoais no domínio das relações imediatas; na construção que prefiro, estaria a fazer valer a excepção de direito material que resulta da convenção executiva supervenientemente alterada pelo plano de recuperação e que, *grosso modo*, impede que o credor logre obter pela via cambiária mais do que aquilo que a que teria direito pela via da relação fundamental (cfr. CAROLINA CUNHA, *Manual de letras e livranças, cit.*, p. 70-75, e *Letras e livranças: paradigmas actuais e recompreensão de um regime, cit.*, p. 267, ss.).

[431] Remeto para o que escrevi *supra*, nº 2.2.

[432] *Rectius: a prolação do despacho de nomeação* do administrador judicial provisório ("a decisão a que se refere o nº 4 do artigo 17ºC" – anterior a alínea a) do nº 3 do artigo 17º-C), que ISABEL ALEXANDRE, "Efeitos processuais da abertura do processo de revitalização", *II Congresso de Direito da Insolvência,* coord. Catarina Serra, Almedina, Coimbra, 2014, p. 235-254, p. 238-241, ss., distingue da *abertura* do processo (que ocorre com a recepção, no tribunal, da comunicação do devedor e de pelo menos um credor). No mesmo sentido, CATARINA SERRA, *O processo especial de revitalização na jurisprudência, cit.*, p. 53.

[433] Sustentando (com extensa fundamentação) que a norma abrange *apenas* as acções executivas para pagamento de quantia certa (e as demais execuções quando se verifique a conversão prevista nos arts. 867º ou 869º CPCiv.), junto com os respectivos procedimentos

não releva no seio do problema que os ocupa, uma vez que as letras e livranças são títulos executivos, logo as correspondentes acções executivas para pagamento de quantia certa estarão inequivocamente dentro do âmbito de aplicação da norma: o credor *não pode mover uma execução contra a empresa devedora* em dificuldades enquanto durar o PER. A questão é outra: será que o avalista de um título emitido em branco beneficia deste efeito de *stand still*, estando por isso o credor *igualmente impedido de o executar*? Vejamos.

7.1.2.1. O efectivo preenchimento do título: necessidade de incumprimento da obrigação fundamental garantida

Convém começar por frisar o óbvio: se o título foi emitido em branco, apenas com as assinaturas do obrigado principal e do respectivo avalista[434],

cautelares antecipatórios, mas com exclusão de todas as outras acções (declarativas, executivas para entrega de coisa certa ou prestação de facto, procedimentos cautelares em geral), divisando na *ratio* da norma a "protecção do devedor durante a fase das negociações", nomeadamente para evitar "que as possibilidades de recuperação da empresa sejam postas em causa", Salazar Casanova / Sequeira Dinis, *O processo especial de revitalização, cit.*, p. 97-103. Em sentido coincidente, Isabel Alexandre, "Efeitos processuais da abertura do processo de revitalização", p. 243-248, considera abrangidas apenas acções executivas para pagamento de quantia certa, certos procedimentos cautelares (como o arresto e o arrolamento), mas não já actos jurídicos extrajudiciais (como o requerimento de despejo); sustentando aplicação do preceito "a todos os processos executivos", na medida em que se pretende evitar que os credores individuais utilizem o património do devedor para sua própria satisfação", Madalena Perestrelo de Oliveira, "O processo especial de revitalização: o novo CIRE", *cit.*, p. 718.

Incluindo no âmbito do preceito também as acções declarativas, A. Soveral Martins, *Um curso de direito da insolvência, cit.*, p. 521-522 ("cobrança não se confunde com recebimento"); João Aveiro Pereira, "A revitalização económica dos devedores", *cit.*, p. 37 (desde que se trate de "acções declarativas para cumprimento de obrigações pecuniárias"); coincidentemente, após extensa análise dos dados legais, bem como do acervo doutrinal e jurisprudencial, Artur Dionísio Oliveira, "Os efeitos processuais do PER e os créditos litigiosos", *III Congresso de Direito da Insolvência*, coord. Catarina Serra, Almedina, Coimbra, 2015, p. 199-228, p. 207-217. Defendendo que a norma abrange, além das acções executivas, também as acções declarativas condenatórias e, inclusive, acções especiais e procedimentos cautelares, Carvalho Fernandes/ João Labareda, *Código da Insolvência, cit.*, p. 164-165, anot. nº 3 ao art. 17ºE, bem como Fátima Reis Silva, *Processo especial de revitalização. Notas práticas e jurisprudência recente, cit.*, p. 53 ("a ideia é proporcionar ao devedor espaço e tempo para se concentrar exclusivamente nas negociações, sem perturbações de defesa, diligências executivas, prazos processuais, etc.").

Sobre algumas consequências práticas da opção, cfr. *infra*, nota 455.

[434] Sobre os requisitos objectivos mínimos do título em branco e sobre a necessidade de as subscrições dos futuros obrigados serem "conscientemente cambiárias", cfr. Carolina

para que o direito cambiário se possa dizer constituído e o título se configure como suporte do seu exercício (judicial ou extrajudicial) é necessário que ocorra o respectivo *preenchimento*. Ora, o preenchimento só será legítimo, isto é, só poderá fundar uma pretensão cambiária exercitável *se se mostrar conforme com o acordo de preenchimento* celebrado aquando da emissão do título[435]; caso contrário, os subscritores em branco (avalizado e avalista) poderão opor-se invocando o art. 10º LU. Como é sabido, o referido acordo faz depender o "se", o "quando" e o "quanto" do preenchimento do título da *ocorrência de um incumprimento na relação fundamental* que a letra ou livrança em branco visam garantir. Portanto, a primeira questão a apurar para decidir se é viável a pretensão do credor em executar o avalista é a da *existência* de um incumprimento na relação fundamental entre esse credor e a empresa avalizada que recorreu ao PER[436].

Aqui, ao contrário do que sucede no contexto do processo de insolvência, *não é possível afirmar que tal incumprimento tipicamente existirá*. Como vimos[437], o art. 91º, 1, CIRE prescreve que a declaração de insolvência opera o vencimento imediato de todas as obrigações do insolvente; nesta medida, a dívida extracartular garantida torna-se exigível e, não ocorrendo o seu pronto pagamento (impossibilitado pelo facto de se tratar de um procedimento concursal que requer o respeito pela tramitação legalmente estabelecida), podemos *tecnicamente* afirmar que estamos perante uma falta de cumprimento.

No âmbito do PER, todavia, *nenhum destes efeitos se produz*. Desde logo, o devedor não perde poderes de administração ou de disposição sobre o

CUNHA, *Manual de letras e livranças, cit.*, p. 168-175 e *Letras e livranças: paradigmas actuais e recompreensão de um regime, cit.*, p. 533, ss..

[435] No qual o avalista frequentemente outorgou. Sobre a aplicação da disciplina do acordo preenchimento ao avalista em branco que formalmente dele não foi parte mas que, ao entregar ao avalizado para que fizesse chegar ao credor o título por si assinado, manifestou a sua vontade de se vincular nos exactos termos que viessem a constar daquele acordo, ver CAROLINA CUNHA, *Manual de letras e livranças, cit.*, p. 188-190 e *Letras e livranças: paradigmas actuais e recompreensão de um regime, cit.*, p. 585, ss..

[436] Sobre esta possibilidade de, ao abrigo do regime estabelecido no art. 10º LU, o avalista se poder prevalecer de vicissitudes atinentes a uma relação fundamental à qual é alheio, pois subscreveu o título ainda em branco e a determinação do conteúdo a inserir na sua própria declaração cambiária é levada a cabo *per relationem*, ver o que dizemos *supra*, 2.2.

[437] Para maior detalhe, cfr *supra*, nº 6.3.1.

seu património[438], pelo que, não obstante as dificuldades que justificaram o recurso ao processo recuperatório, poderá *continuar a (conseguir) cumprir as obrigações* emergentes da relação fundamental garantida pelo título cambiário à medida que se vençam (note-se que o art. 17ºE, 1 CIRE *não impede* o credor de exigir o cumprimento extrajudicial ou voluntário).

7.1.2.2. O recurso ao PER não desencadeia *ipso iure* o vencimento da obrigação garantida

O recurso ao PER também *não desencadeia qualquer vencimento antecipado* das obrigações da empresa devedora. Não me parece defensável a tentativa de aplicar, aqui – *mesmo* "que o devedor continue a *cumprir escrupulosamente*" – o art. 780º, 1, CCiv., com o argumento de que o processo de revitalização gera "uma *situação de risco* que justifica o recurso à tutela preventiva" prevista na norma[439]. O art. 780º, 1, CCiv. permite que, não obstante a existência de um prazo, o credor exija o cumprimento imediato da obrigação em duas situações – *nenhuma delas inerentes ao PER.*

Em primeiro lugar, *o devedor não se encontra em situação de insolvência actual,* ainda que não judicialmente declarada. O *pressuposto legal* do PER é o de que o devedor se encontre numa mera situação de insolvência *iminente* (a insolvência é expectável apenas no futuro, se nada for feito – e *só nesse futuro,* então, a concretizar-se o pior cenário, poderá ter lugar a perda do benefício do prazo) ou numa simples situação económica difícil (e, portanto, *nem sequer* no limiar da insolvência)[440]-[441]. As recentes alterações introdu-

[438] Tirando a necessidade de prévia autorização do administrador judicial para actos de especial relevo, nos quais não me parece estarem incluídos os pagamentos efectuados em cumprimento de obrigações preexistentes (arts. 17ºE, 2, e 161º CIRE).

[439] Isabel Menéres Campos, "A posição dos garantes no âmbito de um plano especial de revitalização", *cit.*, p. 63 e p. 64 (sublinhados meus).

[440] Sobre os conceitos de insolvência iminente e de situação económica difícil, ver, entre vários, Fátima Reis Silva, *Processo especial de revitalização. Notas práticas e jurisprudência recente,* Porto Editora, Porto 2014, p. 19-20; Salazar Casanova / Sequeira Dinis, *O processo especial de revitalização, cit.*, p. 21-24; Catarina Serra, "Revitalização – A designação e o misterioso objecto designado", *cit.*, p. 90-91; António Menezes Cordeiro, "O princípio da boa fé e o dever de renegociação em contextos de 'situação económica difícil'", *II Congresso de Direito da Insolvência,* Almedina, Coimbra, 2014, p. 11-68, p. 64-65; L. M. Menezes Leitão, "A responsabilidade pela abertura indevida do processo especial de revitalização", *II Congresso de Direito da Insolvência,* Almedina, Coimbra, 2014, p. p. 143-151, p. 145-146; Carvalho Fernandes/ João Labareda, *Código da Insolvência, cit.*, p. 145-147, anots. nº 1 a 8 ao art. 17ºB; João Aveiro Pereira, "A revitalização económica dos devedores", *cit.*, p. 34-35.

zidas no CIRE reforçam claramente esta diferenciação, ao exigir, no nº 2 do art. 17ºA, que a empresa devedora apresente declaração subscrita há não mais de 30 dias por contabilista certificado ou por revisor oficial de contas (sempre que a revisão de contas seja legalmente exigida) *atestando que não se encontra em situação de insolvência actual*, à luz dos critérios previstos no artigo 3º CIRE[442].

Aliás, muito antes da consagração do PER no nosso ordenamento jurídico, escrevia ANTUNES VARELA que, com a entrada em vigor do Código Civil de 1966 (alterando o regime do Código anterior, de 1867), *deixou "de ser equiparado*, para este efeito, à insolvência do devedor *o justo receio da insolvência*", pois "a perda do benefício do prazo poderia *precipitar injustamente o afundamento* do devedor em situação económica difícil, mas ainda não de desespero"[443].

Em segundo lugar, também *não se pode afirmar* que a instauração de um PER *provoque* a diminuição das garantias do crédito (ficando por demonstrar que houve específicas garantias prometidas que não vieram, por esse motivo, a ser efectivamente prestadas)[444].

[441] Como bem frisa JANUÁRIO GOMES, "Sobre os poderes dos credores contra os fiadores no âmbito de aplicação do CIRE. Breves notas", *cit.*, p. 339, "conquanto se reconheça que é ténue a fronteira entre a insolvência e a insolvência 'meramente iminente', ela existe juridicamente e, como tal, não pode ser irrelevada". Note-se que com a recente alteração do CIRE (cfr. o que dizemos em texto), tal fronteira foi *decididamente reforçada*, tornando pressuposto *sine qua non* do recurso ao PER que o devedor *certifique não estar em situação de insolvência actual.* Igualmente considerando "inoportuna a equiparação da situação económica difícil ou da situação de insolvência iminente com a situação de insolvência a que se refere o art. 780º", NUNO LOUSA, "Os créditos garantidos e a posição dos garantes nos processos recuperatórios de empresas", *cit.*, p. 161.

[442] Semelhante reforço é igualmente patente na Proposta de Lei relativa ao RERE (cfr. *infra*, nota 461), cuja Exposição de Motivos realça o objectivo de *limitar o acesso ao PER "efetivamente apenas* a empresas em situação económica difícil ou em insolvência iminente", para o que se cria "um regime transitório que, durante um período de 18 meses, permite às empresas em situação de insolvência [actual] recorrer ao RERE".

[443] ANTUNES VARELA, *Das Obrigações em Geral*, vol. II, *cit.*, p. 48, acrescentado que há outros regimes potencialmente aplicáveis à situação – *v.g.*, o arresto dos bens do devedor previsto no art. 619º CCiv..

[444] A norma contempla, na segunda alternativa, o enfraquecimento de *concretas garantias reais ou pessoais de que o crédito seja dotado* (vejam-se os exemplos apresentados por PIRES DE LIMA/ ANTUNES VARELA em *Código Civil Anotado*, vol. II, p. 30-31, anot nº 4 ao art. 780º), e não "a concepção do património do devedor como *garantia comum* dos créditos", como de algum modo parece defender ISABEL MENÉRES CAMPOS, *op. cit.*, p. 64 (sublinhados meus). É certo

Os argumentos da *natureza* do processo de revitalização e da circunstância de a sua instauração importar "a confissão [pelo devedor] das dificuldades económicas" e de isso poder motivar o credor a *considerar* "como muito provável o incumprimento a curto prazo"[445], também me parecem inadequados como justificação para a aplicação (analógica? por interpretação extensiva?) do art. 780º, 1, CCiv., por contrariarem quer a finalidades do processo de revitalização, quer a própria teleologia da norma a aplicar[446]. Na verdade, não só o objectivo fulcral do PER é o de encontrar a melhor forma de *solucionar* as dificuldades económicas "confessadas" como, em qualquer caso, a *fasquia* colocada pelo art. 780º, 1, CCiv. para que se desencadeie uma consequência tão gravosa para o devedor como a perda do benefício do prazo é *bem mais alta* do que uma simples preocupação do credor quanto ao grau de probabilidade de um incumprimento futuro[447]: note-se que a caracterização da *situação* geral de insolvência – actualmente levada a cabo pelo art. 3º, 1, CIRE – implica a constatação da *impossibilidade de cumprir* (neste caso, outras) *obrigações vencidas*.

Finalmente, como já correctamente foi observado, *não existe no âmbito do PER "qualquer razão sistemática* que justifique o vencimento antecipado das dívidas do devedor" – ao contrário do que sucede no processo de insolvência, onde essa consequência é *expressamente* cominada pelo art. 91º CIRE –

que enfraquecimento do património do devedor releva ao abrigo primeira alternativa do preceito, *mas só quando atinja* o patamar da situação de insolvência (ainda que não declarada).

[445] ISABEL MENÉRES CAMPOS, *op. cit.*, p. 64.

[446] E mesmo que assim não fosse, como *contrapeso* do regime do art. 780º, 1, CCiv. nunca poderíamos *esquecer* a cautela preceituada pelo art. 782º CCiv., nos termos da qual "a perda do benefício do prazo *não se estende* aos co-obrigados do devedor, nem a terceiro que a favor do crédito tenha constituído qualquer garantia". Face à obrigação fundamental (aquela de cujo incumprimento se cura), o avalista não será responsável solidário, mas sim garante (cfr. *supra* , nº 2.1); justamente "a perda do beneficio do prazo também não afecta terceiros que tenham garantido o cumprimento da obrigação": quer se trate de garantias pessoais ou reais, qualquer delas "*só pode* ser posta a funcionar *depois* de atingido o momento em que a obrigação *normalmente* se venceria" (assim PIRES DE LIMA/ ANTUNES VARELA, *Código Civil Anotado*, vol. II, p. 33, anot nº 2 ao art. 782º, sublinhados meus). Referindo-se especificamente à imunização do fiador neste contexto, JANUÁRIO GOMES, "Sobre os poderes dos credores contra os fiadores no âmbito de aplicação do CIRE. Breves notas", *cit.*, p. 339-341.

[447] Sobre a conveniência em combater o "pessimismo [dos credores] quanto ao êxito da revitalização" com o "instrumento simples e rápido de aproximação e estímulo à negociação entre as partes" que o PER fornece, cfr. JOÃO AVEIRO PEREIRA, "A revitalização económica dos devedores", *O Direito*, 145º, 2013, I/II, p. 9-50, p. 32.

pois "não existe qualquer utilidade em colocar os credores numa situação equalizada" para efeitos de "concorrerem pelo produto da venda dos bens apreendidos para a massa insolvente"[448].

Diferente, por implicar a actuação da *autonomia privada* num quadro legal não estritamente imperativo, poderá ser a situação caso credor e devedor hajam *convencionado* uma solução diferente – *v.g.*, consagrando o recurso ao PER como específica causa de vencimento antecipado da obrigação fundamental[449]. Na medida em que tal haja sido *validamente pactuado* – o que não é líquido, atendendo sobretudo à moldura normativa que espartilha a utilização de c.c.g. –, aí sim, a particular obrigação atingida vencer-se-á com a instauração do processo especial de revitalização, não por força da lei, mas sim da configuração que os interessados entenderam dar-lhe.

No âmbito do problema que nos ocupa, poder-se-á ainda perguntar se é possível o *acordo de preenchimento* conter uma *específica previsão* determinando que o recurso ao PER pelo devedor principal avalizado *autoriza imediatamente* o credor a preencher o título cambiário. Semelhante estipulação parece-me *equivaler* no seu efeito útil (e, por isso, também obliquamente no seu conteúdo) à anteriormente referida previsão de vencimento antecipado, aplicando-se iguais cuidados à aferição da sua validade[450].

Em suma e em todo o caso, *não ocorrendo o incumprimento e, antes dele, o vencimento* (natural ou válida e contratualmente antecipado[451]) da obriga-

[448] Assim Nuno Lousa, "Os créditos garantidos e a posição dos garantes nos processos recuperatórios de empresas", *cit.*, p. 161 (sublinhados meus). Em sentido semelhante, Januário Gomes, "Sobre os poderes dos credores contra os fiadores no âmbito de aplicação do CIRE. Breves notas", *cit.*, p. 339: "não vemos que, tratando-se de dívidas não vencidas, a apresentação ao PER – ou mesmo a eventual aprovação e homologação do plano – tenham o condão de, *ipso iure*, dar a essa dívida um efeito que, em substância, acaba por ficar alinhado com a declaração de insolvência e com o regime do ar 91/1 CIRE".

[449] Assim Isabel Menéres Campos, *op. cit.*, p. 63, advertindo, todavia, que "na maior parte dos casos – e porque o processo de revitalização é um procedimento recente –, tal poderá não estar contratualmente previsto". Com a maturidade e popularidade atingida pelo PER no momento actual, é previsível que esta omissão contratual esteja em vias de decisiva reversão.

[450] No que toca a estes cuidados, veja-se o que diz Januário Gomes, "Sobre os poderes dos credores contra os fiadores no âmbito de aplicação do CIRE. Breves notas", *cit.*, p. 339, nota 107, quanto ao lugar-paralelo do afastamento convencional da imunidade conferida pelo art. 782º CCiv. ao fiador.

[451] Se a cláusula for inválida os seus efeitos não se produzem, pelo que a obrigação não se poderá considerar vencida nem, subsequentemente, incumprida, e um eventual preenchimento do título deverá reputar-se abusivo.

ção garantida, o preenchimento do título cambiário será abusivo em face do art. 10º LU, pelo que a pretensão (extrajudicial ou judicial) do credor contra o avalista poderá ser afastada nos termos gerais[452].

7.1.2.3. Pode o avalista ser executado com base num título regularmente preenchido enquanto decorre o PER do avalizado?

Com o que chegamos ao ponto nevrálgico da questão: *quid iuris* se a obrigação fundamental venceu e não foi cumprida pelo devedor, justificando o preenchimento do título cambiário pelo credor? Poderá o avalista beneficiar do *stand still* estabelecido pelo art. 17ºE, 1, CIRE, ficando o credor impedido de o executar enquanto durar o PER?

O *elemento literal* da norma depõe contra o alargamento da sua aplicação ao avalista, na medida em que claramente se refere à instauração (ou prosseguimento) de acções de cobrança de dívidas *contra o devedor*[453].

E a *ratio* geralmente apontada ao art. 17ºE, 1, CIRE parece corroborar esta conclusão. Está em causa uma ideia de *trégua processual*, ou seja, de uma "paragem na litigância" que envolve o devedor em recuperação[454], fomentando a *estabilidade* susceptível de propiciar "o ambiente ideal para a realização das negociações e a obtenção de acordos com os credores"[455]. Ora, semelhante posição de eixo ou epicentro do processo de negociações

[452] Cfr. o que dissemos *supra*, nº 2.2.

[453] Como também frisa Catarina Serra, *O processo especial de revitalização na jurisprudência*, *cit.*, p. 55. Já Januário Gomes, "Sobre os poderes dos credores contra os fiadores no âmbito de aplicação do CIRE. Breves notas", *cit.*, p. 335, equaciona a possibilidade de o fiador, "pela via da acessoriedade", beneficiar também do *stand still*.

[454] João Aveiro Pereira, "A revitalização económica dos devedores", *cit.*, p. 37

[455] Catarina Serra, "Tópicos para uma discussão sobre o processo especial de revitalização (com ilustrações jurisprudenciais), *AB Instantia*, nº 4 (2014), p. 53-109, p. 63. A partir deste núcleo teleológico consensual, prossegue a Autora (p. 73-75, sublinhados meus) há depois quem *minimize* o alcance do art. 17ºE, 1 às acções com indiscutíveis efeitos patrimoniais (*i.e.*, acções executivas e até mesmo só execuções para pagamento de quantia certa), filtrando o escopo da norma através de uma ideia de que "está somente em causa *preservar o património* do devedor dos ataques dos credores e mantê-los equidistantes" (como advoga Madalena Perestrelo de Oliveira, "O processo especial de revitalização: o novo CIRE", *cit.*, p. 718-179, considerando, inclusive, que esta medida também se destina a *proteger os credores*, evitando "o dilema de cada credor não confiar que os outros não intentem individualmente uma acção executiva") e quem *alargue* a aplicação da norma às acções declarativas (com reflexos patrimoniais), na medida em que *também* são susceptíveis de causar ao devedor a instabilidade que se pretende evitar. Para uma resenha doutrinal de ambas as posições, ver *supra*, nota 433.

parece *privativa da empresa que recorre ao PER*, não se podendo por isso dizer, sem mais, que os seus garantes requeiram idêntica imperturbabilidade ou suspensão de litígios[456].

Claro que *se*, do ponto de vista jurídico-formal, a *clivagem* entre a situação da empresa em negociações e a dos seus garantes é perfeitamente definida, com frequência a prática se encarrega de *esbater as fronteiras* empírico-materiais. Refiro-me, naturalmente, à situação dos *sócios-gerentes que garantiram* – quantas vezes através de um aval aposto sobre uma letra ou livrança em branco – *dívidas da sociedade que requereu o PER*[457]. Sendo eles *quem efectivamente se senta à mesa das negociações*, em representação da sociedade, facilmente se percebe da conveniência em *lhes alargar* a estabilidade propiciadora da obtenção de resultados positivos. Isto é, verifica-se alguma margem para *equacionar* uma extensão teleológica do regime do *stand still*, pelo menos se da teleologia em causa se perfilhar um entendimento que sobreponha o evitar da instabilidade à ideia de preservação do património. Mas trata-se de um exercício difícil, sobretudo em face da evolução legislativa dos últimos anos[458].

Na verdade, até 2015 *nenhum* dos mecanismos de recuperação extrajudicial de devedores – *i.e.*, nem o PER, nem o SIREVE – tutelava *especificamente* a posição dos respectivos garantes (referimo-nos, claro, àqueles garantes

[456] Sustentando igualmente, no quadro de uma execução movida contra avalista e avalizado, que o primeiro não pode invocar a suspensão da execução que a instauração de um PER determina para o segundo, RP 30-05-2016. Os argumentos do Tribunal, contudo, não coincidem com os que mobilizamos em texto, apoiando-se, ao invés, na "autonomia das obrigações cartulares assumidas pelos embargantes/executados para com a exequente, através dos avales prestados [que] implica que tais obrigações permaneçam intocáveis" e (o que me parece um pouco extemporâneo) no art. 217º, 4 CIRE. Também o acórdão da RE de 15-11-2016 afirma que "protecção que decorre do artigo 17º-E do CIRE tem como destinatário e beneficiário exclusivo a pessoa do devedor insolvente" (embora não esteja em causa qualquer problema relativo à suspensão da execução contra o avalista; o Tribunal utiliza a norma como apoio interpretativo para negar aos avalistas a invocação da moratória e redução da dívida fundamental aprovada em plano de revitalização do avalizado, por considerar "não serem partes ou sujeitos *processuais* interessados").

[457] Segundo Catarina Serra, *O processo especial de revitalização na jurisprudência, cit.*, p. 57, tal corresponde à "grande maioria das situações".

[458] Embora haja quem, partindo de uma extensa análise da *praxis*, apele à *reflexão sobre a necessidade* de "avalistas e fiadores não pode[re]m ser 'atacados' na pendência do PER" – assim Reinaldo Mâncio da Costa, "Os requisitos do plano de recuperação", *III Congresso de Direito da Insolvência*, coord. Catarina Serra, Almedina, Coimbra, 2015, p. 229-278, p. 278.

que já o fossem à data da instauração daqueles procedimentos). Com o DL nº 26/2015, de 6 de Fevereiro, o legislador introduziu uma *importante inovação na disciplina jurídica pré-insolvencial* do SIREVE: estendeu aos garantes da empresa, relativamente às operações por eles garantidas, o benefício do *stand still*. A redação do art. 12º, 2, do diploma que regula o SIREVE impedia que *também contra os garantes* se instaurassem (ou prosseguissem) acções executivas para pagamento de quantia certa (ou de outras acções destinadas a exigir o cumprimento de obrigações pecuniárias), a partir do momento do despacho de aceitação.

Mas, como bem já foi apontado[459], a inactividade do legislador em sede de PER não só prestou um mau serviço à desejável uniformização da disciplina pré-insolvência, como dificultou ainda mais a interpretação do art. 17ºE, 1, CIRE no sentido de estender aos garantes o benefício do *stand still*. Se o legislador de 2015 decidiu *nada alterar no regime do PER*, pode argumentar-se, foi porque não sentiu necessidade de o fazer: ficou doravante mais claro que apenas ao devedor, único beneficiário expressamente mencionado na norma, seria aplicável o impedimento ou a suspensão das acções de cobrança de dívidas. Ao que acrescia outro argumento, um pouco mais substancial: os credores da empresa em dificuldades apenas seriam afectados pelo *stand still* caso decidissem participar no SIREVE; já se comunicassem ao IAPMEI que não pretendiam fazê-lo, podiam, a partir desse momento, *demandar livremente* o devedor e os seus garantes (art. 12º, 3, al. b) do diploma). Ou seja, o *stand still* previsto no SIREVE *não constituía uma inevitabilidade* – como no PER, onde atinge todos os credores, decidam ou não participar nas negociações. Pelo que também se pode argumentar que a extensão do benefício em causa aos garantes não era tão penalizadora no contexto de um mecanismo que reservava tão importante defesa aos credores "prejudicados"[460].

Contra este pano de fundo de alguma discrepância e bastante oscilação na disciplina pré-insolvencial, pretende agora o legislador de 2017 extinguir o SIREVE e criar o RERE (Regime Extrajudicial de Recuperação de

[459] Por CATARINA SERRA, *O processo especial de revitalização na jurisprudência, cit.*, p. 56-57.

[460] Aliás, como observa CATARINA SERRA, *O processo especial de revitalização na jurisprudência, cit.*, p. 57, se é (era) previsível um renovado interesse pelo SIREVE por parte dos sócios-gerentes que hajam prestado garantias à empresa, é (era) simetricamente expectável uma "redução drástica do interesse" do SIREVE para os credores que beneficiem dessas mesmas garantias.

Empresas), o que virá retirar algum peso (mas não valor histórico) à argumentação que acabamos de expor[461].

De todo modo, subsiste também aqui, como válvula de escape do sistema, *o exercício da liberdade contratual* por credores e garantes. Dentro do núcleo problemático objecto deste estudo e na perspectiva de um hipotético PER do devedor avalizado, parece-me *acessível à autonomia privada* – e unicamente dependente do poder negocial dos envolvidos, sobre o pano de fundo das particulares circunstâncias do caso – o alargamento do *stand still* aos avalistas de um título em branco. Basta que o acordo de preenchimento contenha uma *previsão* nesse sentido. E, sendo amiúde o aval prestado pelos sócios-gerentes, os mesmos que em representação da sociedade avalizada *negoceiam* o contrato garantido pelo título, estarão estes numa posição propícia para tentar a (difícil, mas não impossível) salvaguarda dos seus interesses – e reflexamente, dos interesses da empresa devedora.

7.1.3. O credor portador de um título cambiário emitido em branco e a homologação de um plano de recuperação que altera o direito emergente da relação fundamental

Como é sabido, o objectivo último do PER é alcançar um acordo que possibilite a revitalização do devedor – o chamado *plano de recuperação.* É frequente que esse plano *introduza alterações nos créditos* de modo a suavizar a posição debitória, sobretudo através de moratórias ou de perdões parciais. Se um tal plano vier a ser homologado por decisão judicial, pergunta-se: *pode* o credor por ele afectado *continuar a exigir do avalista o pagamento nos termos originários, i.e.*, aquando do vencimento inicialmente fixado e pelo valor integral da dívida?

De novo, teremos que ponderar as *duas variáveis* já nossas conhecidas: *a fisionomia concreta da garantia prestada e o quadro normativo que regula o PER*[462].

Se se tratar de uma *letra ou livrança* ab initio *preenchida*, a resposta dificilmente poderá deixar de ser positiva. Repare-se: o credor terá recla-

[461] O processo legislativo ainda está, todavia, em curso: a Proposta de Lei relativa ao RERE foi aprovada no Conselho de Ministros de 18 de Maio de 2017 e a sua discussão na Assembleia da República iniciou-se no dia 23 de Junho de 2017, tendo baixado sem votação à Comissão Parlamentar respectiva por um prazo de 60 dias. Em todo o caso, o actual art. 12º da Proposta de Lei apenas prevê "a imediata suspensão dos processos executivos que respeitem a *créditos incluídos* no acordo de reestruturação" e que hajam sido "instaurados *contra o devedor* por entidade que seja parte no acordo de reestruturação".

[462] Cfr o que dissemos *supra*, nº 7.1.1.

mado, no PER, tipicamente o *crédito fundamental* que a letra ou livrança pretende garantir (*v.g.*, o emergente de uma venda de bens à empresa em dificuldades). Esse terá sido o crédito *modificado* pelo plano de recuperação. Já *o crédito cambiário*, desde a origem inteiramente configurado e inscrito no título, terá permanecido *incólume*: além de os negócios cambiários serem, por lei, *incondicionáveis*[463], as alterações ao texto de uma letra ou livrança estão sujeitas ao (chamado) regime da *falsificação*, previsto no art. 69º LU[464]-[465].

Assim, se o credor, após a homologação do plano de recuperação, pretender utilizar a letra ou livrança para demandar, nos termos originários, *o devedor principal*– *i.e.*, o sujeito que recorreu ao PER – este pode *recusar-se a cumprir* o direito cartular invocando o conteúdo do plano, ao qual o credor se encontra vinculado (art. 17ºF, 10 CIRE). Estaremos perante uma *excepção pessoal*, invocável no plano das *relações imediatas* (art. 17º LU, *a contrario*) como forma de obstar ao exercício do direito cambiário[466].

[463] Sobre a *incondicionabilidade* dos negócios jurídicos cambiários, consagrada em diversas normas da Lei Uniforme, ver Carolina Cunha, *Manual de letras e livranças, cit.*, p. 28-29.

[464] Ou seja, *mesmo* que se levasse o título ao PER e se alterasse, por hipótese, a data de vencimento e o montante em dívida, de acordo com o art. 69º LU, quem houvesse assinado o título *antes* da alteração do texto (no nosso caso, todos os signatários) *permaneceria obrigado nos termos do texto original.*

[465] Mas já seria viável inserir no plano de recuperação uma *convenção relativa ao exercício do direito cartular* entre o credor cambiário afectado e aquele concreto devedor, a qual recolhesse os termos das alterações acordadas (moratórias, perdões parciais) e por eles *configurasse o futuro eventual exercício da pretensão cambiária entre ambos*. Sobre estes pactos extracartulares, veja-se o que dizemos em Carolina Cunha, *Manual de letras e livranças, cit.*, p. 110-111. Note-se que esta solução pode ser única disponível para a hipótese em que um avalista, que já pagou ao primitivo credor, se apresenta ele próprio no PER como credor *cambiário* do avalizado, reclamando, portanto, um credito cartular (o direito de regresso).

[466] Veja-se o que dizemos em Carolina Cunha, *Manual de letras e livranças, cit.*, p. 68, ss., sobre o reconhecimento de semelhante faculdade, baseada na interpretação da *convenção executiva* – convenção da qual normalmente decorre o carácter *instrumental* da pretensão cambiária em face da pretensão fundamental e, consequentemente, a *inadmissibilidade* de, perante o devedor a quem está ligado por tal convenção, o credor utilizar a via cambiária para *obter algo a que não teria direito no plano da relação fundamental*. A particularidade, aqui, reside unicamente no facto de a relação fundamental garantida pelo título ter sofrido uma modificação *superveniente* por força da homologação do PER, mas nada impede que as *excepções pessoais* relevantes *sobrevenham* ao nascimento do título.

Já se demandar o avalista do título *ab initio* preenchido, à partida[467] este terá de cumprir nos termos cartularmente estabelecidos, sem poder opôr excepções (decorrentes das alterações introduzidas pelo PER) que se apresentam, para si, como *res inter alios acta*[468].

Não obstante a generalizada indiferença da jurisprudência à diversidade da moldura normativa aplicável, o quadro que acabamos de traçar muda drasticamente se nos encontrarmos perante uma letra ou livrança emitida em branco[469]. E, mesmo no seio desta hipótese, é necessário distinguir consoante, *no momento em que o PER foi homologado, já se havia ou não tornado operativa a função principal da garantia*[470] *prestada através do aval em branco.*

7.1.3.1. Incumprimento da obrigação fundamental antes da homologação do plano de recuperação: verificação do risco garantido

Se *antes da homologação* do plano de recuperação o credor já preencheu regularmente o título e exigiu o seu pagamento ao avalista, *não me parece que o direito cambiário possa ser afectado.*

Tivemos oportunidade de analisar em que condições, *durante a fase de negociações do PER*[471], o credor será admitido a exercer o direito cambiário contra avalista que subscreveu em branco[472]. Concluímos que *só* no caso

[467] A ressalva prende-se com a possibilidade de *o credor e o avalista* haverem estabelecido, por acordo *ad hoc,* que o segundo poderia opor ao primeiro meios de defesa do avalizado – caso em que também eles (credor e avalista) se podem dizer ligados por *relações imediatas* e o avalista estará, afinal a invocar um meio de defesa próprio (porque por si especificamente contratualizado).

[468] Veja-se a justificação que desenvolvemos *supra*, nº 7.1.1.

[469] Como já salientei em diversos pontos deste estudo, é comum a invocação de alegados princípios cambiários como a autonomia, a abstração, a literalidade ou a incorporação, bem como do regime consagrado no art. 32ºII LU, para sustentar a invulnerabilidade da obrigação cambiária do avalista às vicissitudes relacionadas com a relação fundamental entre o avalizado e o credor, ignorando em absoluto o art. 10º LU e as consequências decorrentes da sua aplicação.
Recorrendo a este "argumento cambiário" no PER, para fundar a impossibilidade de o avalista invocar moratórias, perdões ou outras alterações que o plano de revitalização homologado venha a introduzir na relação fundamental, cfr., entre muitos, RL 04-06-2015; RG 14-04-2016; RE 15-11-2016; RC 23-05-2017; RE 02-10-2016; ou STJ 04-05-2017.

[470] Tomamos de empréstimo a sugestiva e útil expressão de NUNO LOUSA, "Os créditos garantidos e a posição dos garantes nos processos recuperatórios de empresas", *cit.*, p. 166-167.

[471] Claro que a conjuntura que descrevo em texto (vencimento seguido de incumprimento) também pode estar verificada *antes mesmo* da instauração de um PER.

[472] Cfr. *supra* , nºs 7.1.2.1 e 7.1.2.2.

de ter ocorrido, primeiro, o *vencimento* da obrigação garantida pelo título em branco (a emergente da relação fundamental o credor e o sujeito que recorreu ao PER) e, depois, o seu *incumprimento* pela empresa em dificuldades (a quem o credor não está impedido de solicitar *extrajudicialmente* o cumprimento pelo art. 17ºE, 1 CIRE e a quem não está também vedada a opção de *cumprir voluntariamente* as obrigações que se forem vencendo durante as negociações), estará o credor *legitimado a preencher* o título cambiário em branco. Porque *só então* se pode dizer verificado *o risco* que, nos termos do acordo de preenchimento, a letra ou livrança emitida em branco se destinava a garantir: o incumprimento daquela relação fundamental.

Com o preenchimento regular do título, constitui-se na esfera jurídica do credor o direito cambiário, *dotado de uma configuração precisa* – nomeadamente no que toca ao valor a pagar e aos prazos desse pagamento. As alterações que ao crédito fundamental garantido venham a ser *posteriormente* introduzidas pelo plano de recuperação não têm (na ausência, claro, de explícita previsão do acordo de preenchimento nesse sentido[473]) como se repercutir no plano cambiário. O risco garantido *verificou-se e desencadeou* a regular constituição do direito cartular destinado a fazer-lhe face.

Claro que esta sequência pode conhecer um *hiato relevante*, a saber: apesar de o incumprimento da obrigação fundamental garantida ter ocorrido *antes* da homologação do plano, o preenchimento do título pode apenas ter tido lugar *depois* dessa mesma homologação[474]. Verificada a falta de cumprimento, o credor tem *alguma margem temporal* no que toca ao preenchimento do título cambiário, embora não uma discricionariedade total. Está, desde logo, tolhido pelo *prazo de prescrição cambiári*a – que para os títulos em branco deve começar a contar-se do momento do referido incumprimento, que é afinal o momento a partir do qual se pode dizer que, atendendo à *ratio* do instituto da prescrição, o direito cambiário se torna exercitável[475].

[473] Mais uma vez, a autonomia privada é soberana no âmbito de direitos disponíveis e não havendo normas imperativas a respeitar: pode o avalista ressalvar, no acordo de preenchimento com o credor, a oponibilidade das modificações introduzidas por um eventual plano homologado em PER.

[474] Sendo que *o preenchimento do título* é algo de cuja ocorrência os obrigados cambiários só poderão ter a certeza *quando forem instados* (judicial ou extrajudicialmente) *a pagar* mediante exibição da letra ou livrança devidamente preenchida, enquanto que o incumprimento da obrigação fundamental é, à partida, mais fácil de localizar no tempo.

[475] Ver Carolina Cunha, *Manual de letras e livranças, cit.*, p. 200-206. Se o credor persistir em preencher e/ou accionar o título *para lá* do limite da prescrição (*v.g.*, indicando uma data

Mas não se esqueça que, desde 2017, vale para o PER uma regra de suspensão da prescrição idêntica à que vigora para o processo de insolvência – cfr. o novo nº 7 do art. 17ºE[476].

Ainda assim, mesmo respeitado o prazo prescricional, as particulares circunstâncias de cada caso podem tornar um preenchimento retardado *contrário à boa fé* – porquanto também o credor, no exercício dos seus direitos e faculdades, deve observar os seus ditames (art. 762º, 2 CCiv.)[477].

Sem embargo destas *nuances*, para o problema que nos ocupa o essencial é que o incumprimento da obrigação fundamental – *i.e.*, a concretização do risco garantido que legitima o credor a preencher o título – tenha ocorrido *antes da homologação* do plano de recuperação.

7.1.3.2. Homologação do plano de recuperação sem incumprimento da obrigação fundamental: não-verificação do risco garantido (paralelo com a vulgar renegociação de dívida)

Caso o devedor em dificuldades (e apesar delas) *não haja incorrido em incumprimento* da obrigação fundamental garantida pela letra ou livrança em branco (porque ainda não se venceu, ou porque – sobretudo no caso de prestações periódicas – o devedor voluntariamente realizou os pagamentos), a homologação de um plano de recuperação terá consequências bem diferentes.

Vamos supor que o plano implica o perdão parcial da quantia objecto da obrigação garantida, bem como uma moratória que remete o respectivo vencimento para lá da data originariamente fixada. Perante a (óbvia e natural) falta de pagamento do valor inicial (subsequentemente dimi-

de vencimento posterior), incorre em preenchimento abusivo e culposo nos termos do art. 10º LU e, por referência à data de vencimento correcta, o direito cambiário deve considerar-se prescrito.

[476] Norma nos termos da qual "a decisão a que se refere o nº 4 do artigo 17º-C" – ou seja, o despacho de nomeação de administrador judicial provisório – determina "a *suspensão de todos os prazos de prescrição e de caducidade oponíveis pela empresa*, durante todo o tempo em que perdurarem as negociações e até à prolação dos despachos de homologação, de não homologação, caso não seja aprovado plano de recuperação até ao apuramento do resultado da votação ou até ao encerramento das negociações nos termos previstos nos nºs 1 e 5 do artigo 17º-G".

[477] E o próprio subscritor em branco, uma vez verificado o facto que dá azo ao preenchimento, pode notificar o credor para que a ele proceda, assim fazendo cessar a incerteza que rodeia aquela situação jurídica. Sobre estas questões, particularmente relevantes no contexto do problema de que tratamos, cfr. CAROLINA CUNHA, *Manual de letras e livranças, cit.*, p. 206-207.

nuido) da dívida pela empresa, alcançado que venha a ser o momento do primitivo (e alterado) vencimento, pode o credor alegar que há incumprimento e preencher o título para assim demandar o avalista?

Não me parece: tal equivaleria a uma *ficção* desprovida de sentido, que claramente "*desvirtuaria a função da garantia*"[478] prestada. A verdade é que nunca chegou a ocorrer o facto que justificaria o preenchimento: a obrigação fundamental garantida não chegou a ser incumprida. O *risco assegurado* pelo avalista, na sua qualidade de subscritor do título em branco e de outorgante no (e/ou vinculado pelo) acordo de preenchimento, pura e simplesmente *não se verificou.*

Contrariamente ao que sucede com o plano de insolvência[479], a homologação de um plano de recuperação em PER permite-nos traçar um *evidente paralelo com as vulgares situações de renegociação da dívida fundamental* por acordo entre credor e devedor[480]. Como vimos[481], sempre que a alteração convencional do montante da dívida fundamental e/ou dos prazos do seu cumprimento conduza a *suavizar* a posição debitória, é correcto sustentar que se deu uma *modificação tácita do acordo preenchimento* (art. 217º CCiv.) com efeitos sobre a posição jurídica do avalista em branco. Recorrendo à interpretação e, sobretudo, à integração do acordo de preenchimento (arts. 236º e 239º CCiv.)[482], é de concluir que *os novos termos da relação fundamental,* tal como foi renegociada, se vão *substituir* ao consenso originário enquanto *parâmetro de aferição* da existência de (in)cumprimento. Portanto, doravante o credor apenas fica legitimado a demandar o avalista, preen-

[478] Como observa Nuno Lousa, "Os créditos garantidos e a posição dos garantes nos processos recuperatórios", *cit.*, p. 166, justificando: "o devedor nunca incumpriu com a sua obrigação", pelo que "não faria sentido ficcionar tal incumprimento para dessa forma responsabilizar o garante pelo incumprimento da obrigação tal como ela previamente se encontrava configurada". É certo que o Autor (p. 167) parece excluir o aval desta pertinente construção, mas estou em crer (como tive oportunidade de esclarecer *supra,* nº 7.1.1) que tal se deve a uma apressada equiparação entre o aval prestado sobre um título completo e aquele que é aposto num título cambiário em branco.

[479] Veja-se o que se disse *supra,* nº 6.3.3.

[480] Aliás, como observa João Aveiro Pereira, "A revitalização económica dos devedores", *cit..*, p. 29, o acordo conducente à revitalização "não difere muito de um comum acordo de reestruturação de dívida".

[481] Remeto para o que escrevi *supra,* nº 6.3.2.

[482] Remeto novamente para o que deixei escrito *supra,* nos nºs 6.3.2 e 6.3.3.

chendo o título, caso venha a ocorrer um *incumprimento nos* (qualitativa e quantitativamente mitigados) *termos da relação fundamental reconfigurada*[483].

Este raciocínio faz todo o sentido quando aplicado à alteração de obrigações do devedor em dificuldades operada por plano de recuperação homologado em PER – desde que, como sublinhei, se trate de obrigações que até então *estivessem a ser cumpridas*[484].

7.1.3.3. Reforço da solução defendida pelo relevo das diferenças entre o plano de revitalização e o plano de insolvência

A circunstância de a obrigação alvo de reestruturação estar, até então, *a ser cumprida*, constitui a primeira e crucial diferença entre a situação que analisamos e a que se verifica no contexto de um plano de insolvência, onde tipicamente já se produziu o vencimento (art. 91º, 1 CIRE) e subsequente ausência de cumprimento dessa obrigação garantida pela letra ou livrança em branco.

A segunda diferença, igualmente importante, diz respeito à *natureza do plano de recuperação* aprovado em PER- chamemos-lhe, para evitar equívocos, plano de revitalização[485] – no confronto com o plano de insolvência. São inegavelmente muitas, e profusamente assinaladas na doutrina e na

[483] Para uma aplicação de raciocínio coincidente, ver STJ 03-05-2016: "tendo o factor, por sua exclusiva iniciativa, remitido, perante o devedor, parte da dívida deste ao aderente, não pode aquele, em caso de devolução, ao aderente, do crédito por este cedido, exigir do avalista garante da responsabilidade do aderente, o montante correspondente àquela remissão". Desconsiderando as vicissitudes inerentes à relação instituída pelo contrato de *factoring* – que aliás não se repercutem de modo demasiado relevante na questão que abordamos –, o que aqui claramente avulta é o *modo como a reestruturação da dívida fundamental* (através da remissão parcial concedida pelo factor a um dos devedores do aderente) *vai acabar por alterar a dimensão da responsabilidade do avalista* (sujeito que garantiu as responsabilidades que do contrato de *factoring* viessem a emergir para o aderente, nas quais acabou por vir a ser incluído o crédito parcialmente remitido dado não haver sido cobrado).

[484] Aplicando um raciocínio coincidente às situações em que, no âmbito do PER "a prestação nunca se venceu e em que, portanto, o devedor nunca incumpriu com a sua obrigação", Nuno Lousa, "Os créditos garantidos e a posição dos garantes nos processos recuperatórios", *cit.*, p. 166.

[485] Até porque o próprio legislador de 2017 consagra (pela primeira vez explicitamente) a designação abreviada *"plano de revitalização"*, no nº 1 do art. 17ºF. Os equívocos a que nos referimos em texto podem ser suscitados pela *coincidência terminológica* entre a (igualmente utilizada) designação do plano "conducente à revitalização da empresa" aprovado em PER (cfr. a epígrafe do art. 17ºF CIRE) e do plano de insolvência "que se destine a prover à recuperação do devedor" (art. 192º, 3 CIRE): *ambos são denominados pela lei "plano de recuperação"*.

jurisprudência[486], as *semelhanças* entre ambos os instrumentos. Mas uma genérica aproximação não nos deve impedir de sublinhar devidamente as não menos inegáveis *dissemelhanças*[487] e, sobretudo, de delas retirar as devidas consequências.

Ora, um dos pontos fulcrais da discrepância entre os dois planos reside no *relevo da vontade e da participação activa da empresa devedora*[488]. No âmbito do plano de insolvência, o *input* do devedor reduz-se à (meramente eventual) apresentação de uma proposta de plano (art. 193º, 1 CIRE), à emissão de parecer sobre um plano efectivamente apresentado (art. 208º CIRE) e à simples participação (sem direito de voto) na assembleia em que o conteúdo e aprovação do plano se discuta (art. 72º, 5 CIRE). Os credores, por seu turno, além de também poderem apresentar concretas propostas (nos termos do art. 193º, 1 CIRE) ou encarregar o administrador da insolvência de o fazer (arts. 156º, 3 e 193º, 2), são soberanos quanto à própria opção por um plano de insolvência (em alternativa à liquidação – arts. 1º, 1 e 192º, 1, CIRE) , bem como quanto ao respectivo conteúdo e aprovação (cfr., nomeadamente, os arts. 192º, 1, 195º e 209º, 1 CIRE).

[486] Assim, assinala (entre vários autores) CATARINA SERRA, "Tópicos para uma discussão sobre o processo especial de revitalização", *cit.*, p. 56, a "indiscutível proximidade entre os processos", por "serem ambos formas de resolução da crise económica das empresas" e "estarem regulados no mesmo diploma".

[487] Também devidamente registadas pela doutrina: "o PER não é, de facto, susceptível de recondução ou ordenação ao processo de insolvência", pois "destina-se, desde logo, à realização de finalidades distintas", já que visa, precisamente, "evitar a insolvência" – CATARINA SERRA, "Tópicos para uma discussão sobre o processo especial de revitalização", *cit.*, p. 57; assinalam-se diferenças nomeadamente quanto à finalidade admissível (no PER, exclusivamente a recuperação do devedor) e à iniciativa (no PER, exclusivamente do devedor) – FÁTIMA REIS SILVA, "Paralelismos e diferenças entre o PER e o processo de insolvência", *cit.*, p. 138; realça-se a diferença entre o principal escopo do plano de insolvência, que "é a defesa do interesse dos credores da entidade insolvente", e o primordial propósito dos planos de recuperação das entidades revitalizandas, que "é a respectiva recuperação económico-financeira e a consequente manutenção em actividade" – BERTHA PARENTE ESTEVES, "Da aplicação das normas relativas ao plano de insolvência ao plano de recuperação conducente à revitalização", *cit.*, p. 277.

[488] Erigindo a *voluntariedade* em "característica processual" do PER e registando que (também) se manifesta "ao nível dos poderes do devedor", CATARINA SERRA, "Tópicos para uma discussão sobre o processo especial de revitalização", *cit.*, p. 61-62; salientando a "iniciativa do devedor", porque "a ele, e apenas a ele, cabe o desencadear deste específico procedimento, com exclusão de todos os demais legitimados para pedir a sua declaração de insolvência", FÁTIMA REIS SILVA, *Processo especial de revitalização. Notas práticas e jurisprudência recente*, *cit.*, p. 16.

Não assim no âmbito de um plano de revitalização. Desde logo, o recurso ao PER arranca da *manifestação de vontade* do próprio devedor, ainda que necessariamente acompanhada da declaração concordante de credor (art. 17ºC, 1 CIRE[489]). Depois, o devedor é *parte activa nas negociações* estabelecidas com os seus credores (arts. 17ºA, 1 e 17ºD, 8 CIRE), as quais têm como objectivo concluir o acordo conducente à sua revitalização. Aliás, a nova al c) do art. 17ºC, 3 exige que, logo ao apresentar-se ao PER, a empresa devedora *remeta ao tribunal uma proposta de plano de revitalização*. E, ainda nos termos da nova redacção, *depende unicamente da vontade da empresa devedora* introduzir ou não, na *versão final* do plano já publicada no portal Citius (art. 17ºF, 2), as *modificações* que lhe permitam ultrapassar as objecções entretanto levantadas por algum credor e susceptíveis de levar à não homologação. Por último, se é certo que o devedor não tem direito de voto em sede de aprovação do plano (art. 17ºF, 5 e 6 CIRE), é-lhe na prática atribuído um *fundamental direito de veto* pelo art. 17ºG, 1 CIRE): caso discorde radicalmente da proposta de plano que vai ser submetida a votação, e não logre convencer a maioria dos credores a alterar os seus termos, pode o devedor isoladamente *dar por encerrado* o processo negocial *sem a aprovação* de qualquer plano[490]. O exercício de faculdade semelhante, aliás, é-lhe reconhecido pelo nº 5 do art. 17ºG *em qualquer momento do processo*: "a empresa pode pôr termo às negociações a todo tempo, independentemente de qualquer causa".

Daqui decorre, portanto, que o resultado final de um PER que desemboque num plano de revitalização *se aproxima muito mais do quadro geral da vulgar renegociação da dívida fundamental*, sobretudo por comparação com o

[489] Mais precisamente, na redacção de 2017, "de credores que, não estando especialmente relacionados com a empresa, sejam titulares, pelo menos, de 10 % de créditos não subordinados". Parece-me que a substituição da exigência "de, pelo menos, um dos seus credores" pelo plural "de credores" *não significa* que seja doravante imprescindível a manifestação de *vários* credores, mas apenas que, *independentemente do número de credores* que subscrevam a declaração, o *volume de créditos* de que sejam titulares atinja a fasquia estabelecida pela lei (fasquia que o juiz pode alterar por requerimento, nos termos do nº 6 do art. 17ºC).

[490] Salazar Casanova / Sequeira Dinis, *O processo especial de revitalização, cit.*, p. 124, consideram que se trata de "uma espécie de direito de veto da aprovação do plano, mesmo quando todos os credores estiverem de acordo quanto ao conteúdo do mesmo"; Catarina Serra, "Tópicos para uma discussão sobre o processo especial de revitalização", *cit.*, p. 61-62, cataloga a faculdade de o devedor pôr fim às negociações como manifestação da *voluntariedade* enquanto característica essencial do PER

que sucede no âmbito de um plano de insolvência. Tal justifica plenamente, na minha perspectiva, que o acordo de preenchimento relativo aos títulos cambiários subscritos em branco para garantir essa dívida seja interpretado e integrado *de modo a reflectir a reconfiguração* nela operada.

7.1.3.4. Irrelevância do disposto no art. 217º, 4, do CIRE

Importa agora considerar uma fatia significativa de doutrina e jurisprudência que discute – e, amiúde, defende – *a aplicação analógica ou remissiva do art. 217º, 4, CIRE ao PER*. Semelhante operação conduziria, diz-se, a salvaguardar os direitos do credor quanto aos garantes *na exacta configuração que possuíam antes* da aprovação do plano de revitalização, já que as providências nesse plano previstas que incidissem sobre o passivo do devedor em dificuldades *não afectariam a existência ou o montante* dos direitos dos credores abrangidos contra esses terceiros garantes da obrigação.

O debate geral polariza-se em torno da constatação do carácter algo fragmentário e mesmo lacunoso do regime do PER, problematizando as soluções mais adequadas à sua integração *lato sensu*. Entre as propostas avulta o recurso às normas do próprio CIRE, em particular às que disciplinam o plano de insolvência (nas quais se inclui, recorde-se, o art. 217º, 4). O aditamento recém- introduzido no nº 3 do art. 17ºA, que determina a aplicação ao PER de "todas as regras previstas no presente código que *não sejam incompatíveis com a sua natureza*", parece-me corroborar a posição até agora prevalecente na doutrina e na jurisprudência, a qual já admitia a aplicação ao PER das regras insolvenciais *que superassem o crivo* (mais ou menos apertado) *da adequação*[491] – ao mesmo tempo que esbate, a meu ver

[491] Assim FÁTIMA REIS SILVA, "Paralelismos e diferenças entre o PER e o processo de insolvência", *cit.*, p. 137 e 139 (alertando para a necessidade de, perante uma lacuna, indagar "qual a filosofia e a finalidade do instituto da revitalização e se, no caso concreto, tais finalidade e filosofia consentem a aplicação das regras subsidiárias" e sublinhando que, mesmo nos casos em que há uma remissão legal expressa se torna imperioso "indagar da aplicabilidade das normas e/ou necessidade da sua adaptação"); NUNO FERREIRA LOUSA, "Os créditos garantidos e a posição dos garantes nos processos recuperatórios de empresas", *cit.*, p.165-166 ("os três anos de vigência do PER demonstram que estas normas [arts. 17ºA a 17ºI] são insuficientes para regulamentar os diversos incidentes", mas "a aplicação das soluções do plano de insolvência ao PER deverá ser efectuada com cautela, atendendo à existência de diferenças nada despiciendas entre a situação de um devedor insolvente e a situação de um devedor em situação económica difícil ou de insolvência iminente"); ou AMÉLIA REBELO, "A aprovação e a homologação do plano de recuperação", *I Colóquio de Direito da Insolvência de Santo*

consideravelmente, as fronteiras entre a aplicação analógica e a aplicação remissiva.

No que diz concretamente respeito ao plano de revitalização, convém destacar a *particular remissão* efectuada pelo art. 17ºF, preceito cujo actual nº 7 substituiu e alterou o anterior nº 5. A remissão abrange, agora, "as regras previstas no título IX" (e não, como na versão anterior, "as regras vigentes em matéria de aprovação e homologação do plano de recuperação previstas no título IX"[492]). Além disso, mencionam-se agora *expressamente* não apenas os arts. 215º e 216º, como também os arts. 194º a 197º, o nº 1 do art. 198º e os arts. 200º a 202º.

Não me parece, contudo, que da alteração legislativa *resulte abrangido, por remissão, o art. 217º, 4 CIRE.* Desde logo, porque a imposta aplicação das "regras previstas no título IX" continua a respeitar *expressis verbis* à deci-

Tirso, coord. Catarina Serra, Almedina, Coimbra, 2014, p. 69-89, p. 82 (que, excepcionando a "expressa remissão para normas específicas do processo de insolvência", afasta a "aplicação subsidiária/residual" de tal regime ao PER, "salvo absoluta necessidade de integração de lacunas" e sempre "com as necessárias e devidas adaptações").

[492] No domínio do direito anterior, discutia-se se a remissão do nº 5 abrangia *todo o Título IX* (genericamente dedicado ao "plano de insolvência") ou *apenas o conteúdo do seu Capítulo II* (especificamente incidente sobre a "Aprovação e homologação do plano de insolvência"), ou, ainda, se afinal *se restringia aos artigos especificamente nomeados* (os 215º e 216º) – cfr., entre vários, FÁTIMA REIS SILVA, "Paralelismos e diferenças entre o PER e o processo de insolvência", *cit.*, p. 138-139 Note-se que só na primeira hipótese – *i.e.*, na hipótese a da remissão ser entendida como feita para o Título IX na sua integralidade – resultaria coberta a norma do art. 217º, 4, uma vez que se inclui no Capítulo III ("Execução do plano de insolvência e seus efeitos"), e não no Capítulo II. Ora, considerando o elemento literal do regime anterior, tal entendimento não se me afigurava sustentável. O que se lia no art. 17ºF, 5 não era (como defende FÁTIMA REIS SILVA, "Paralelismos e diferenças entre o PER e o processo de insolvência", p. 138) "*que se aplicam*, em matéria de homologação e aprovação, *as regras do Título IX*, em especial os arts 215º e 216º", mas sim que se aplicavam "as regras vigentes *em matéria de aprovação e homologação* do plano de insolvência *previstas no* Título IX, em especial o disposto nos artigos 215º e 216º. Neste sentido se pronunciaram SALAZAR CASANOVA / SEQUEIRA DINIS, *O processo especial de revitalização, cit.*, p. 141: "a remissão legal para o Título IX deverá ser entendida, *de acordo com a reserva expressa da lei*, como *exclusivamente* dirigida às regras relativas à aprovação e homologação do plano", pelo que "todas as regras existentes no dito que tenham outro escopo não deverão ser consideradas pelo tribunal". Estes últimos autores, todavia, naquilo que me parece um raciocínio um pouco forçado, consideravam, todavia (p. 153-154, sublinhados meus) que a remissão do art. 17ºF, 5, *in fine*, afinal abrangia o art. 217º por *mera interpretação declarativa* ou, quando muito, *extensiva*, já que o art. 217º – apesar de inserido no Capítulo III, intitulado "Execução do plano de insolvência e seus efeitos" – é, no seu entender e "em sentido *substancial*, uma norma *relacionada* com a homologação do plano".

são do juiz de "homologar o plano de recuperação ou recusar a sua homologação"; ora, o art. 217º, 4 *nada tem que ver com isto,* e sim com a execução do plano e seus efeitos[493]. Seria manifestamente incongruente pretender que, *para* tomar uma decisão sobre a homologação do plano, o tribunal *necessitasse* de aplicar uma norma que disciplina *os seus efeitos,* já depois de homologado.

Note-se, depois, que as normas do título IX *explicitamente adicionadas* à remissão pelo legislador de 2017 pertencem *todas elas* ao capítulo intitulado "Disposições gerais"[494]: a necessidade da sua expressa menção pelo legislador parece justificar-se pelo facto de *exorbitarem,* precisamente, o capítulo da "Aprovação e homologação do plano de insolvência"[495], embora *ainda* possam exercer influência sobre a decisão judicial de homologação na medida em que regulam aspectos relativos ao próprio *conteúdo* do plano.

Corroborando esta linha de raciocínio, o legislador reservou *uma norma autónoma* do art. 17ºF – o seu actual nº 12 – para determinar a explícita aplicabilidade do art. 218º, 1 CIRE, *i.e.,* outro preceito do título IX que *nada tem que ver* com a aprovação ou homologação do plano, mas sim com a sua *execução* (mais concretamente, com o seu incumprimento).

Concluo, portanto – para mais sendo uma questão discutida e controversa, na anterior prática dos tribunais – que, se o legislador de 2017 *tivesse querido tomar posição sobre a aplicabilidade do art. 217º, 4 CIRE ao plano de revitalização,* o teria manifestado de forma precisa, *individualizando* o preceito entre os expressamente aplicáveis.

Como não o fez, resta saber se estamos verdadeiramente perante uma situação carecida de regulamentação[496], a resolver com apoio no novíssimo comando *genérico* do art. 17ºA, 3 – ou seja, através da *aplicação de uma norma do CIRE (in casu,* o art. 217º, 4) *que não seja incompatível com a natureza do PER.* Todavia, sem embargo de algumas semelhanças, não é possível escamotear as *diferenças* que também separam o plano de insolvência do plano de revitalização. Diferenças que podem, perante certas situações concretas, *tornar inadequada a extensão do regime* do primeiro ao segundo.

[493] Cfr. a epígrafe do capítulo III do título IX do CIRE: "Execução do plano de insolvência e seus efeitos".

[494] Isto é, ao capítulo I do título IX do CIRE.

[495] O capítulo II do título IX do CIRE (arts. 209º a 216º).

[496] Sobre o ponto, com maior detalhe, cfr. *infra,* nº 7.1.4.2.

Já tive oportunidade de assinalar duas dessas diferenças – a ausência de (forçoso e prévio) incumprimento da obrigação afectada pelo plano e o relevo conferido tanto à vontade como à participação activa da empresa devedora[497]. Ora, esta última característica do PER traz à tona uma importante *nuance* do seu enquadramento legislativo: *a primazia do interesse dos credores não adquire, no âmbito do PER, foros de cidadania*. Claro que o contributo dos credores, ou da maioria deles, é imprescindível para se chegar ao acordo de revitalização; mas *nada aqui é imposto ao devedor em dificuldades sem ou contra a sua vontade*: nem o recurso ao PER (que depende da sua iniciativa), nem o conteúdo do plano de revitalização (em cujas negociações participa e cuja aprovação pode impedir, encerrando o processo) [498].

A conclusão de que existe um muito maior equilíbrio de base na composição de interesses operada pelas normas que efectivamente disciplinam o PER, *sem que à posição dos credores seja dado o especial privilégio que recebe no contexto de um plano de insolvência*[499], seria em meu entender suficiente para colocar abundantes reticências à aplicação do art. 217º, 4, norma que constitui uma reconhecida *manifestação* daquele especial privilégio[500].

Todavia, a solução acaba por ser bastante mais simples – conquanto paradoxal: as incontornáveis especificidades do PER, aliadas ao concreto regime jurídico da garantia que nos ocupa (prestação de aval sobre título em branco), fazem com que *o resultado da correcta aplicação da norma seja idêntico ao resultado que obteríamos caso a não aplicássemos.*

[497] Ver *supra*, nº 7.1.3.3. Às quais subjaz, como pano de fundo, a simples (mas necessária) constatação de que, no PER, "a aprovação do plano e a respectiva homologação *não assentam na insolvência do devedor*, a qual é, no entanto, *requisito* – por estar a montante – do plano de insolvência e do regime do art. 217º do CIRE" – M. Januário Gomes, "Sobre os poderes dos credores contra os fiadores no âmbito de aplicação do CIRE", *cit.*, p. 337-338 (sublinhados meus).

[498] Sem que isto signifique ignorar que as mesmas dificuldades que o devedor atravessa e que, justamente, o determinaram a recorrer ao PER o possam *constranger* a aceitar soluções que, não correspondam, às suas preferências. O que pretendo destacar não são os *entraves factuais* ao exercício da autonomia privada do devedor (que também existem numa qualquer negociação entre particulares), mas sim a iniludível *existência de um espaço para o exercício dessa autonomia privada*.

[499] Como também sublinha Paulo Olavo Cunha, "A recuperação de sociedades no contexto do PER e da insolvência: âmbito e especificidades resultantes da situação de crise da empresa", *Revista de Direito da Insolvência*, nº 0, 2016, p. 99-119, p. 110-111: "no PER, a empresa continua necessariamente sob o controlo do *devedor*, pelo que os interesses deste não são despiciendos, diversamente do que pode suceder no plano de insolvência".

[500] Cfr. o que foi dito *supra*, nº 6.2.

Repare-se: pretende o legislador que as alterações introduzidas pelo plano (originariamente, de insolvência) *não se repercutam* sobre a existência ou sobre o montante dos direitos do credor contra o garante; que não afectem, portanto, o *status quo ante*. Mas, na hipótese concreta que nos ocupa – *regular cumprimento* da obrigação fundamental garantida *até* ao momento da homologação do plano de revitalização – *não se consolidou ainda*, na esfera jurídica do credor, *o direito cambiário cuja existência e montante o legislador pretende salvaguardar*[501]. Como tive oportunidade de esclarecer[502], a subscrição e entrega do título em branco representam um *simples "embrião" da futura vinculação cambiária*, que, associada ao acordo sobre o respectivo preenchimento, proporciona ao credor uma garantia *flexível e expedita*: verificado o incumprimento, completará o título inscrevendo o exacto montante em dívida, sem para isso necessitar do posterior contributo de qualquer dos subscritores.

Portanto, *no momento* em que o plano de recuperação é homologado, o direito – *rectius*, a posição activa complexa – que assiste ao credor *não é o de exigir do avalista-garante uma determinada quantia* (e que quantia? antes de se verificar o incumprimento, não se conhece o exacto valor da dívida) *numa determinada data* (e que data? mesmo que a obrigação fundamental tenha uma data de vencimento fixada no futuro, não é sequer certo que não venha a ser, aí, correctamente cumprida). O credor apenas tem a segurança de poder cobrar, através do título executivo que é a letra ou livrança, *o valor que venha a estar em dívida no momento* (futuro e meramente eventual) *em que o obrigado principal deixe de cumprir* a relação fundamental o liga ao credor. Ora, esta posição é deixada *intocada* pelo plano de recuperação.

Tudo que o plano faz é alterar a fisionomia da obrigação garantida, cujo cumprimento será doravante *aferido por parâmetros diferentes* – *v.g.*, montante reduzido, prazo alargado, etc. O portador do título cambiário em branco *continua a dispor da segurança* de, perante um futuro e eventual incumprimento da relação contratual assim modificada, poder preencher a letra ou livrança e executar o avalista. A "*existência*" do seu direito – *rectius*, da sua

[501] Ao contrário do que acontece tipicamente após a declaração de insolvência – situação em que o vencimento antecipado e o subsequente não cumprimento da obrigação fundamental desencadeiam o preenchimento do título e a *constituição do direito cambiário* (com um montante certo) na esfera jurídica do credor *antes mesmo* da homologação do plano de insolvência.

[502] Logo no início deste estudo, *supra*, nº 2.1.

posição activa complexa – com a fisionomia originariamente traçada *não sai minimamente beliscada*.

Dir-se-á: mas, se não fossem as alterações introduzidas pelo plano de recuperação na relação fundamental, poderia utilizar o título cambiário para cobrar do avalista, por exemplo, uma quantia superior, e/ou dentro de um prazo mais curto? Esta é uma *afirmação falaciosa e totalmente desprovida de base jurídica*: nos termos do acordo de preenchimento, o avalista (tal como os restantes subscritores em branco) *não garantiu o pagamento de uma quantia fixa numa data certa*; *garantiu, isso sim, um risco volátil*: o do eventual incumprimento da obrigação fundamental. Responderá pela concretização desse risco quando ele se puder dizer verificado, *i.e.*, quando se puder dizer que a obrigação fundamental deixou de ser cumprida – algo que, *após* a homologação do plano de recuperação, se terá de aferir por *novos critérios*. Podemos assim concluir que o "*montante*" que o credor tem direito a obter do avalista garante também não é afectado: com ou sem plano de recuperação, o credor tem direito ao valor que estiver em dívida no instante em que o incumprimento ocorra.

Se deslocarmos a nossa perspectiva para o plano económico-funcional, é patente que há uma *diferença na posição do credor garantido* consoante a empresa devedora se encontre em *situação de insolvência declarada* ou em *mera situação pré-insolvencial*. No primeiro caso, estará *"protegido"* das alterações que o plano de insolvência introduza nos seus créditos pela faculdade de demandar os garantes nos termos originários; o mesmo *já não acontece* no segundo caso, quando à data da homologação do plano de recuperação o devedor, apesar das dificuldades, ainda não tenha caído em incumprimento. Esta diferença nada tem de extraordinário: é *mera consequência da alocação do* risco operada pelo concreto negócio de garantia (aqui, a subscrição de título em branco)[503]. Ao contrário do que acontece na segunda situação descrita, na data da homologação de um plano de insolvência *já se verificou o risco garantido* – o incumprimento da obrigação fundamental.

E tudo isto se encontra em harmonia com aquele princípio geral que norteia a prestação de garantias pessoais, princípio segundo o qual o garante *assegura a solvência* do devedor, satisfazendo o credor *quando* o garan-

[503] Veja-se o que se escreveu *supra*, nº 6.2.5, sobre a prestação de garantia como negócio de risco.

tido se encontre em situação de *incapacidade económica*[504]. Esse princípio parece-me impregnar de modo decisivo a solução consagrada na primeira parte do art. 217º, 4, reforçando a opção do legislador[505]. Ora, *no âmbito do PER, não foi constatada ou declarada (pelo contrário) qualquer efectiva incapacidade económica geral* do devedor[506]. Mais: no que respeita às obrigações objecto da nossa análise, *nem sequer se pode afirmar que se verifica a específica incapacidade económica de as cumprir.* Não tem, portanto, qualquer sentido fazer o garante responder por riscos que não assumiu.

7.1.4. O direito de regresso do avalista *solvens* após a homologação de um plano de recuperação

Importa, por último, analisar a situação do avalista que satisfez o direito cambiário do credor e pretende agora ressarcir-se *exercendo o seu direito de regresso* (previsto na LU nos arts. 32ºIII e 49º) contra o avalizado, isto é, contra a empresa devedora. Que repercussões terá a homologação de um plano de recuperação sobre o exercício desse direito? Tirando a hipótese de o avalista ter adquirido o seu direito de regresso ainda *antes* da instauração do PER e de, portanto, ter feito parte do leque de credores susceptível de nele reclamar os seus créditos, a resposta é simples: a homologação do plano *não tem qualquer reprecussão sobre a posição do avalista.*

Vejamos, continuando a distinguir os cenários que têm enquadrado o nosso estudo, consoante o *incumprimento da obrigação fundamental* e o preenchimento do título cambiário tenham sido *anteriores* ou *posteriores* à homologação do plano de recuperação.

7.1.4.1. Exercício do direito de regresso pelo avalista quando o incumprimento foi anterior à homologação do plano

Quando o incumprimento da obrigação fundamental, que desencadeou o preenchimento do título, foi anterior à homologação do plano de recupe-

[504] De novo, M. Januário Gomes, "Sobre os poderes dos credores contra os fiadores no âmbito de aplicação do CIRE", *cit.*, p. 322, (a propósito da fiança, mas o raciocínio parece-me extensível, como já esclareci, à generalidade das garantias pessoais).

[505] Cfr. *supra*, nº 6.2.5.

[506] Por isso não posso concordar com o raciocínio expendido por Nuno Salazar Casanova / David Sequeira Dinis, *O processo especial de revitalização: comentários aos artigos 17º-A a 17º-I do Código da Insolvência e da Recuperação de Empresas*, Coimbra Editora, Coimbra, 2014, p. 60-61, que se baseia na assunção do *risco de insolvência* do devedor pelo garante (no caso, os autores discorrem sobre o fiador, mas é certo que antes – p. 59 – lhe equipararam o avalista).

ração, o direito cambiário do credor constituiu-se por referência à relação fundamental nos termos originariamente traçados. Como tivemos oportunidade de esclarecer, no direito *cambiário* do credor assim regularmente constituído, quando exercido contra o avalista, *não se repercutem as alterações* que o plano de revitalização venha a introduzir no crédito *fundamental*.

Mas a questão que agora nos ocupa é outra: *o avalista* que satisfez nestes termos o direito cambiário do credor está, quando pretenda ressarcir-se junto do avalizado (o devedor em dificuldades que recorreu ao PER), *condicionado pelas restrições do plano entretanto homolgado*? Só poderá, por exemplo, cobrar uma quantia mais baixa do que a inscrita no título em virtude da aprovação de um perdão, e/ou terá de aguardar o escoamento da moratória acordada?

Antes de mais, convém sublinhar que as modificações foram introduzidas pelo plano de recuperação *na obrigação fundamental* – aquela que o título emitido em branco se destinava a garantir – *e não no direito de regresso* adquirido pelo avalista *solvens* ao abrigo da Lei Uniforme. A única via para afirmar que o conteúdo plano de recuperação *se pode repercutir* sobre direito de regresso do avalista será a de estabelecer que o direito do avalista contra o devedor em dificuldades está *abrangido pelo plano homologado*.

Ora, tal só acontece, em minha opinião, numa hipótese muito particular: quando o avalista *adquiriu o seu direito de regresso cambiário ainda antes de terminado o prazo para a reclamação de créditos* em PER – ou melhor, em face da nova redacção do art. 17ºF, CIRE, no seu nº 10, se adquiriu o crédito *antes da decisão judicial de nomeação do administrador* judicial provisório prevista no actual art. 17ºC, 4. Só nesse caso, na verdade, o avalista *poderia ter sido admitido a participar* nas negociações e, tivesse ou não aproveitado semelhante possibilidade, *viria a ficar directamente vinculado* pelas providências constantes do plano de revitalização.

Pese embora a falta de transparência do anterior regime legal (cfr. a precedente redacção do art. 17ºF, 6 CIRE), parecia-me fazer todo o sentido, já à luz dos dados normativos então vigentes, concluir que "os créditos que se constituam após o prazo da reclamação de créditos *não são atendidos, mas também não são afectados* pelo plano"[507]. É sobejamente conhecido o aper-

[507] SALAZAR CASANOVA / SEQUEIRA DINIS, *O processo especial de revitalização, cit.*, p. 57. Considerando que não é possível em PER a verificação *ulterior* de créditos nos moldes do art. 146º CIRE ("seria incompatível com os trâmites deste processo, face aos apertados

tado prazo prara reclamação de créditos em PER e é generalizadamente aceite a conveniência de que assim seja[508]. O reverso da medalha é – tem de ser – a protecção daqueles sujeitos que, *mesmo* que tivessem usado do

prazos concedidos para a reclamação de créditos, para a apresentação da lista provisória, para a decisão das impugnações e para a conclusão das negociações", pelo que "qualquer pedido de verificação posterior de crédito" formulado em PER "deve, por manifestamente improcedente, ser indeferido liminarmente"), mas não extraindo conclusões directas quanto à não-afectação pelo plano desses credores supervenientes, FÁTIMA REIS SILVA, *Processo especial de revitalização. Notas práticas e jurisprudência recente, cit.*, p. 49.
No mesmo sentido se inclina CATARINA SERRA, "Entre o princípio e os princípios da recuperação de empresas (um *work in progress*)", *II Congresso de Direito da Insolvência*, Almedina, Coimbra, 2014, p. 71-101, p. 96: a reclamação ulterior de créditos "não está prevista (nem é viável) no PER". A autora, todavia, acrescenta que, em obediência ao princípio ou regra da universalidade. "*se os efeitos* atingem todos, *todos devem (poder) participar*" (p. 98, sublinhados meus). Na medida em que, por força do "primado da recuperação que impõe um princípio ou uma regra de universalidade dos efeitos" se consagra "um desvio ao princípio ou regra da relatividade do contrato", pois "não é preciso o consentimento individual de cada um dos sujeitos afectados (unanimidade)", torna-se necessário assegurar que "*a todos os sujeitos afectados* pelo acordo *é dada uma oportunidade razoável de participar* no processo dirigido à obtenção do acordo" (p. 83 e 93, sublinhados meus). Deste raciocínio me parece possível *extrair*, por argumento *a contrario*, uma conclusão semelhante à que defendemos em texto.
Opinião dissonante manifesta JOÃO AVEIRO PEREIRA, "A revitalização económica dos devedores", *cit.*, p. 42, nota 48, admitindo a participação *nas negociações* de "novos credores, constituídos na pendência do mesmo processo" e não apenas "os que já o eram à data o início do processo de revitalização", com o argumento de que, "como a lei não distingue, faz sentido que esses novos credores possam participar nas negociações"; não fica claro, todavia, se o autor reconhece a estes "novos credores" também a *possibilidade de reclamação de créditos*. Admitindo que *participem nas negociações credores que não reclamaram o crédito*, por interpretar o art. 17ºD, 7 CIRE no sentido de que, "mesmo depois de haver lista definitiva podem participar nas negociações todos os que declararem pretender fazê-lo, mas a lista definitiva não é alterada e quem não consta da lista não pode votar o plano de recuperação", A. SOVERAL MARTINS, *Um curso de direito da insolvência, cit.*, p. 528.

[508] O que coloca, todavia, diversas questões práticas e uma tensão na escolha das soluções a adoptar – sobre o ponto, cfr, em geral, FÁTIMA REIS SILVA, *Processo especial de revitalização. Notas práticas e jurisprudência recente, cit.*, p. 40 ("ponderando o que parece ser querido e objectivamente necessário, se maior precisão na lista se celeridade, a resposta é claramente a celeridade, face às regras expressas na lei"); ou SALAZAR CASANOVA / SEQUEIRA DINIS, *O processo especial de revitalização, cit.*, p. 59 ("alguma injustiça relativa nas situações fronteira é o preço a pagar pela necessidade de adoptar um procedimento que necessariamente é limitado no tempo"); já CATARINA SERRA, *O processo especial de revitalização na jurisprudência, cit.*, p. 68-69 e 74-75, procura "desdramatizar" a questão, considerando que o valor formal da celeridade não se deve sobrepor sem mais a outros de natureza diversa, como sejam o apuramento da verdade e a universalidade do processo.

maior grau de diligência, *não teriam podido* reclamar os seus créditos em PER, nem sentar-se à mesa das negociações, pela simples mas decisiva razão de que, *nesse momento, ainda não eram credores.*

Esta solução veio a ser expressamente acolhida pela nova redação do art. 17ºF, cujo nº 10 esclarece agora que a decisão de homologação vincula, além da empresa, os credores "mesmo que *não hajam reclamado* os seus créditos *ou participado* nas negociações", mas apenas "relativamente *aos créditos constituídos à data em que foi proferida a decisão prevista no nº 4 do artigo 17ºC*". Ou seja, o marco temporal relevante para delimitar *o círculo dos credores afectados (ou potencialmente afectados)* pelo plano de recuperação é o momento em que o juiz profere o despacho de nomeação do administrador judicial provisório. Logo, *só se foi adquirido antes desse momento* é que direito de regresso do avalista contra a empresa em dificuldades fica *abrangido pelo plano* subsequentemente homologado.

Por outro lado, note-se que em sede de PER também *não é feita qualquer ressalva* para a situação particular dos *credores sob condição suspensiva*, por mais forte que seja a probabilidade de preenchimento dessa condição. O que reforça, em meu entender, o estabelecimento de "uma rígida divisão temporal entre os créditos existentes e os inexistentes à data da reclamação de créditos" (ou, em face das recentes alterações, à data do despacho de nomeação do administrador judicial provisório): no PER, "a verificação de créditos é 'fotográfica' e cristaliza-se com o termo do prazo da reclamação"; ora, antes de verificada a condição suspensiva "a constituição da obrigação é meramente eventual, pelo que o crédito inexiste e não deve ser reclamado"[509].

[509] Assim Salazar Casanova / Sequeira Dinis, *O processo especial de revitalização, cit.*, p. 57 e 58, expendendo uma argumentação que me parece bastante convincente. Mas semelhante posição não é pacífica: admite (todavia, sem desenvolver a fundamentação) a reclamação de créditos condicionais em PER, Alexandre Soveral Martins, "Articulação entre o PER e o processo de insolvência", *Revista de Direito da Insolvência*, nº 0, 2016, p. 121-133, p. 130-131 (o que "faz surgir dificuldades de interpretação acerca do momento em que essa fixação [do número de votos pelo juiz] deve ocorrer e perturba a actuação do AJP"); tal como Bertha Parente Esteves, "Da aplicação das normas relativas ao plano de insolvência ao plano de recuperação conducente à revitalização", *cit.*, p. 272 (alegando sucintamente que não lhe parece "existirem razões que obstem à aplicabilidade aos credores da entidade revitalizanda das normas previstas para os credores da entidade insolvente", embora também detecte complexidades acrescidas na actuação do AJP e do juiz dirigida à fixação do número de votos); e também Fátima Reis Silva (em *Processo especial de revitalização. Notas práticas e jurisprudência recente, cit.*, p. 47 e 63,

Não vejo, assim, grande utilidade em equacionar sequer o ingresso do avalista nesta categoria[510], se só os titulares de créditos *efectivamente constituídos* forem abrangidos pelo PER, *i.e.*, só eles tiverem a prerrogativa de efectuar a sua reclamação e (por isso) só eles ficam expostos (hajam ou não feito essa reclamação[511]) às consequências do plano que venha a ser homologado[512].

e "A verificação de créditos no processo de revitalização", *II Congresso de Direito da Insolvência*, coord. Catarina Serra, Almedina, Coimbra, 2014, p. 255-265, p. 264-265), mas com base numa *interpretação* sui generis *da (já em 2015) revogada redacção* do art. 17ºF, 3 CIRE, que remetia, como é sabido, para o art. 212º, 1, previsto *para uma assembleia* a cujo funcionamento se aplicaria a norma geral do art. 73º, cujo nº 2 contempla, efectivamente, a fixação do número de votos correspondentes aos créditos condicionais – fixação que, todavia, segundo a autora, em sede de PER só relevaria no momento imediatamente anterior ao da votação *por escrito*.

[510] Como fizemos *supra*, nº 4.3, ao abordar a questão da legitimidade do avalista para requerer a insolvência do avalizado ou de co-avalistas.

[511] Como observa Fátima Reis Silva, *Processo especial de revitalização. Notas práticas e jurisprudência recente, cit.*, p. 44, se o credor que podia reclamar o crédito, mas deixou passar o prazo, o efeito sobre o seu crédito é, não obstante, "o que resultar do plano; ou nenhum efeito, se o seu crédito não for regulado pelo plano".

[512] Só eles se devem considerar abrangidos pelo art. 17ºF, 10. Na verdade, mesmo literalmente a norma estabelece que a decisão do juiz "vincula a empresa e *os credores*, mesmo que não hajam reclamado os seus créditos ou participado nas negociações" – *i.e.*, não só não prescreve que a decisão de homologação vincula *todos* os credores, como a *ligação* que estabelece entre os credores vinculados pela decisão e a participação nas negociações autoriza o intérprete a concluir que *apenas se refere aos credores que poderiam ter participado nas negociações*, ainda que o não tenham feito. Esta conclusão veio a ser reforçada pela redacção de 2017 (que adicionou o segmento "mesmo que não hajam *reclamado* os seus créditos"). Portanto, como advertem Salazar Casanova / Sequeira Dinis, *O processo especial de revitalização, cit.*, p. 150 (sublinhados meus), "*existem créditos que podem ficar à margem do PER e dos seus efeitos*, designadamente os constituídos após o termo do prazo para a reclamação de créditos" (dir-se-á, face à actual redação do CIRE, após a data do *despacho* de nomeação do administrador judicial provisório) ou "os créditos sujeitos a condição suspensiva".
Não é, todavia, muito frequente que a doutrina efectue esta ressalva *explicitamente*, optando por formulações *genéricas* como "os credores que não tenham intervindo – nomeadamente reclamando os seus créditos" estão "ainda assim vinculados nos exactos termos constantes do plano", isto é "se o plano contemplar pagamentos por categorias de créditos ou credores aplicar-se-á o previsto para a categoria respectiva; se o plano apenas contemplar pagamentos individualmente considerados, os credores não-contemplados não são afectados, mantendo-se nos exactos termos de exigibilidade em que já pré-existiam" (Fátima Reis Silva, *Processo especial de revitalização. Notas práticas e jurisprudência recente, cit.*, p. 67-68); ou sublinhando que "a qualquer credor é dada a oportunidade de participar no processo dirigido à obtenção do acordo, de negociar e/ou votar", pelo que – e "é este o argumento teleológico ou programático subjacente à criação do PER" – "o plano que vier a ser aprovado e homologado vincula todos os credores, independentemente de, por qualquer das vias – negociação, voto ou ambos –

Por conseguinte, sempre que o avalista adquira o seu *direito de regresso* cambiário *após* a data em que foi proferida a decisão prevista no nº 4 do artigo 17ºC (*i.e.*, a data do despacho de nomeação do administrador judicial provisório), o respectivo exercício *não é directamente afectado pelas medidas constantes do plano de recuperação*: poderá exercer o seu direito contra o avalizado pelo valor constante do título (art. 49º LU) e dentro dos prazos cambiários normais (art. 70º LU).

Perguntar-se-á: mas não se pode afirmar que o direito do avalista é, pelo menos, *indirectamente afectado* por essas medidas, atendendo à sua qualidade de garante?

A resposta positiva que alguma doutrina defende valer para o fiador (baseada no art. 644º CCiv.[513]) não é, por *incontornável diferença do quadro legal e negocial*, aplicável ao avalista. Na verdade, afirmam SALAZAR CASANOVA e SEQUEIRA DINIS que, "se o crédito for afectado por plano de recuperação, *o fiador* que cumpre a obrigação [nos termos originariamente acordados] fica *sub-rogado* no crédito e, como tal, *sujeito às restrições impostas pelo plano*"; consideram, aliás, que "essa [sujeição] é a *consequência normal* da substituição da pessoa do credor"[514]. Ou seja, o fiador que cumpre *subingressa na posição jurídica do credor* e como esta se encontra, à data, *constrangida* pelas limitações decorrentes do plano, *apenas* dentro desse espartilho será permitido ao fiador demandar o afiançado. Acrescentam os autores que o regime da fiança contempla, como paliativo, "duas formas de precaver ou minimizar esse risco", correspondentes às medidas previstas nos arts. 648º e 653º CCiv.

Ora, o aval e a fiança são garantias *muito diferentes*. A disciplina do aval pela Lei Uniforme não permite caracterizá-lo como uma garantia subjectiva, semelhante à fiança e destinada a "caucionar" a responsabilidade do avalizado, mas sim como uma *garantia objectiva*: o avalista garante *o paga-*

terem ou não participado no processo" (AMÉLIA REBELO, "A aprovação e a homologação do plano de recuperação", *I Colóquio de Direito da Insolvência de Santo Tirso*, coord. CATARINA SERRA, Almedina, Coimbra, 2014, p. 69-89, p. 76). Ainda assim, parece-me decorrer já da lógica subjacente a estas afirmações (proferidas antes da alteração de 2017 ao CIRE) que o plano não vincula (seria ilógico) os credores que *nem sequer teriam podido participar no PER*, negociando e/ou votando.

[513] "O fiador que cumprir a obrigação fica sub-rogado nos direitos do credor, na medida em que estes foram por ele satisfeitos".

[514] SALAZAR CASANOVA / SEQUEIRA DINIS, *O processo especial de revitalização, cit.*, p. 61, sublinhados meus.

mento da letra (art. 30ºI LU), em moldes substancialmente idênticos aos dos *restantes obrigados de garantia* (que são, como é sabido, o sacador e os endossantes – arts. 9ºI e 15ºI LU)[515]. Se é compreensível a atracção exercida pelo instituto da fiança, enquanto matriz consagrada das garantias pessoais, atracção à qual sucumbiu terminologicamente o próprio legislador cambiário quando crismou o avalizado de "pessoa por ele [pelo avalista] a afiançada" (art. 32ºI LU), ou quando refere "a obrigação que ele garantiu" (art. 32ºII LU), tal *imprecisão terminológica* não nos deve conduzir a tomar a nuvem por Juno, ao arrepio do que resulta dos restantes dados normativos.

Isto é particularmente evidente na formulação do art. 32ºIII LU, quando estabelece que "se o dador de aval paga a letra, *fica sub-rogado* nos direitos emergentes da letra"[516]. *Não parece minimamente exacto que o avalista pagante sub-ingresse verdadeiramente na posição jurídica do credor satisfeito*, como acontece no instituto da fiança com o fiador que cumpre a obrigação: basta notar que o avalista não adquire qualquer direito *contra os obrigados intermédios, i.e.*, contra aqueles que respondiam perante o credor satisfeito, mas não perante o avalizado[517]. O que o avalista adquire é o direito que a LU reconhece a qualquer obrigado de garantia que pague a letra: o *direito de regresso* configurado pelo art. 49º[518]. Aliás, repito, se houvesse verdadeira sub-rogação e o credor satisfeito fosse aquele que tinha a letra em seu poder no vencimento, o conteúdo da posição jurídica adquirida pelo avalista seria

[515] Para abundantes justificações e referências bibliográficas, CAROLINA CUNHA, *Manual de letras e livranças, cit.*, p. 39, ss, e *Letras e livranças: paradigmas actuais e recompreensão de um regime, cit.*, p. 105, ss. A clara distinção entre aval e fiança foi, aliás, um dos fundamentos do AUJ do STJ nº 7/2012.

[516] Expressão invocada por SALAZAR CASANOVA / SEQUEIRA DINIS, *O processo especial de revitalização, cit.*, p. 59, para equiparar a posição do avalista *solvens* à do fiador.

[517] Retomando o já citado exemplo: na cadeia de endossos A-B-C-D-E, o avalista de B que pagou ao portador E não pode accionar nem D nem C, *como aconteceria se, de facto, ocorresse uma sub-rogação legal* nos direitos de E – cfr. o art. 593º,1 CCiv ou o próprio art. 644º CCiv., relativo à sub-rogação do fiador que cumpre nos direitos do credor.

[518] Como no decorrer deste estudo já referi, a precisão introduzida pelo art. 32ºIII LU apenas visa (CAROLINA CUNHA, *Letras e livranças: paradigmas actuais e recompreensão de um regime, cit.*, p. 113-114) o esclarecimento de um aspecto que poderia não resultar evidente das normas que genericamente disciplinam a pretensão cambiária de regresso. Repare-se que a LU prevê, *em geral*, que o signatário que paga o título possa accionar "sacadores, aceitantes, endossantes ou avalistas" (art. 47ºIII e I), mas não prevê que também possa demandar *o seu avalizado*. Daí, justamente, o sentido útil da referência do art. 32ºIII ao direito de regresso do avalista *solvens*: pode demandar o próprio avalizado e os obrigados que perante esse avalizado respondem.

injustificadamente o contemplado pelo art. 48º LU para o portador do título, que *difere quantitativamente do previsto no art. 49º LU*[519] para o regresso do obrigado *solvens* contra os seus próprios garantes.

O que encontramos no *direito de regresso cambiário* é, isso sim, um regime recondutível ao quadro da *solidariedade passiva* (art. 47ºI LU: "os sacadores, aceitantes, endossantes ou avalistas de uma letra são todos solidariamente responsáveis para com o portador"), com uma particularidade ao nível das *relações internas*: a fase de liquidação processa-se unicamente entre o obrigado *solvens* e os seus próprios garantes (art. 49º "a pessoa que pagou uma letra pode reclamar *dos seus garantes*"), movendo-se a responsabilidade no sentido inverso ao da circulação do título até que ocorra o pagamento pelo obrigado principal (aceitante ou emitente) ou opere a prescrição cambiária (arts. 70º e 77º LU)[520].

Ora, como também reconhecem SALAZAR CASANOVA e SEQUEIRA DINIS, "*o direito de regresso ainda não constituído não é afectado pelo plano que venha a ser aprovado em PER*", pois nas obrigações solidárias "o direito de regresso *não consubstancia* uma sub-rogação legal ou outra forma de transmissão de crédito", mas antes se trata "de um crédito *novo e autónomo* que nasce na titularidade do devedor solidário após o cumprimento"[521].

Assim, o direito de regresso do avalista é – nos termos da Lei Uniforme que o prevê e disciplina – constituído por força do pagamento efectuado e *adquirido no momento em que tal pagamento se efectua*: não há, portanto, qualquer sub-rogação no direito do credor que possa justificar a sua afectação pelo plano de recuperação entretanto aprovado.

7.1.4.2. Inaplicablidade do art. 217º, 4, do CIRE

Resta, em abstracto, uma derradeira possibilidade de coarctar o direito de regresso do avalista *solvens*: *a aplicação da parte final* do art. 217º, 4 CIRE ao PER. Resulta deste segmento da norma que os condevedores ou os tercei-

[519] Uma vez que esta última norma manda computar *"a soma integral" paga ao credor pelo obrigado de garantia* (incluindo, portanto, o montante das despesas em que o credor incorreu e dos até aí juros vencidos), mais o juros dessa soma e as despesas em que o garante tiver incorrido, enquanto que o art. 48º parte simplesmente do *valor facial da letra* (embora também lhe acrescente juros e despesas concretamente incorridas).

[520] Sobre o ponto, ver CAROLINA CUNHA, *Manual de letras e livranças, cit.*, p. 49-51.

[521] SALAZAR CASANOVA / SEQUEIRA DINIS, *O processo especial de revitalização, cit.*, p. 62-63, sublinhados meus. Cfr., ainda, ALMEIDA COSTA, *Direito das Obrigações, cit.*, p. 767.

ros garantes da obrigação "apenas poderão agir contra o devedor em via de regresso *nos termos em que* o credor da insolvência *pudesse exercer* contra ele os seus direitos".

Já tive oportunidade de analisar a falta de pertinência da aplicação remissiva do preceito com enfoque na sua primeira parte[522] – *i.e.*, movida pela preocupação de apurar se, também em sede de PER, seria de aplicar o comando que impede que as providências previstas no plano e dotadas de incidência sobre o passivo do devedor afectem a existência ou o montante dos direitos dos credores da insolvência contra os condevedores e os terceiros garantes da obrigação. Concluí que, na prática, a questão acaba por se revelar *irrelevante*, pois o resultado da correcta aplicação da norma *virá a coincidir* com o resultado da sua não-aplicação. Mas a análise então efectuada permitiu-me retirar algumas *conclusões* – nomeadamente, que a remissão efectuada pelo actual art. 17ºF, 7 CIRE *não* se pode interpretar como abrangendo o art. 217º, 4 e que a concreta opção pela aplicação do art. 217º, 4 a coberto da remissão genérica do art. 17ºA, 3 CIRE sempre careceria de uma *fundamentação* que não me parece possível efectuar[523].

Em todo o caso, como também frisei, o recurso ao art. 217º, 4 CIRE implicaria como *pressuposto primário* que estivéssemos verdadeiramente perante uma situação carecida de regulamentação. Ora, *não* me parece que a falta de regulamentação da situação dos garantes de uma obrigação afectada pelo plano de revitalização *corresponda* a uma falha na construção legislativa que torne necessária a mobilização do art. 217º, 4 – *sobretudo* no que toca ao exercício do direito de regresso. Na verdade, na ausência de preceito que o afaste, *o regime aplicável será o da concreta garantia prestada* (fiança, aval, garantia autónoma, etc.), variando as consequências de harmonia com esse regime[524].

[522] Cfr. *supra*, nº 7.1.3.4.

[523] Cfr também o que se dirá *infra*, nº 7.2.1.3.

[524] Semelhante linha de raciocínio seguem Salazar Casanova / Sequeira Dinis, *O processo especial de revitalização, cit.*, p. 63 (sublinhados meus), para quem, ao contrário do que sucede no contexto do processo de insolvência, no âmbito do PER *deve manter-se "a distinção* entre o *regime da sub-rogação* (aplicável aos garantes) e o do *direito de regresso* (aplicável aos devedores solidários)", por "falta de analogia suficiente" com a solução consagrada no art. 217º, 4, CIRE. Parece-me acertada esta conclusão, com a ressalva de que *nem sempre o regime aplicável aos garantes é o da sub-rogação* (veja-se o caso do avalista) e de que a situação do avalista (que é um garante *e* um devedor solidário) evidencia o *carácter não-estanque da dicotomia* que empregam. Tudo depende, isso é certo, da modalidade e regime da concreta garantia prestada.

Por outro lado, é patente o *carácter excepcionalíssimo* da solução consagrada na *segunda parte* do art. 217º, 4 – através da qual, *rompendo* com o direito anterior[525] e afastando o regime particular de cada garantia, o legislador *transfere* para a esfera jurídica dos garantes o peso económico dos sacrifícios impostos por um plano de insolvência, porquanto os força *a arcar com a diferença* entre o crédito originário *e* o crédito reduzido, reestruturado ou extinto.

É evidente que este preceito *interfere significativamente* com o conteúdo, exercício e em certos casos até com a existência do direito de regresso dos garantes pessoais do insolvente, *os quais são terceiros em face do plano de insolvência*. Tal interferência, porém, encontra-se normativamente respaldada pelo art. 192º, 2, que *autoriza* expressamente o plano a interferir com os direitos de terceiros *se* uma norma do título IX do CIRE assim dispuser. Como é bom de ver, *não existe no regime do PER* um apoio normativo equivalente para vulneração de direitos de terceiros[526] (*i.e.*, de sujeitos que não se sentaram e não se teriam podido sentar à mesa das negociações, pelo facto de não revestirem a qualidade de credores à data despacho de nomeação do administrador), o que só por si já *tornaria inviável* a pretendida aplicação da norma[527]. E sublinhe-se, ainda, a *protecção explícita* que a nova redacção do CIRE confere aos *credores posteriores* à data do despacho de nomeação do administrador judicial provisório, *tornando-os imunes aos efeitos do plano de recuperação* – art. 17ºF, 10.

Acresce que o mesmo art. 192º, 2 vem corroborar *o carácter de norma excepcional* revestido pelo art. 217º, 4: *a regra* é a de que o plano não pode interferir com os direitos de terceiros; a afectação dos direitos de terceiros permitida pelo art. 217º, 4 é *a excepção*, que "contraria a valoração" ínsita na regra "para prosseguir finalidades particulares"[528]. Ora, como prescreve o art. 11º CCiv., as normas excepcionais *não comportam aplicação analógica* –

[525] Veja-se o que ficou dito *supra*, no nº 6.2.2.

[526] Note-se que o art. 192º, 2 CIRE *não se encontra expressamente contemplado* no elenco de normas para as quais o actual art. 17ºF, 7, especialmente remete.

[527] Considera, aliás, JOÃO AVEIRO PEREIRA, "A revitalização económica dos devedores", *cit.*., p. 40, que "não faz sentido, *e é contra o espírito revitalizador*, que um determinado credor aceite uma moratória do seu crédito nas negociações e depois, à margem destas e contra o acordado, vá pedir o pagamento desse mesmo crédito ao garante por não poder accionar o devedor".

[528] JOSÉ DE OLIVEIRA ASCENSÃO, *O Direito. Introdução e teoria geral. Uma perspectiva luso-brasileira*, 10ª ed., Almedina, Coimbra, 1997, p. 449, a propósito da qualificação de uma norma como excepcional.

nem, por identidade de razão, aplicação *remissiva*. E ainda que *pudéssemos* questionar, em abstracto, o alcance desta proibição[529], *não poderíamos* afirmar que o caso em análise apresenta *mais* semelhanças com o regulado de modo excepcional (afectação dos direitos de terceiros pelo plano de insolvência) *do que* com os abrangidos pela regra geral (aplicação do regime próprio de cada garantia).

Porque a verdade é que não existe aqui um "conflito de interesses paralelo, isomorfo ou semelhante" que permita concluir que "o critério valorativo adoptado pelo legislador para compor esse conflito de interesses num dos casos seja por igual ou maioria de razão aplicável ao outro"[530]. Sem embargo de, em ambas as situações, estar em causa a aprovação de um plano com efeitos sobre o passivo do devedor, as normas que *efectivamente* disciplinam o PER denotam que *o interesse dos credores não adquire, nesta sede, a primazia que o regime do plano de insolvência lhe confere*[531]. Ora, o sacrifício do interesse dos garantes operado pelo art. 217º, 4 é uma *clara manifestação do especial privilégio* conferido à posição dos credores no contexto do plano de insolvência[532] – pelo que, *não se podendo afirmar idêntico privilégio* no âmbito do PER (caracterizado por um muito maior equilíbrio de base na composição legal dos interesses), será de afastar a aplicação analógica ou remissiva de uma norma que o corporiza. Parafraseando BAPTISTA MACHADO[533], se o conflito de interesses não é semelhante, não pode justificar-se um tratamento semelhante, ao abrigo do princípio da igualdade e da coerência normativa.

7.1.4.3. Exercício do direito de regresso pelo avalista quando o incumprimento foi posterior à homologação

Nos casos em que o avalista vem a ser demandado pelo credor porque o devedor principal deixou de cumprir a obrigação fundamental *já depois* da

[529] Sobre a "simplicidade enganadora" do art. 11º CCiv., ver OLIVEIRA ASCENSÃO, *O Direito. Introdução e teoria geral, cit.*, p. 450, ss.

[530] JOÃO BAPTISTA MACHADO, *Introdução ao direito e ao discurso legitimador,* 8ª reeimp., Almedina, Coimbra, 1995, p. 202.

[531] Veja-se o que se disse *supra*, nº 7.1.3.4: *nada é imposto ao devedor em dificuldades sem ou contra a sua vontade*: nem o recurso ao PER, que *depende* da sua iniciativa, nem o conteúdo do plano de revitalização, em cujas negociações *participa* e cuja aprovação pode *impedir*, encerrando o processo.

[532] Cfr., desde logo, o que vimos *supra*, em todo o ponto nº 6.2.

[533] BAPTISTA MACHADO, *Introdução ao direito e ao discurso legitimador, cit.*, p. 202

homologação do plano de recuperação, *e nos termos em que este plano a havia reconfigurado*, à primeira vista a solução é mais simples.

Assim, o credor preencherá o título pelo *valor concretamente em dívida* (em consequência daquele incumprimento, *já pautado* pelos parâmetros decorrentes do plano de recuperação) e, observados os procedimentos necessários (apresentação a pagamento, protesto), irá exercer (extrajudicial ou judicialmente) o direito cambiário contra o avalista. Este, por seu turno, depois de satisfazer o direito do credor e munido do título (art. 50ºI LU), pode agir ao abrigo do direito de regresso (arts. 32ºIII e 49º LU) contra o devedor principal seu avalizado.

Ou seja, aqui *não é sequer susceptível de teoricamente ocorrer aquela discrepância gerada (ou cominada) pelo art. 217º, 4, CIRE* entre o valor pago pelo garante ao credor *e* o valor que o mesmo garante depois pode exigir do devedor garantido, *já que ambos estão sujeitos à mesma bitola: a que resulta do plano de recuperação*[534]-[535].

O problema, neste caso, será outro, mas trata-se de um problema que *afecta avalista e avalizado em igual medida* Até que ponto a falta de cumprimento da obrigação modificada pelo plano de recuperação *significa* um incumprimento do próprio plano e, em caso afirmativo, *quais as consequências "de ricochete" sobre essa obrigação?* Em particular: considera-se ou pode vir a considerar-se "*resolvido*" ou "*sem efeito*" o acordo em que o plano assentava, *repristinando-se* a configuração originária das obrigações por ele modificadas[536]?

Sobretudo na ausência de um regime legal que explicitamente previsse o desenho e as consequências do não cumprimento do plano de recuperação homologado em PER, mas mesmo em face de uma específica previsão legal (como a que actualmente existe), será em primeira linha desejável

[534] Quanto à repercussão do plano de revitalização sobre os termos em que o credor pode reagir contra o avalista em branco, ver o que se se disse *supra*, nºs 7.1.3.2. a 7.1.3.4.

[535] Repare-se: se o plano de revitalização introduziu também *uma moratória na dívida fundamental garantida*, a questão ter-se-á *consumido ou esgotado naturalmente*: só decorrido o novo prazo pôde o credor proceder à respectiva cobrança, e só subsequentemente se terá produzido o incumprimento que legitimou o preenchimento do título.

[536] Como bem adverte NUNO FERREIRA LOUSA, "O incumprimento do plano de recuperação e os direitos dos credores", *I Colóquio de Direito da Insolvência de Santo Tirso*, coord. CATARINA SERRA, Almedina, Coimbra, 2014, p. 119-140, p. 131, "está em causa saber se medidas como moratórias ou perdões de dívida se mantêm no quadro de um incumprimento do plano de recuperação ou se, pelo contrário, tais medidas têm a si inerente uma espécie de *condição resolutiva implícita*, que consistirá no incumprimento do plano de recuperação".

que tal desenho e tais consequências *estejam contemplados no próprio plano*[537]. Caso contrário, discutia-se – até às alterações do CIRE de 2017 – se seria *analogicamente aplicável* o regime que o art. 218º CIRE comina para o plano de insolvência, pelo menos às hipóteses de falta de cumprimento de créditos alterados por uma moratória ou perdão[538]. A aplicação do art. 218º, 1 decorre, hoje, directamente da remissão feita pelo novo nº 12 do art. 17ºF – mas não se olvide que se trata de uma solução *supletiva*, já que o regime é, nos termos do próprio art. 218º, *passível de afastamento por estipulação diversa plano.*

Seja como for, é, portanto, *possível*[539] que o incumprimento da obrigação fundamental alterada pelo plano desencadeie a "ineficácia" das medidas que sobre ela incidiam – o que relevará, sobretudo, para eventuais perdões parciais, fazendo regressar a dívida aos montantes originários. Se assim acontecer, constituirá naturalmente esse o *valor de referência para o preenchimento* do título cambiário pelo credor.

7.1.5. A discussão na jurisprudência

Como seria de esperar, verifica-se uma considerável litigiosidade envolvendo os garantes de devedores em dificuldades que hajam recorrido ao PER.

[537] Com a amplitude possibilitada pela actuação da *autonomia da vontade*, como sublinha Bertha Parente Esteves, "Da aplicação das normas relativas ao plano de insolvência ao plano de recuperação conducente à revitalização", *cit.*, p. 277. Fornecendo alguns exemplos interessantes, Reinaldo Mâncio da Costa, "Os requisitos do plano de recuperação", *cit.*, p. 276-277.

[538] Solução defendida por Nuno Ferreira Lousa, "O incumprimento do plano de recuperação e os direitos dos credores", *cit.*, p. 133-138. Em sentido contrário, escrevendo no contexto do regime anterior a 2017, Bertha Parente Esteves, "Da aplicação das normas relativas ao plano de insolvência ao plano de recuperação conducente à revitalização", *cit.*, p. 277: o art. 218º só seria aplicável ao incumprimento do plano de recuperação se cláusulas nele contidas expressamente o previssem ou contemplassem soluções decalcadas sobre os seus efeitos. Caso contrário, atendendo à diferença entre o principal escopo do plano de insolvência, que "é a defesa do interesse dos credores da entidade insolvente", e o primordial propósito dos planos de recuperação das entidades revitalizandas, que "é a respectiva recuperação económico-financeira e a consequente manutenção em actividade", as "consequências do incumprimento dos referidos planos haverão que ser distintas" – e as consequências cominadas pelo art. 218º, no entender da autora, assentam "essencialmente na defesa dos interesses dos credores, e não na defesa do interesse do devedor".

[539] Embora não inexorável, porque, como vimos, o próprio art. 218º, no seu nº 1, prevê e permite disposição do plano em sentido diverso.

O problema mais discutido parece ser o da eventual *repercussão* das alterações aos créditos constantes de um plano de recuperação (já homologado ou em vias de o ser) *sobre* a pretensão de um credor que demanda um avalista do devedor em dificuldades[540]. Detecta-se claramente uma tendência jurisprudencial para *negar* semelhante repercussão. Os principais argumentos esgrimidos, contudo, não me parecem dotados de solidez suficiente[541].

A resposta à tentativa de os avalistas se prevalecerem das modificações que o plano de recuperação introduz nos créditos fundamentais garantidos requer que se traga à colação a moldura jurídica global. Na medida em que se trata tipicamente de títulos emitidos em branco e depois preenchidos, o ponto de partida será o art. 10º LU. Quer isto dizer que o ónus da prova de um preenchimento abusivo recairá sobre o avalista, em oposição à execução, sob pena de o credor ser admitido a fazer valer a pretensão cambiária tal como se encontra inscrita no documento[542].

Ora, como vimos[543], *se* à data da homologação do plano *não* se tinha verificado o incumprimento da relação fundamental – ou seja, a concretização do risco garantido –, o padrão pelo qual se irá doravante aferir a existência desse incumprimento (que legitima o preenchimento do título) será o que resulta das modificações introduzidas pelo plano no crédito fundamental, em particular no que toca ao prazo e ao montante. Deverá ser essa, portanto, a principal linha de defesa do avalista executado: demonstrar que o preenchimento foi abusivo *porque não respeitou os novos parâmetros introduzidos pelo plano.*

Naturalmente que, para esta defesa surtir efeito, é imprescindível que *previamente estabeleça a ausência de incumprimento da relação fundamental* à data da homologação do plano. Neste ponto, porém, a matéria de facto da maioria dos acórdãos é parca, quando não omissa, *obliterando* frequentemente o plano da relação fundamental garantida e tomando a *data de ven-*

540 Ver, nomeadamente, RL 04-06-2015, RP 02-06-2014, RP 07-10-2014, RP 09-07-2014, RP 16-09-2014, RP 25-11-2014, RC 03-06-2014, RE 25-09-2014, RG 05-12-2013. As modificações mais frequentes parecem ser o *pagamento diferido* (*i.e.*, com previsão de um período de carência) e *realizado em prestações* ao longo de um arco temporal determinado, bem como o *perdão de juros vencidos* – cfr., entre vários, RG 05-12-2013, RP 07-10-2014, RP 25-11-2014, RP 09-07-2014 (incluindo também perdão de "60% do crédito de capital").

541 Como de seguida procurarei demonstrar – cfr. *infra*, nº 7.1.5.1.

542 Detalhadamente, CAROLINA CUNHA, *Manual de letras e livranças, cit.*, p. 179-188.

543 Cfr. *supra*, nº 7.1.3, e, em particular, 7.1.3.2.

cimento aposta na letra ou livrança por referência decisiva – quando, na verdade, tal data é *uma das menções* inseridas pelo credor após a emissão do título em branco e susceptível, tal como todas as outras menções, de se mostrar *desconforme* com o que resulta do acordo de preenchimento[544].

Por conseguinte, os contornos nebulosos da factualidade reconstruída tornam difícil sindicar *ex post* a justeza e o acerto da decisão judicial de afastar a repercussão das alterações introduzidas pelo plano sobre a pretensão cambiária do credor exequente[545] – afastamento que, em muitos casos, provavelmente se justifica[546], mas não com apoio nos argumentos esgrimidos e sim porque, muito simplesmente, o executado *não conseguiu demonstrar* o carácter abusivo do preenchimento efectuado, nada (ou muito pouco) tendo invocado e provado sobre o adimplemento da obrigação fundamental à data da homologação do plano de recuperação. Revela-se aqui uma vez mais, portanto, a tendência dos tribunais para ignorar o art. 10º LU[547], sobrecarregando as decisões com uma argumentação que não só se afigura *desnecessária* para afastar as repercussões do plano de recuperação sobre a pretensão cambiária do credor (quando não se demonstra que o incumprimento da obrigação fundamental foi posterior à homologação do plano), como *impede essa* repercussão nos casos em que ela se justifica (quando se demonstre que não houve incumprimento relevante da obrigação fundamental até ao momento da homologação do plano). Importa, assim, levar a cabo uma análise crítica desse argumentário.

7.1.5.1. Apreciação crítica dos argumentos mobilizados para afastar o relevo das alterações introduzidas pelo plano

Em primeiro lugar, a abordagem da jurisprudência *desconsidera sistematicamente* a circunstância de o aval haver sido prestado sobre um título em branco, cujo preenchimento está umbilicalmente ligado à sorte da relação fundamental garantida, e alicerça a proclamada invulnerabilidade da pre-

[544] Sendo este – *i.e.*, a eventual incorrecção da data de vencimento aposta –um dos pontos que deveria merecer maior atenção dos avalistas executados na construção da sua estratégia defensiva.

[545] Algo a que voltaremos *infra*, nº 7.1.5.2.

[546] Justifica-se, como vimos, nos casos em que o incumprimento da obrigação fundamental ocorreu antes da homologação do plano de recuperação – cfr. *supra*, nº 7.1.3.1.

[547] Tendência que já tive oportunidade de destacar em múltiplas ocasiões, Carolina Cunha, *Manual de letras e livranças, cit.*, p. 193-194, e “Cessão de quotas e aval”, *cit.*, p. 92.

tensão cambiária do credor na *suposta autonomia da obrigação do avalista*[548], em termos que já tive por diversas vezes oportunidade de refutar[549]. Na verdade, a aplicação do regime plasmado no art. 10º LU permite ao avalista prevalecer-se de certas vicissitudes de uma relação fundamental à qual é alheio (a relação fundamental entre o avalizado e o credor), porque a determinação do conteúdo a inserir na sua própria declaração cambiária (que foi emitida em branco) é levada a cabo *per relationem*.

É também frequente a argumentação de que *os efeitos do plano recuperação não abrangem os avalistas*, que, sendo terceiros em face do seu conteúdo, não se podem prevalecer em benefício próprio das medidas (*v.g.*, moratórias ou perdões de dívidas) nele compreendidas[550]. Porém, esta linha de

[548] São frequentes afirmações – quanto a mim, inexactas no contexto da prestação de uma garantia através da subscrição de um título em branco – como a de que "a circunstância da relação subjacente se modificar ou possuir contornos de renovação não induz ou faz seguir que esses efeitos se repercutam ou obtenham incidência jurídica na relação cambiária" (RC 03-06-2014); a de que "o aval representa um ato cambiário que desencadeia uma obrigação independente e autónoma de honrar o título" (RE 25-09-2014); ou a de que "as vicissitudes da relação subjacente não se repercutem na obrigação cartular do dador de aval, quedando-se esta inalterada e plenamente eficaz, podendo o beneficiário do aval agir, mediante ação cambiária, contra o avalista para obter a satisfação do seu crédito" (RL 04-06-2015).

[549] Cfr. *supra* nºs 7.1.1 e 2.2. Para uma refutação exaustiva dos dogmas cambiários como a abstração, a autonomia, a literalidade ou a incorporação, cfr. Carolina Cunha, *Manual de letras e livranças, cit.*, p. 59-115, e *Letras e livranças: paradigmas actuais e recompreensão de um regime, cit.*, p. 371, ss.

[550] Assim, recorrendo a formulações amiúde coincidentes: "o plano de recuperação contém um conjunto de medidas que se aplicam à sociedade a revitalizar", e "vincula-a e vincula os credores, mesmo os que não hajam participado nas negociações", mas "só vincula os credores relativamente à sociedade requerente e não relativamente aos terceiros, como são os ora executados" (RG 05-12-2013); "o plano de recuperação [aprovado e homologado no PER] contém um conjunto de medidas que se aplicam apenas à sociedade a revitalizar, vinculando-a a ela e aos respectivos credores, mesmo os que não participaram nas negociações; mas não produz efeitos [não vincula] relativamente a terceiros, sejam estes condevedores ou garantes, designadamente avalistas" (RP 16-09-2014); "no âmbito de um plano de revitalização um dado credor age em função do modo como encara a possibilidade do devedor poder recuperar da situação de dificuldade económica em que se encontra; em nada se repercute na votação desse as garantias conferidas por eventuais avalistas relativamente aos créditos em discussão, cuja autonomia surge sempre como salvaguardada" (RP 07-10-2014); "não se apresenta como curial e razoável que o banco recorrido, enquanto credor da sociedade em revitalização e abarcado pelo conjunto de medidas inerentes a tal processo, mas que só têm aplicação à sociedade a revitalizar, ficasse inibido de acionar os recorrentes/avalistas, que não são alvo de revitalização, nem se encontram impossibilitados de cumprir as obrigações que livremente assumiram" (RE

raciocínio esquece que o que está em causa não é uma exorbitante eficácia *ultra partes* do plano homologado, e sim *o regime jurídico da garantia concretamente prestada*. Quem subscreve um título em branco para garantir o risco de incumprimento de uma determinada relação fundamental só deverá ser chamado a responder *quando se verifique o risco garantido*; ora, se o plano de recuperação *altera os parâmetros daquilo que vale como cumprimento* (*v.g.*, quanto a prazos de pagamento ou valor em dívida), a partir da homologação *serão esses os parâmetros a ter em conta*[551].

Finalmente, os nossos tribunais aplicam com liberalidade o regime do art. 217º, 4, CIRE ao plano de recuperação homologado em PER, muitas vezes sem se deterem na *rigorosa justificação metodológica dessa operação*[552]

25-09-2014); "não seria razoável que o credor ficasse inibido de acionar os respetivos avalistas, que não são contemplados por tal plano, nem se encontram impossibilitados de cumprir as obrigações que livremente assumiram" (RC 03-06-2014, proc. nº 1030/13.8TBTMR-B.C1).

[551] Detalhadamente, cfr. *supra*, nº 7.1.3.2. De nada vale sustentar, dentro do quadro que (aí) traçámos, que "qualquer credor que votar favoravelmente um plano de revitalização fá-lo em função daquele devedor e das dificuldades deste, *mas não pretende abdicar das garantias que o avalista lhe proporciona*; doutro modo, seria, em muitos casos, possivelmente outro o seu sentido de voto", como faz a Relação do Porto no seu Acórdão de 07-10-2014. Porque, justamente, o credor *mantém a garantia que o aval em branco lhe proporciona*: ocorrendo, no futuro, o incumprimento da relação fundamental, poderá preencher o título e accionar o avalista. O que não poderá fazer, porque *exorbita o alcance da garantia prestada, é ficcionar um incumprimento da relação fundamental* para lograr responsabilizar o garante (no mesmo sentido, NUNO LOUSA, "Os créditos garantidos...", *cit.*, p. 166).

[552] São frequentes as *afirmações lacónicas*, como a que "do artº 217º, nº 4, do CIRE, *aplicável ao PER*, resulta que, não obstante o plano de recuperação aprovado, o avalista de livrança subscrita pelo devedor avalizado pode ser executado pelo respectivo portador" (RP 09-07-2014); "a norma do nº 4 do art. 217º do CIRE é *aplicável, com as necessárias adaptações, por interpretação extensiva*, ao plano de recuperação" (RP 16-09-2014); o "*espírito* [do art. 217º, 4 CIRE] *tem aplicação* no processo de revitalização" (RP 02-06-2014).
Detecta-se, por outro lado, uma tendência (algo surpreendente, na verdade) para *estabelecer uma especial conexão entre a disciplina consagrada no art. 217º, 4 CIRE e a suposta autonomia do aval cambiário*, como se (no contexto do plano de insolvência, para o qual foi consagrada) a norma não se pretendesse *aplicar a todos os condevedores ou terceiros garantes da obrigação*, sejam ou não avalistas. Assim se afirma que "*a autonomia* das obrigações cartulares assumidas pelos aqui executados para com a exequente, através dos avales prestados, *implica* que tais obrigações permaneçam incólumes perante o acordo aprovado e homologado no processo de revitalização, *o que se encontra expresso* no nº 4 do artigo 217º do CIRE" (RP 25-11-2014); ou que "*a lei vem igualmente ao encontro* desta noção abrangente da autonomia do aval; assim estabelece o art. 217, nº4, do CIRE" (RP 07-10-2014); que "o avalista não se obriga perante o avalizado, mas sim perante o titular da letra ou livrança, constituindo uma obrigação autónoma

– que como vimos, levanta enormes dúvidas e é, em meu entender, claramente de recusar [553] – e, em todo o caso, sem levarem na devida conta que as incontornáveis especificidades do PER, conjugadas com concreto regime jurídico da prestação de aval sobre título em branco, conduzem a que *o resultado prático da correcta aplicação do art. 217º, 4 CIRE coincida com aquele que obteríamos caso não aplicássemos, de todo, a norma*[554].

7.1.5.2. Dificuldades na reconstrução processual dos factos relevantes

Vimos que a possibilidade de o avalista que subscreveu o título em branco invocar em seu benefício as alterações introduzidas pelo plano de recuperação à relação fundamental garantida *depende da inexistência de incumprimento dessa relação à data da homologação do plano*[555]. De outro modo, não logrará demonstrar que o preenchimento efectuado com referência aos parâmetros anteriores (*i.e.*, à configuração da obrigação garantida antes das alterações do plano) é abusivo e afastar a pretensão cambiária do credor com base no art. 10º LU, que lhe assaca o ónus dessa prova.

Em muitos dos acórdãos publicados a matéria de facto é escassa e *não nos permite retirar conclusões*[556]. Em outras decisões, a cronologia processual

e independente" *o que, "de resto, está de acordo com o que se estabelece* no nº 4 do artigo 217º do CIRE" (RP 02-06-2014); a "doutrina da autonomia da obrigação do avalista *está conforme e harmoniza-se perfeitamente com o preceituado no art. 217, nº4, do CIRE*" (RC 03-06-2014, proc. nº 1030/13.8TBTMR-B.C1).

[553] Cfr. *supra*, nºs 7.1.3.4 e 7.1.4.2. São poucos os arestos em que se avança para uma verdadeira fundamentação da aplicação do art. 217º, 4 ao PER – como acontece em RP 07-10-2014, onde o Tribunal realça a "proximidade entre os dois instrumentos de gestão de uma dada realidade empresarial", *i.e.*, o plano de insolvência e o plano de recuperação em processo de revitalização (mas veja-se o que frisámos *supra* quanto às decisivas diferenças entre ambos) e conclui que, por determinação do art. 17ºF, 4 CIRE, "o juiz, na decisão a proferir sobre a homologação ou não do plano de recuperação, deve aplicar, com as necessárias adaptações, as regras vigentes em matéria de aprovação e homologação do plano de insolvência previstas no título IX, importando notar que, nesse título IX, está incluído o art. 217º" (sem relevar devidamente que o art. 217º *não é uma regra vigente em matéria de aprovação e homologação*, antes integra a disciplina da *execução do plano de insolvência e seus efeitos*).

[554] Ver *supra*, nº 7.1.3.4.

[555] Cfr. *supra*, nºs 7.1.3.2 e 7.1.5.

[556] Por exemplo, em RC 03-06-2014 (proc. nº 1030/13.8TBTMR-B.C1) apenas se depreende que dois meses depois de instaurada a execução vieram os executados opor-se "requerendo a suspensão dos autos em virtude de se encontrar em negociação um plano especial de revitalização", que não se sabe quando foi instaurado; em RE 25-09-2014 não são referidas quaisquer datas; em RG 05-12-2013 apenas se menciona a data da homologação do plano

mostra que o preenchimento do título cambiário e execução dos avalistas *teve lugar antes da própria instauração do PER*[557] ou, pelo menos, bastante *antes da homologação do plano de recuperação*[558], o que permite inferir que se terá efectivamente verificado um incumprimento da relação fundamental garantida – embora nada haja sido alegado ou provado a esse respeito.

Surgem, todavia, situações em que não apenas o preenchimento[559], mas também a própria data de vencimento aposta no título cambiário, *são nitidamente posteriores à homologação do plano*, o que deveria bastar para respaldar com algum conforto a posição dos avalistas quanto ao carácter abusivo do preenchimento por não respeitar os novos parâmetros[560]. Noutros casos, ainda, é

de recuperação e em RP 02-06-2014 apenas se assinala a data de vencimento da livrança apresentada à execução.

[557] Em RL 04-06-2015, ficou provado que o credor deu à execução duas livranças com *vencimento anterior ao pedido* de revitalização; em RP 09-07-2014, o vencimento inscrito na livrança é cerca de *quatro meses anterior* à instauração do PER; em RP 16-09-2014 o vencimento inscrito na livrança (07-12-2012) é anterior à instauração do PER, embora a data do respectivo pedido seja algo incerta (foi deduzido "em data não apurada do ano de 2013, mas anterior a 18 de Março").

[558] Assim em RC 03-06-2014 (proc. nº 281/13.0TBOHP-A.C1) conclui-se que foi dada à execução (em data não referida) uma livrança com vencimento em 27-09-2012, mas que *o plano só veio a ser homologado quase seis meses depois*, por sentença proferida em 07-03-2013 (ver nota seguinte).

[559] Bastante *sui generis* é o caso subjacente a RC 03-06-2014 (proc. nº 281/13.0TBOHP-A.C1), em que o *preenchimento da livrança foi posterior à homologação do plano de recuperação* (ao que parece, cerca de um mês), mas no título foi *aposta uma data vencimento anterior à data da homologação* (a homologação ocorreu em Março de 2013 e o e o vencimento inscrito foi 27 de Setembro de 2012, portanto mais de cinco meses de diferença). Foi (do ponto de vista formal correctamente) alegado pelo credor que "pacto previa o preenchimento logo que deixasse de ser cumprida a obrigação, o que sucedeu em Janeiro de 2012" e que havia "procedido à resolução do contrato em Junho de 2012". O Tribunal não acolheu a pretensão dos avalistas executados de que haveria preenchimento abusivo do título em face dos *novos prazos de vencimento que resultavam do plano de recuperação* – e bem, parece-me, já que terá ficado assente (embora a matéria de facto reportada não seja abundante) que se registava um incumprimento da obrigação fundamental à data de instauração do PER e o plano homologado ressalvava, inclusive, "que não ficam prejudicadas as garantias, pessoais ou reais, que vigoravam antes do processo de revitalização".

[560] Não fora o apego dos tribunais aos argumentos que *supra*, nº 7.1.5.1., tive oportunidade de rebater. Veja-se o que sucede em RP 07-10-2014: o PER foi instaurado em 01-10-2012; cinco meses depois (em 01-03-2013), foi aprovado em um plano de revitalização, que veio a ser homologado por sentença proferida um mês mais tarde (em 02-04-2013); o credor exequente, todavia, preencheu as livranças dadas à execução com data de vencimento de 19-04-2013, ou seja, *dezassete dias depois*.

patente uma *grande proximidade temporal* entre o vencimento aposto no título cambiário e a data da homologação do plano de recuperação[561], o que nos leva a questionar se não terá havido alguma precipitação indiciadora de preenchimento abusivo; todavia, sem prova nesse sentido[562], é impossível afirmá-lo.

Será desejável, portanto, *um maior cuidado dos executados no esclarecimento da situação que legitima o preenchimento do título*, de modo a apurar se estava ou não verificado o incumprimento juridicamente relevante da obrigação fundamental garantida – evento que justifica o preenchimento do título e a aposição de uma data de vencimento cronologicamente congruente. Na verdade, a matéria de facto das decisões analisadas deixa transparecer *uma certa indistinção entre o plano da relação fundamental* (ignorando com frequência as vicissitudes ocorridas após a celebração do contrato entre o credor e o devedor principal) *e o plano cambiário* (as mais das vezes não questionando nem reiterando o acerto e justificação da data de vencimento inserida no título)[563].

Com o que chegamos ao derradeiro (e delicado) aspecto dos litígios em análise: *a determinação da ocorrência que legitima o preenchimento do título* e o *apuramento das coordenadas a revestir pelo incumprimento relevante.*

7.1.6. Dissecação do risco garantido: o incumprimento da relação fundamental

No universo de casos em que nos movemos, a subscrição de títulos em branco destina-se, segundo a vontade manifestada pelos respectivos emitentes, a garantir *o risco do incumprimento de uma relação fundamental* em que intervém como parte o avalizado (aceitante da letra ou emitente da livrança).

Ora, como é sabido, o *não cumprimento* corresponde a um *conceito amplo* – "a situação objectiva de não realização da prestação debitória" ou "a inexecução da obrigação"[564] –, que compreende *diversas modalidades*: o simples

[561] Como sucede em RP 25-11-2014, onde a homologação do plano de recuperação *teve lugar exactamente um mês depois da data do vencimento aposta* em ambas as livranças, que garantiam mútuos celebrados com dois anos de intervalo.

[562] Veja-se ainda o que diremos *infra*, nº 7.1.6., sobre os contornos exactos da situação que desencadeia o preenchimento.

[563] São raros os acórdãos, como o da Relação de Coimbra de 03-06-2014 (referido *supra* na nota 559), em que estes planos e a sua intersecção aparecem devidamente balizados.

[564] Assim, respectivamente, J. M. Antunes Varela, *Das Obrigações em Geral*, vol. II, 7ª ed., reimp., Almedina, Coimbra, 2003, p. 60, e Inocêncio Galvão Telles, *Direito das Obrigações*, 7ª ed., Coimbra Editora, Coimbra, 1997, p. 299.

retardamento ou mora, o cumprimento defeituoso e o incumprimento definitivo[565]. Qual será a modalidade relevante, *i.e.*, correspondente ao risco garantido pelo avalista em branco? A resposta dependerá, em última análise, daquilo que resultar do acordo preenchimento[566], mas não só convém recordar o horizonte geral sobre o qual o problema se equaciona[567], como importa, igualmente, ter em conta certas vicissitudes concretas que podem alterar a solução mais adequada[568].

7.1.6.1. Da mora ao incumprimento definitivo

Na medida em que estaremos sobretudo em presença de *prestações em dinheiro* que são objecto de obrigações com *prazo certo* (decorrentes, *v.g.*, de mútuos bancários, de aberturas de crédito, de locações financeiras, etc.), de entre as modalidades de não cumprimento em sentido amplo interessar-nos-á de sobremaneira a diferença entre *a mora* e o *incumprimento definitivo.*

Assim, não realizando o devedor a prestação pecuniária na data fixada, por facto que lhe seja imputável, entra em mora (art. 804º, 2 CCiv.) sem que se torne necessário qualquer acto de interpelação do credor (art. 805º, 2, a) CCiv.)[569]: "o decurso do prazo acarreta, por si só, o vencimento da obrigação"[570]. Mas, em todo o caso, na medida em que se trata de uma prestação pecuniária, "continua a ser materialmente possível e o credor continua a ter interesse nela"[571]. A obrigação não se extingue e o devedor continua adstrito a satisfazer a prestação; não ingressou, ainda, no estádio

[565] Ver, entre vários, ANTUNES VARELA, *Das Obrigações em Geral*, vol. II, *cit.*, p. 63-65.

[566] Cfr. *infra* , nº 7.1.6.2.

[567] Cfr. *infra* , nº 7.1.6.1.

[568] Cfr. *infra* , nº 7.1.6.3.

[569] Mas, como adverte ANTUNES VARELA, *Das Obrigações em Geral*, vol. II, *cit.*, p. 118, isto só é exactamente assim quando "nenhuma actividade mais do credor se torna, em princípio, necessária (além da mera aceitação) para que o obrigado possa e deva efectuar a prestação". Pode suceder, pelo contrário, que, mesmo sendo a obrigação dotada de prazo certo, se torne necessário que o credor *procure a prestação* atingido esse prazo (*v.g.*, no domicílio do devedor), ou realize outro *comportamento adicional* – os "actos necessários ao cumprimento da obrigação" cuja omissão desencadeia *a mora do credor* prevista no art. 813º CCiv.

[570] L. M. MENEZES LEITÃO, *Direito das Obrigações*, vol. II, "Transmissão e extinção das obrigações. Não cumprimento e garantias do crédito.", 4ª ed., Almedina, Coimbra, 2006, p. 234.

[571] GALVÃO TELLES, *Direito das Obrigações*, *cit.*, p. 300, caracterizando as situações de simples retardamento e oferecendo o exemplo do empréstimo de dinheiro; também ANTUNES VARELA, *Das Obrigações em Geral*, vol. II, *cit.*, p. 114, sublinha que "no comum das obrigações

do incumprimento definitivo, não podendo o credor fazer valer qualquer dos direitos a ele inerentes (*v.g.*, resolução do contrato)[572].

Todavia, a mora produz efeitos específicos, dos quais importa aqui destacar a *obrigação de o devedor reparar os danos* que o seu atraso provoca ao credor (art. 804º, 1)[573]. Nas *obrigações pecuniárias* a lei consagra um regime especial (art. 806º CCiv.), presumindo que se verificam sempre danos e fixando *à forfait* o seu montante – ou seja, o credor fica dispensado da prova de existência de danos e do seu nexo causal com o facto ilícito da mora, identificando-se a indemnização com *os juros da soma devida* (juros legais, salva a hipótese de um juro convencional mais alto ou de um juro moratório diferente, estipulado pelas partes) a contar do dia da constituição em mora[574]. O legislador entendeu, portanto, fixar "uma tarifa indemnizatória por considerar o dano como necessariamente equivalente à perda da remuneração habitual do capital durante esse período, ou seja, o juro".

Apesar de o credor manter o interesse na prestação, e não obstante a contagem de juros destinados a reparar o dano causado pelo decurso do tempo, "não se considera justificado admitir a possibilidade de eternização da situação"[575], pelo que o ordenamento jurídico lhe concede a faculdade

pecuniárias, a prestação mantém sempre o seu interesse para o credor, mesmo que não seja realizada na data estipulada"

572 ALMEIDA COSTA, *Direito das Obrigações, cit.*, p. 981-982. Mas, como adverte o Autor (nota 1, p. 982), há "casos excepcionais em que a simples mora confere o direito potestativo de resolução imediata do contrato", com destaque para o art. 1150º CCiv., aplicável ao mútuo: "O mutuante pode resolver o contrato, se o mutuário *não pagar os juros no seu vencimento*". PIRES DE LIMA / ANTUNES VARELA, *Código Civil Anotado*, vol. II, 3ª ed., Coimbra Editora, 1986, p. 695-696, anot. nº 1 ao art. 1150º, aproximam teleologicamente esta solução daquela outra, consagrada no art. 781º CCiv., que prescreve que "se a obrigação puder ser liquidada em duas ou mais prestações, a *falta* de realização de uma delas importa *o vencimento de todas*", sendo que a "falta de realização" prevista supõe a mora do devedor (*idem*, p. 32, anot. nº 2 ao art. 781º).

573 Vejam-se também os *efeitos especialíssimos* que destacámos na nota anterior, aplicáveis a certas obrigações pecuniárias,

574 Seguimos de perto ANTUNES VARELA, *Das Obrigações em Geral*, vol. II, *cit.*, p. 121-123, incluindo nota 3.

575 MENEZES LEITÃO, *Direito das Obrigações*, vol. II, *cit.*, p. 242. Até porque, como salienta ANTUNES VARELA, *Das Obrigações em Geral*, vol. II, *cit.*, p. 125, o credor pode, "sobretudo nos contratos bilaterais, ter legítimo interesse em libertar-se do vínculo" e "só a falta (definitiva) de cumprimento legitima a resolução do contrato"; ou, como sublinha ALMEIDA COSTA, *Direito das Obrigações, cit.*, p. 985 e 983, pode o credor pretender "libertar-se do contrato, a fim de, por exemplo, conseguir de maneira diversa o resultado que o levou à celebração desse negócio ou a dispor da contraprestação a cuja entrega estava vinculado", e só com a

de efectuar a chamada *intimação admonitória ou cominatória*, transformando a mora em incumprimento definitivo. Previsto no art. 808º, 1, CCiv., este ónus do credor consiste na fixação de um prazo adicional e peremptório, transcorrido o qual a obrigação se considera como (definitivamente) não cumprida. A dilação suplementar terá de se mostrar razoável, atendendo à sua finalidade de conceder ao devedor uma derradeira possibilidade de manter o contrato[576].

Existe, portanto, uma sequência lógica que vai da mora ao incumprimento definitivo, sendo *diferentes os direitos reconhecidos ao credor em cada estádio* – por exemplo, no que respeita à tutela judicial, o pressuposto da execução específica é a simples mora, já que está em causa o exercício do direito do credor à prestação original, enquanto que o incumprimento definitivo da obrigação, produzindo a extinção do direito à prestação e a sua substituição por um direito à indemnização, origina uma execução por equivalente[577]; ou, no que respeita à subsistência do contrato, só o não cumprimento definitivo – e não a simples mora – atribui ao credor o direito à resolução (art. 801º, 2 CCiv.).

7.1.6.2. A liberdade contratual e o acordo de preenchimento

Saber *qual destes dois estádios* – simples mora ou incumprimento definitivo da obrigação fundamental – *releva para legitimar o credor a preencher a letra ou livrança* assinada em branco que tem em seu poder é algo que vai decorrer da *interpretação do acordo de preenchimento*, o qual corresponde usualmente a uma cláusula do contrato fundamental celebrado entre o credor e o avalizado.

transformação da mora em incumprimento definitivo adquire "a faculdade de optar entre a indemnização total pela falta de cumprimento e a resolução do contrato, com a reparação cumulável dos danos sofridos (art. 801º)".

[576] Assim Antunes Varela, *Das Obrigações em Geral*, vol. II, *cit.*, p. 125

[577] Assim Menezes Leitão, *Direito das Obrigações*, vol. II, *cit.*, p. 282. Ver também Almeida Costa, *Direito das Obrigações*, *cit.*, p. 996 ("o *cumprimento específico* da obrigação, obtido por via judicial, só em casos particulares e quando haja simples mora será possível"), ou Antunes Varela, *Das Obrigações em Geral*, vol. II, *cit.*, p. 151-152 (execução por equivalente significa precisamente que "a acção judicial já não visa, nestes casos, a realização coactiva da prestação principal, mas antes a obtenção da vantagem ou atribuição patrimonial que, em lugar dela (como seu equivalente económico-jurídico) a lei executiva coloca ao alcance do credor exequente").

Registа-se *alguma tendência para conferir relevo à simples mora*[578] – o que não surpreende já que estamos tipicamente em presença de contratos de adesão contendo cláusulas contratuais gerais, e é essa a solução que mais eficazmente protege o interesse do credor-predisponente, facultando-lhe o mais cedo possível o acesso à via executiva. Também devido a este modo padronizado de celebração será difícil (mas não impossível) aos avalistas, aquando das negociações, fixar como evento relevante o incumprimento definitivo da obrigação fundamental[579].

Nem sempre, porém, as formulações (apesar de prolixas, ou exactamente por isso) são claras quanto à modalidade de incumprimento relevante[580]. Note-se que, na medida em que seja aplicável o regime das c.c.g.,

[578] Veja-se, por exemplo, a redacção de uma cláusula retirada da matéria de facto de um acórdãos que analisámos: "para caução do integral pagamento de todas as responsabilidades emergentes do presente empréstimo, designadamente reembolso de capital, pagamento de juros e outros encargos a liquidar nos termos deste contrato, Mutuário e Garante, respetivamente, subscreve e avaliza uma livrança em branco, a qual desde já autorizam o preenchimento pelo Banco pelo valor que estiver em dívida à data do seu preenchimento e a sua imediata apresentação a pagamento, *se na data do vencimento de qualquer das prestações convencionadas, as mesmas não forem integralmente pagas*" (RP 07-10-2014).
Na jurisprudência em geral colhemos outros exemplos onde o *tipo de incumprimento relevante* é suficientemente detalhado: assim, no contrato subjacente a RL 10-11-2005 prevê-se que "a livrança será oportunamente preenchida quando a CEMG o entender, com juros e demais encargos, apurados *na data do encerramento da conta* que coincidirá, em caso de não renovação, com a data do termo do período contratual, acrescido de todos e quaisquer encargos de natureza fiscal" e que a livrança "*é pagável no trigésimo dia contado da data do encerramento da conta*"; no caso decidido por STJ 30-04-2002, provou-se que para garantia das obrigações assumidas num contrato de locação financeira foram entregues à locadora seis letras em branco, prevendo-se que poderiam ser usadas *em caso de mora superior a dez dias ou de incumprimento.*

[579] E, caso o consigam, vale o disposto no art. 7º do diploma das c.c.g.: "as cláusulas *especificamente acordadas prevalecem* sobre quaisquer cláusulas contratuais gerais".

[580] Veja-se o exemplo coligido em RP 25-11-2014: "A Mutuária e o Garante confessam-se devedores perante o B... por qualquer obrigação para si decorrente do contrato, *constituindo-se como solidariamente responsáveis pelo integral cumprimento de qualquer uma das obrigações emergentes do presente contrato*, designadamente do capital mutuado, dos respectivos juros remuneratórios, das comissões e outros encargos que se mostrem devidos, incluindo juros de mora e sobretaxa de mora, aplicada a título de cláusula penal" e ""Na presente data e para titulação a mutuária entrega ao B... uma livrança por si subscrita e devidamente avalizada pelo garante. A livrança entregue ao B..., não integralmente preenchida mas devidamente subscrita, poderá ser *livremente* preenchida pelo B..., designadamente no que se refere às datas de emissão e de vencimento, local de pagamento e montante *correspondente aos créditos de que, ao momento, o B... seja titular por força do presente contrato ou de encargos dele resultantes*, não lhe sendo atribuído

devemos ter em atenção o art. 11º, 2 do respectivo diploma[581]: perante uma cláusula contratual geral ambígua, na dúvida *prevalece o sentido mais favorável ao aderente*. Perante a hipótese típica que nos ocupa, em que os aderentes são os subscritores em branco (avalizado e avalista), o sentido mais favorável é naturalmente aquele que faz coincidir o evento relevante *apenas* com o incumprimento definitivo, por conferir mais tempo e mais oportunidades ao obrigado principal para satisfazer a dívida fundamental, evitando o accionamento imediato da via cambiária.

7.1.6.3. Relevo da possível extinção da mora por acordo

Uma derradeira questão merce ser equacionada. Com frequência as *situações de mora* no cumprimento da obrigação fundamental garantida *arrastam-se durante algum tempo*, sem que o credor entenda convertê-las em incumprimento definitivo. Trata-se, obviamente, de uma decisão legítima do credor, ao abrigo da sua autonomia privada[582], possivelmente motivada pela expectativa de que o devedor cumpra a breve trecho e/ou pela intenção de evitar um precipitado recurso à via judicial, com todos os encargos e custos que acarreta[583].

A interrogação que julgo pertinente levantar, contudo, diz respeito a *algumas* de entre essas hipóteses, nas quais seja possível vislumbrar algo mais do que a inércia do credor: *um acordo – expresso ou tácito – com o devedor diferindo para momento posterior o vencimento da obrigação*. Este acordo, usualmente designado por moratória, tem por consequência *a extinção da*

efeito novatório". Neste caso, pese embora pareça verificar-se, ao nível da relação fundamental, uma assunção cumulativa de dívida pelo garante, não fica claro *qual o facto* que desencadeará o preenchimento (a livrança não pode, como é claro, ser "livremente preenchida" consoante a discricionaridade ou o capricho do credor), já que apenas se referem "créditos" de que o Banco seja titular, *sem especificar se resultam* do programa contratual traçado, da mora, do incumprimento definitivo ou, até, de uma eventual resolução do contrato.

581 DL nº 446/85, de 25 de Outubro, com as modificações posteriores.

582 Cuja liberdade essencial comporta tanto o exercício como *o não exercício* de direitos e faculdades atribuídas pelo ordenamento jurídico – C. Mota Pinto, *Teoria Geral do Direito Civil, cit.*, p. 179.

583 Como relata João Aveiro Pereira, "A revitalização económica dos devedores", *cit.*., p. 32, "por vezes, quando se iniciam as negociações no âmbito do processo especial de revitalização, já existe todo um histórico de contactos do credor a pedir ao devedor o pagamento das suas facturas e do devedor a pedir ao credor compreensão e mais algum tempo".

mora[584]. O facto de a extinção da mora poder operar *ex nunc* (apenas para o futuro) ou *ex tunc* (considerando-se retroactivamente a mora como não ocorrida) repercute-se sobre o direito à indemnização pelos danos moratórios[585]; em qualquer dos casos, a extinção da mora significa que *a partir do acordo deixa de haver, tecnicamente, um não cumprimento.*

Como é bom de ver, a maior dificuldade estará na *interpretação* das declarações e comportamentos das partes, de forma a apurar se o credor exprimiu, por algum modo significativo, a intenção de retirar o devedor da situação de mora[586]. Se a resposta vier a ser *positiva*, as repercussões sobre a faculdade de preenchimento do título serão decisivas. Na verdade, estamos perante um acordo de renegociação dos termos do cumprimento da relação fundamental que se vai substituir ao consenso originário enquanto parâmetro de aferição de um (futuro) incumprimento, pelo que *o pacto de preenchimento* do título cambiário emitido em branco, mesmo que permaneça formalmente intocado, se deve considerar *tacitamente alterado* (art. 217º CCiv.). Semelhante modificação *vale naturalmente também para o avalista*, abrangido pelo pacto na sua qualidade de subscritor em branco[587].

Por conseguinte, *até* ser atingido o novo prazo acordado como devedor principal – e *mesmo* que, entretanto, este decida recorrer a um PER –, o credor *não está legitimado* a preencher a letra ou livrança e accionar o avalista, pois até que sobrevenha esse momento não se pode dizer, em face da sucessão dos eventos descrita e da anuência do mesmo credor em extinguir a mora, que tenha ocorrido um incumprimento relevante[588].

[584] Ver, nomeadamente, Galvão Telles, *Direito das Obrigações, cit.*, p. 310-211, Almeida Costa, *Direito das Obrigações, cit.*, p. 985-986; e Menezes Leitão, *Direito das Obrigações*, vol. II, *cit.*, 241-242.

[585] Assim Galvão Telles, *Direito das Obrigações, cit.*, p. 310 e Menezes Leitão, *Direito das Obrigações*, vol. II, *cit.*, p. 241-242.

[586] Ponto justamente realçado por Galvão Telles, *Direito das Obrigações, cit.*, p. 310

[587] Prescindindo-se aqui, por se tratar de uma renegociação que *não agrava* (pelo contrário) o limiar de responsabilidade inicialmente consentida, de uma especifica manifestação de vontade concordante por parte desse mesmo avalista – ver Carolina Cunha, *Manual de letras e livranças, cit.*, p. 227-228.

[588] Mais complexa será uma situação como a analisada do já referido acórdão RC 03-06-2014 (proc. nº 281/13.0TBOHP-A.C1), na qual, ainda antes da instauração do PER, o credor terá *convertido a mora* (ocorrida em Janeiro de 2012) *em incumprimento definitivo*, através da resolução do contrato (em Junho de 2012). O PER foi instaurado em Setembro de 2012 e o plano de recuperação foi homologado em Março de 2013, tendo a livrança em branco sido preenchida (alegadamente) em Abril de 2013 com data de vencimento reportada a de Setembro de 2012.

7.2. Apreciação das cláusulas dos planos de recuperação que contendem com o accionamento de garantias

7.2.1. Cláusulas do plano de recuperação do devedor principal que ressalvam a posição dos garantes

7.2.1.1. Algumas situações concretas

Perante o cenário que acabamos de analisar – cenário no qual o devedor que recorre ao PER já está, muitas vezes, em situação de incumprimento das obrigações fundamentais garantidas por letras e livranças em branco, o que, à partida[589], retira ao avalista a possibilidade de vir a beneficiar reflexamente das alterações que o plano de recuperação introduza nessas obrigações –, não surpreende que os avalistas (e demais garantes pessoais do devedor em dificuldades) pugnem por ver incluídas no plano *previsões que salvaguardem as suas posições*, tipicamente através da *vinculação dos credores a não accionar os garantes senão dentro das novas condições* acordadas *para a dívida por eles garantida* (desconsiderando, portanto, o eventual incumprimento entretanto ocorrido).

A capacidade de fazer valer este ponto de vista dentro das negociações ocorridas em PER explica-se pela circunstância de os principais avalistas e garantes *coincidirem com os gerentes e administradores das sociedades devedoras*, que assim têm intervenção no processo na qualidade de representantes orgânicos dessas sociedades – pois, como vimos[590], na qualidade de credores meramente condicionais não teriam assento à mesa das negociações. Seja como for, tudo que lhe é dado fazer em prol da defesa dos seus interesses é *apresentar uma proposta de salvaguarda*, que só virá a ser incluída no plano homologado se a maioria dos credores entender que merce aprovação. E há, na verdade, *razões pertinentes do ponto de vista da recuperação da empresa devedora* – que é, recorde-se, o objectivo do PER – para acolher no plano previsões que ressalvem a posição *destes* peculiares garantes[591].

Há, aqui, uma manifesta *inércia do credor* no que toca ao accionamento dos garantes, mas não se detecta, nos factos aduzidos, qualquer comportamento susceptível de fundar uma *convenção com o devedor* dirigida a modificar ou de algum modo protelar os efeitos do incumprimento definitivo da obrigação principal.

[589] Mas veja-se a possibilidade levantada pelas situações equacionadas *supra*, nº 7.1.6.3.

[590] Cfr. *supra*, nº 7.1.4.1, discutindo a situação créditos condicionais no âmbito do PER.

[591] Razões analisadas *infra*, no final do nº 7.2.1.2. Na jurisprudência, veja-se a justificação relatada em RC 08-03-2016: "os credores que aprovaram a proposta manifestaram também o seu acordo no sentido de que, enquanto o plano estiver a ser cumprido, não exigiriam o pagamento aos terceiros garantes das obrigações da devedora, *tanto mais que os únicos terceiros*

Encontramos, assim, cláusulas mais explícitas, que determinam que "será condição necessária que a aprovação do presente plano implique, por parte dos credores, *o não accionamento dos terceiros garantes (avalistas/fiadores)*, concedendo-lhes as *condições necessárias para que aqueles possam dedicar todo o seu tempo* à efectiva recuperação da sociedade, único meio que verdadeiramente poderá possibilitar o ressarcimento dos créditos aos credores"[592], e cláusulas mais ambíguas, prevendo que "*as garantias anteriormente prestadas* pela empresa e por terceiros *manter-se-ão como garantia do cumprimento das novas obrigações* decorrentes do presente plano"[593].

Perante este tipo de previsões são de equacionar três ordens de problemas: primeiro, o problema de saber *se são admissíveis*; em segundo lugar, o problema de (supondo que são admissíveis) apurar se a sua inserção no plano de recuperação poderá fundar um *pedido de não homologação*, nomeadamente por parte de um credor que haja votado contra; e por último, se forem admissíveis e após homologação, *qual o seu alcance* (em particular, se podem ser invocadas por um garante accionado em violação do plano homologado).

garantes são precisamente os únicos dois acionistas e administradores daquela, com quem os credores contam para executarem o plano de recuperação" (sublinhados meus).

[592] RG 24-09-2015. Cfr., ainda, RC 06-07-2016 ("manutenção das garantias existentes com *garantia de não execução* das mesmas pelos credores enquanto se mantiver o cumprimento do plano de recuperação"); RC 08-03-2016 ("as garantias pessoais prestadas pelos accionistas C (...) e L (...) a favor da Devedora I (...), verão, com a homologação judicial do PER, a sua *eficácia suspensa enquanto* o plano de recuperação for cumprido"; RG 15-09-2016 ("mantendo-se todas as garantias constituídas para os respectivos créditos, com o compromisso dos credores de *não execução das garantias* enquanto se mantiver o cumprimento do Plano"); RL 17-05-2016 ("os credores *apenas* poderão exigir a terceiros garantes do cumprimento das obrigações da Empresa, *após* o incumprimento por parte desta do Plano de Recuperação").

[593] RC 01-12-2015. Mais ambígua, ainda (pelo menos, isoladamente considerada), é a cláusula referida em RC 03-06-2014 (proc. nº 281/13.0TBOHP-A.C1), determinando que "não ficam prejudicadas as garantias, pessoais ou reais, que vigoravam antes do processo de revitalização" – significa que se *mantêm nos termos anteriores* (não é prejudicado o seu accionamento face a um incumprimento já verificado, não obstante a posterior alteração dos termos da obrigação fundamental) ou que se *mantêm para as obrigações recém-configuradas pelo plano* (não sendo prejudicada a sua subsistência pela alteração da relação fundamental garantida)?

7.2.1.2. Admissibilidade das cláusulas: o plano de revitalização enquanto negócio jurídico *sui generis* (em que o devedor também é parte) e o amplo papel da autonomia privada

Dispõe o art. 17ºA, 1 CIRE que o PER se destina a permitir à empresa que comprovadamente se encontre em dificuldades (situação económica difícil ou insolvência iminente), mas seja recuperável, *estabelecer negociações* com os respetivos credores de modo a *concluir com estes acordo* conducente à sua revitalização.

O art. 17ºD dedica várias normas à chamada *fase das negociações* entre a empresa e os seus credores – a empresa comunica aos credores que "deu início a negociações com vista à sua revitalização" (nº 1); é fixado um "prazo de dois meses para concluir as negociações encetadas" (nº 5); estabelece-se uma obrigação de a empresa prestar toda a informação pertinente "durante as negociações" (nº 6); "os credores que decidam participar nas negociações" podem fazê-lo a todo o tempo (nº 7); "as negociações encetadas entre a empresa e os seus credores" obedecem a determinadas regras (nº 8) e "durante as negociações" os intervenientes devem actuar de acordo com certos princípios orientadores (nº 10); também "o administrador judicial provisório participa nas negociações, orientando e fiscalizando o decurso dos trabalhos e a sua regularidade" (nº 9).

O resultado positivo destas *negociações* entre a empresa devedora e os seus credores consistirá, naturalmente, num *acto jurídico-negocial*. Este *acordo* que conclui com sucesso a fase das negociações é designado na epígrafe do art. 17ºF por *plano de recuperação conducente à revitalização da empresa* ou abreviadamente, no nº 1 da mesma norma, por *plano de revitalização* [594]. Semelhante plano apresenta, todavia, *especificidades* dignas de nota quando contrastado com o paradigma contratual.

A primeira especificidade diz respeito ao *consenso relevante*: não vale necessariamente a bitola fornecida pelo art. 232º CCiv. (nos termos da qual o contrato não fica concluído enquanto as partes – todas elas – não houverem acordado em todas as cláusulas sobre as quais qualquer delas

[594] Suscitando a *oscilação terminológica do legislador* – que começa por referir a obtenção de um *acordo* para depois nomear um *plano* de recuperação – a algumas (pertinentes) *interrogações* de A. Soveral Martins, *Um curso de direito da insolvência*, *cit.*, p. 532 ("terá o acordo sempre que revestir a modalidade de plano de recuperação"? "estará afastada a possibilidade de celebrar outros acordos para além desse"?).

tenha julgado necessário o acordo)[595]. Na verdade, apenas nas hipóteses previstas no nº 4 do art. 17ºF se verifica a *anuência de todas as partes vinculadas* (credores e empresa[596]); mas, mesmo falhando esse consenso geral, o nº 5 permite *considerar aprovado* o plano que recolha *uma certa maioria dos votos emitidos pelos credores*[597]. Como já foi observado, "a regra do consentimento individual, típica dos contratos" é, aqui, "substituída pela regra do consentimento colectivo"[598]. Ou seja, é possível considerar o acordo conducente à revitalização do devedor celebrado *mesmo sem a declaração de vontade* concordante de algum ou de alguns dos credores que, não obstante, virão a ficar vinculados.

A única declaração de vontade concordante *imprescindível* é a *da própria empresa devedora*. Este aspecto tende a passar despercebido devido à técnica legislativa utilizada: a atribuição à empresa devedora da *faculdade de pôr termo ao processo negocial*, caso conclua antecipadamente não ser possível alcançar acordo (art. 17ºG, nºs 1 e 5). Mas daqui resulta, cristalinamente, que *o devedor tem de estar de acordo com o plano que vier a resultar das negociações* – "é que, se assim não for, o devedor poderá, pura e simplesmente, desistir do PER"[599].

A segunda especificidade do acordo de revitalização (a qual se encontra intrinsecamente ligada à primeira e que, em bom rigor, a justifica) reside na *necessidade de homologação judicial para a produção de efeitos*, de par com a *extensão dos efeitos produzidos* (art. 17ºF, respectivamente nºs 7 e 10)[600]– uma

[595] Sobre esta bitola do consenso contratual, ver C. MOTA PINTO, *Teoria Geral do Direito Civil*, *cit.*, p. 647.

[596] Veja-se o que dizemos adiante, no texto, sobre o consentimento do devedor.

[597] Detalhadamente, sobre as dificuldades na interpretação do art. 17ºF, nº 3 (actual nº 5) na redação anterior e posterior ao DL 26/2015, cfr. A. SOVERAL MARTINS, *Um curso de direito da insolvência*, *cit.*, p. 539-545.

[598] CATARINA SERRA, *O processo especial de revitalização na jurisprudência. Questões jurisprudenciais com relevo dogmático*, 2ª ed., Almedina, Coimbra, 2017, p. 15.

[599] SALAZAR CASANOVA / SEQUEIRA DINIS, *O processo especial de revitalização*, *cit.*, p. 125.

[600] Correspondendo, portanto, às principais características dos *hybrid proceedings* descritos por CATARINA SERRA, *O processo especial de revitalização na jurisprudência*, *cit.*, p. 15 – "a homologação do acordo por uma autoridade independente (normalmente, o tribunal) e a produção, pelo acordo, de efeitos gerais, não obstante a oposição de alguns credores". Estes processos híbridos combinam, assim, "uma fase informal (ou negocial) e uma fase formal (judicial), acumulando, portanto, as vantagens de uma e outra". A autora (em "Entre o princípio e os princípios da recuperação de empresas (um *work in progress*)", *cit.*, p. 73) considera que, em Portugal e desde que foi eliminado o processo judicial de recuperação,

vez que o plano vincula os credores "mesmo que não hajam reclamado os seus créditos ou participado nas negociações"[601] e logo, por maioria de razão, também os credores que hajam reclamado e participado, mas não tenham manifestado o seu consentimento através do voto favorável. Pelo modo como os preceitos legais referidos disciplinam tanto a fase das negociações, como os critérios para a obtenção do acordo e o subsequente papel do tribunal, parece-me pertinente a conclusão de que a *sentença judicial de homologação constitui uma condição de eficácia do plano*, não lhe sendo de assinalar um valor constitutivo[602]. Além do controlo de legalidade proporcionado pela intervenção judicial[603], a homologação funciona como um *plus* que *contrabalança* a desnecessidade de consentimento de todos os credores vinculados.

O legislador apenas se preocupou com o *objectivo ou finalidade* do acordo a alcançar – o plano deve conduzir à revitalização do devedor –, nada adiantando quanto ao seu *conteúdo possível,* ou sequer sugerindo directamente

"toda a recuperação assenta na celebração de acordos", o que retira utilidade às "classificações com base na natureza (contratual ou não) dos instrumentos" e erige antes em critério "o grau de intervenção judicial". Ver, também, Filipa Gonçalves, "O processo especial de revitalização", *cit.*, p. 51-98, p. 56.

601 Mas não, como oportunamente sublinhei (cfr. *supra*, nº 7.1.4.1 e nota 512, em concordância com Salazar Casanova / Sequeira Dinis, *O processo especial de revitalização, cit.*, p. 57), aqueles credores que não participaram nas negociações, porque, à data em que estas se realizaram, *ainda não revestiam a qualidade de credores* – logo, *nem sequer poderiam ter participado,* mesmo que houvessem tido conhecimento das negociações e estivessem dispostos a participar nelas. Como justamente sublinha Catarina Serra, "Entre o princípio e os princípios da recuperação de empresas (um *work in progress*)", p. 98, "se os efeitos atingem todos, todos *devem (poder) participar* – dispõe o princípio ou regra da universalidade" (sublinhados meus). Note-se que o entendimento subscrito foi reforçado pela nova redação do preceito que explicitamente estabelece o alcance da vinculação decorrente do plano homologado: *vincula os credores "relativamente aos créditos constituídos à data* em que foi proferida a decisão prevista no nº 4 do art. 17ºC", ou seja, o despacho de nomeação do administrador judicial provisório.

602 Já manifestada entre nós por, E. Santos Júnior, "O plano de insolvência. Algumas notas", *O Direito,* ano 138 (2006), III, p. 571-591, p. 590, embora a propósito do plano de insolvência (sobre as diferenças "estruturais" entre o plano de insolvência e o plano de revitalização, ver adiante no texto). Em sentido concordante, A. Soveral Martins, *Um curso de direito da insolvência, cit.*, p. 449, e Gisela Teixeira Jorge Fonseca, "A natureza jurídica do plano de insolvência", in *Direito da Insolvência – Estudos,* coord. Rui Pinto, , Coimbra Editora, Coimbra, 2011, p. 65-129, p. 108 (acrescentando que a sentença só teria um valor constitutivo caso "existisse da parte do tribunal uma apreciação da oportunidade do plano e do mérito do seu conteúdo").

603 Sobre a homologação, ver *infra*, nº 7.2.1.4.

vias para atingir tal objectivo. Deve entender-se, portanto, que, em consonância com a natureza negocial assinalada ao plano de recuperação, vale o *princípio geral da autonomia privada*, com particular destaque para a as manifestações da sua vertente de liberdade conformação do conteúdo negocial[604].

Julgo útil realizar, de seguida, *uma sumária comparação com a figura do plano de insolvência* (figura mais extensamente regulada pelo legislador e mais profusamente estudada pela doutrina), com o propósito de evidenciar[605] algumas singularidades do plano de recuperação, as quais *impedem uma aproximação demasiado radical* de ambos – aproximação, todavia, amiúde efectuada e sem as devidas cautelas.

Em primeiro lugar, o *relevo da vontade do devedor*, sem a qual, como vimos, não é possível aprovar um plano de revitalização, mas que já não desempenha qualquer papel na aprovação de um plano de insolvência. Este poder concedido à empresa devedora no PER tem sido justificado pelo facto de *não se encontrar numa situação de insolvência actual*, "pelo que não faz sentido que fique à mercê da vontade dos credores", nem tão-pouco existem "fundamentos que justifiquem a '*expropriação de direito privado*'" em que poderá redundar o processo de insolvência[606], com os credores a serem "considerados convertidos em proprietários económicos dos bens que integram a massa insolvente", procedendo através do plano "a uma autocomposição de interesses"[607].

[604] C. Mota Pinto, *Teoria Geral do Direito Civil*, *cit.*, p. 102, ss., em especial p. 107, ss., – com natural respeito pelas normas imperativas vigentes. Segundo João Aveiro Pereira, "A revitalização económica dos devedores", *cit..*, p. 29, o acordo revitalizador pretenderá normalmente a reestruturação da dívida, compreendendo medidas como "concessão de mais prazo para pagamento dos débitos; redução ou perdão de juros, ou mesmo de capital; e, por vezes, um financiamento adicional, com ou sem período de carência, tudo em função de um plano de negócios consistente", embora possa e deva, quando necessário, ir mais além "e prever, especialmente, a formação e a flexibilização dos recursos humanos, a reformulação de preços, melhoria dos processos de produção e comercialização dos produtos ou serviços em termos mais competitivos". Com as alterações de 2017, o legislador efectuou uma remissão (a realizar "com as necessárias adaptações") para algumas das normas que apontam conteúdo possível ao plano de insolvência (cfr. o novo nº 7 do art. 17ºF), mas continua (e bem, em meu entender) sem existir uma previsão legal específica e concreta acerca do conteúdo do plano de revitalização.

[605] Ou de voltar a evidenciar, uma vez que algumas das características já foram destacadas *supra*, em 7.1.3.3.

[606] Salazar Casanova / Sequeira Dinis, *O processo especial de revitalização*, *cit.*, p. 125.

[607] Santos Júnior, "O plano de insolvência. Algumas notas", *cit.*, p. 590.

Em segundo lugar, uma subtil, mas marcada diferença quanto aos *objectivos a alcançar* com cada um dos planos. O plano de insolvência tem por finalidade *a satisfação dos credores*, mesmo quando é baseado na recuperação da empresa compreendida na massa insolvente (art. 1º, 1 CIRE), enquanto o plano aprovado em PER tem por finalidade *a revitalização do devedor* (arts. 17ºA, 1 e 17ºF, 1 e 2)[608]. Esta diferença, aliás, explica em boa medida o relevo que vimos ser conferido à vontade da empresa devedora: estando em causa a sua recuperação, e tendo o processo (ao contrário do de insolvência) como condição *sine qua non* a sua iniciativa, justifica-se inteiramente que o plano em que *desemboque só possa vir a ser aprovado com a sua concordância*[609]. E revitalizar a empresa devedora significa que o cumprimento do plano *a colocará a uma maior distância da situação crítica* (insolvência iminente ou situação económica difícil) *que determinou o recurso ao PER*, pelo que é curial afirmar que "um plano de recuperação que destina aos credores todos os meios libertos pela exploração da empresa não parece assegurar que a cada ano aumente [aquela] distância", pese embora a diminuição do passivo à medida do pagamento aos credores[610].

Estas diferenças quanto aos objectivos e quanto à participação da empresa devedora repercutem-se, depois, *na maior elasticidade do conteúdo do plano de revitalização* em confronto com o de insolvência. Face à moldura normativa anterior, podia afirmar-se que "a elaboração e admissibilidade do

[608] Como sublinha CATARINA SERRA, "Tópicos para uma discussão sobre o processo especial de revitalização (com ilustrações jurisprudenciais), *AB Instantia*, nº 4 (2014), p. 53-109, p. 57, o PER destina-se "à *realização de finalidades distintas* daquelas que são as finalidades do processo de insolvência", em face do qual constitui, portanto, uma "modalidade autónoma e paralela". Mais incisiva, considera AMÉLIA REBELO, "A aprovação e a homologação do plano de recuperação", *cit.*, p. 82, que "ou se assume o PER como uma realidade material e processualmente distinta do processo de insolvência, ou não se justifica a sua previsão e existência legal a par como processo de insolvência". Também L. M. MENEZES LEITÃO, "A responsabilidade pela abertura indevida do processo especial de revitalização", *II Congresso de Direito da Insolvência,* Almedina, Coimbra, 2014, p. 143-151, p. 144 confirmar conclui que o PER "constitui praticamente um enxerto com um ADN completamente distinto do que caracteriza o CIRE".

[609] Ao contrário do que sucede no processo de insolvência e respectivo plano, onde o desiderato da satisfação dos credores "justifica o conjunto de medidas mais agressivas que poderão, nos termos legais, ser tomadas sem qualquer colaboração e até mesmo em prejuízo do devedor" (SALAZAR CASANOVA / SEQUEIRA DINIS, *O processo especial de revitalização, cit.*, p. 125).

[610] Assim REINALDO MÂNCIO DA COSTA, "Os requisitos do plano de recuperação", *cit.*, p. 272.

plano não passa pelo crivo liminar dos requisitos previstos pelo art. 195º"[611] e que o legislador *não estabelecia* (sequer sugestivamente, como para o plano de insolvência nos arts. 192º, 1, 196º, 198º ou 199º CIRE) "um *elenco de medidas* de revitalização que possam ser adotadas, *deixando uma grande margem de liberdade*"[612]. O legislador de 2017, todavia, veio requerer que a versão final do plano de revitalização "seja acompanhada de todos os elementos previstos no artigo 195º, aplicável com as devidas adaptações" (art. 17ºF, 1), além de ordenar explicitamente ao juiz que aplique à respectiva homologação "o disposto nos artigos 194º a 197º" e "no nº 1 do artigo 198º" (art. 17ºF, 7). Mas, mesmo com estas modificações legislativas, *soberanas continuarão a ser a vontade do devedor e da maioria* (legalmente exigida) *dos credores* na escolha do melhor caminho para recuperar a empresa em dificuldades.

Uma última nota quanto à manifestação da vontade dos credores. Além de a redacção de 2015 do art. 17ºF, 3 CIRE *ter abolido a primitiva remissão* para o quórum previsto no art. 212º (o necessário para se considerar aprovada a proposta de plano de insolvência), substituindo-a por uma *redacção adaptada à realidade do plano de recuperação*[613] – postura mantida pelo legislador de 2017, apesar de o regime haver transitado para o nº 5 do preceito –, importa salientar outra diferença. Na verdade, como não estamos no âmbito do processo de insolvência, *não existe o órgão assembleia de credores*, cuja composição e funcionamento são regulados pelo CIRE nos arts. 72º a 80º enquanto "órgão nodal" de um processo destinado "à primacial satisfação dos credores"[614]. Já no âmbito do PER, credores e devedor reúnem de modo muito menos formalizado, no âmbito de negociações disciplinadas em conformidade com os nºs 8 a 10 do art. 17ºD, orientadas pelo administrador judicial provisório sem a intervenção do juiz[615]. Também deste contraste é possível retirar o *consideravelmente menor protagonismo do interesse dos credores* no PER.

[611] Amélia Rebelo, "A aprovação e a homologação do plano de recuperação", *cit.*, p. 83. Sublinhando (antes de 2017) que "a lei é totalmente omissa quanto ao conteúdo do plano de recuperação", Maria do Rosário Epifânio, "O Processo Especial de Revitalização", Almedina, Coimbra, 2016, *II Congresso Direito das Sociedades em Revista*, Almedina, Coimbra, 2012, p. 257-264, p. 261.

[612] A. Soveral Martins, *Um curso de direito da insolvência, cit.*, p. 532 (sublinhados meus).

[613] Sobre o regime anterior e nova redacção pode ver-se, detalhadamente, A. Soveral Martins, *Um curso de direito da insolvência, cit.*, p. 539-545.

[614] Maria do Rosário Epifânio, *Manual de Direito da Insolvência, cit.*, p. 70.

[615] Que, como é sabido, preside à assembleia de credores – art. 74º CIRE.

Tenho, assim, dúvidas em atribuir ao que o legislador designa como *votação efectuada por escrito* (art. 17ºF, 6) o carácter de *deliberação* – que é, todavia, pacificamente reconhecido à decisão de aprovação de um no plano de insolvência pelos credores (cfr. art. 213º CIRE)[616]. Desde logo, não temos no PER um órgão colegial de que a deliberação seja manifestação de vontade[617]; depois, a vontade do devedor também concorre (decisiva e imprescindivelmente, como vimos), para a celebração do acordo[618]. Por isso, apesar de a terminologia legal aludir ao universo deliberativo (os credores remetem os seus *votos escritos* ao administrador provisório), aplicando-se com adaptações a norma que rege a *votação por escrito* do plano de insolvência (art. 211º), considero que estamos perante um *negócio jurídico plurilateral, mas não-deliberativo*, sendo os alegados "votos" verdadeiras *declarações de aceitação da proposta* de plano de recuperação[619]. Há, aliás, um curioso paralelo entre o previsto no nº 2 do art. 211º CIRE ("o voto escrito deve conter a aprovação ou rejeição da proposta de plano de insolvência; qualquer pro-

[616] Ver, nomeadamente, A. Soveral Martins, *Um curso de direito da insolvência*, *cit.*, p. 449: "A aprovação dos credores tem lugar através de deliberação sobre uma proposta. A deliberação tem aqui a natureza de negócio jurídico. Ao votar, cada credor emite uma declaração de vontade". Explorando "a classificação do plano de insolvência como uma deliberação de um órgão colectivo, neste caso, uma deliberação da assembleia de credores", Gisela Fonseca, "A natureza jurídica do plano de insolvência", *cit.*, p. 104-105. A autora conclui que, todavia, "o plano de insolvência não atinge a perfeição com a deliberação da assembleia de credores, subsistindo a necessidade de homologação judicial", a qual constitui um *plus* "que modifica a natureza do plano e o faz afastar-se da qualificação como deliberação ou contrato" (p. 107) – num raciocínio que, em meu entender, peca por não tomar na devida consideração a diferença entre *perfeição* e *eficácia* do negócio jurídico –, acabando por qualificar o plano de insolvência como uma "figura de cariz contratual e processual, semelhante à transacção" (p. 118).

[617] Como aliás bem sublinha Catarina Serra, "Tópicos para uma discussão sobre o processo especial de revitalização", *cit.*, p. 88, "não havendo no PER constituição de assembleia de credores e não sendo a votação do plano presencial, mas sempre por escrito", não pode falar-se "com propriedade em 'quórum constitutivo', 'quórum deliberativo', 'votos emitidos' ou 'abstenções'.

[618] Delineando o raciocínio inverso para o plano de insolvência – o acto de aprovação é uma deliberação da assembleia de credores e não existe qualquer contribuição do devedor que permita reconhecer-lhe o estatuto de parte – Gisela Fonseca, "A natureza jurídica do plano de insolvência", *cit.*, p. 105-107.

[619] Na mesma esteira de Salazar Casanova / Sequeira Dinis, *O processo especial de revitalização*, *cit.*, p. 126, anot. III ao nº 1 do art. 17º-F: "na prática, o plano funciona como um negócio jurídico plurilateral, que se forma em resultado do consenso dos envolvidos", entre os quais incluem o devedor que "manifestou a sua adesão".

posta de modificação deste ou condicionamento do voto implica rejeição da proposta") e a regra geral do art. 233º CCiv. ("a aceitação com aditamentos, limitações ou outras modificações importa rejeição da proposta"). A diferença significativa, como já tive oportunidade de sublinhar, reside no *contraste entre o âmbito do acordo de vontades* previsto no art. 232º (que requer a concordância de *todas* as partes, *i.e.*, de todos os que irão ficar vinculados pelo acordo) e no art. 17ºF, 5 (que se *basta* com a concordância – ou o "voto" – de uma maioria dos credores).

Todas as *dissemelhanças* assinaladas explicam e fundamentam, em meu entender, o carácter limitado da remissão do art. 17ºF, 7 para as normas que disciplinam o plano de insolvência: a remissão *incide*, sobretudo, naquilo que subsiste como *a grande semelhança* entre o plano de insolvência e o plano de revitalização: a necessidade de *homologação judicial* e os fundamentos de uma sua eventual *recusa*[620].

Por conseguinte, no *legítimo exercício da liberdade de conformação do conteúdo negocial* pelo devedor e credores participantes nas negociações, não vejo porque não possam ser inseridas no plano de recuperação cláusulas de *salvaguarda da posição dos avalistas,* vinculando os credores a *não os accionar senão dentro das novas condições acordadas para a dívida que garantiram* (desconsiderando, portanto, o eventual incumprimento entretanto ocorrido).

Repare-se: a inserção destas cláusulas explica-se[621] pela circunstância de os principais avalistas e garantes *coincidirem com os gerentes e administradores das sociedades devedoras*, que assim acabam por ter intervenção no processo negocial na qualidade de representantes orgânicos dessas sociedades. Ora, razões *mutatis mutandis* afins das que no âmbito das negociações do PER justificam o *stand still* cominado pelo art. 17ºE, 1 – trégua processual, paragem na litigância que permita alcançar a estabilidade necessária à concentração dos beneficiados nas tarefas mais prementes (aqui, a efectiva revitalização da empresa garantida) – têm pleno cabimento enquanto

[620] E, ainda assim, a aplicação das normas expressamente mencionadas terá de fazer-se com significativas adaptações: por exemplo, não tem cabimento reconhecer ao devedor a faculdade de solicitar a não homologação de um plano de revitalização prevista no art. 216º, 1, já que a aprovação do plano pressupõe que, perante a proposta submetida aos credores para aprovação, não tenha exercido o radical "*poder de veto*" que o art. 17ºG, 1 e 5 lhe confere, pondo termo às negociações. Neste sentido SALAZAR CASANOVA / SEQUEIRA DINIS, *O processo especial de revitalização, cit.*, p. 145.

[621] Como vimos *supra*, nº 7.2.1.1.

justificação material da inserção de tais cláusulas. Como o pode o gerente ou administrador da sociedade alvo de um plano de revitalização dedicar-se com empenho e tranquilidade à complexa tarefa de recuperar a empresa social se está, em simultâneo, a ser executado em tribunal por valores nada despiciendos relativos a dívidas dessa sociedade?

É certo que a lei não previu – nem no decurso das negociações[622], nem após a homologação do plano – qualquer trégua ou quarentena para os garantes que estivessem em condições (legais e contratuais) de ser accionados. Mas isso não significa que a *autonomia privada* de credores e devedor, expressa no acordo de recuperação, não possa criar esse armistício. As cláusulas de salvaguarda dos garantes estão, na verdade, *ao serviço da finalidade visada pelo plano* – a revitalização da sociedade devedora, que requer ou pelo menos beneficia grandemente com a estabilidade dos seus administradores[623] – e *contêm-se dentro de limites aceitáveis* – o credor apenas deixa de poder accionar de imediato a garantia, mas não a perde, passando doravante a respaldar o cumprimento das obrigações modificadas pelo plano.

Além disso, o facto de o credor accionar de imediato os garantes nos termos da dívida originária *pode vir a estar na génese do insucesso do próprio plano de revitalização.* Recorde-se que os avalistas executados, depois de pagar a soma inscrita no título cambiário, têm *direito de regresso* (também imediato e pelo mesmo valor) *contra o devedor em recuperação*[624]. Ora, o exercício desse direito de regresso durante o período das moratórias concedidas pelo plano[625] – período em que se pretendeu que o devedor não fosse constrangido a pagar as suas dívidas, para poder concentrar as suas disponibilidades financeiras na pretendida revitalização – e por um valor eventualmente superior ao da dívida fundamental renegociada com o credor originário (já que foi

[622] Veja-se o que dizemos *supra*, nº 7.1.2.3. sobre a (não) aplicação do *stand still* estabelecido pelo art. 17ºE, 1, CIRE ao avalista.

[623] Paradigmática é a ilustração providenciada pela cláusula inserida no plano de recuperação sobre o qual se debruçou RG 24-09-2015, nos termos da qual " será condição que a aprovação do presente plano implique, por parte dos credores, o não accionamento dos terceiros garantes (avalista/fiadores), *concedendo-lhes as condições necessárias para que aqueles possam dedicar todo o seu tempo à efectiva recuperação da sociedade,* único meio que *verdadeiramente* poderá possibilitar o ressarcimento dos créditos dos credores" (sublinhados meus).

[624] Veja-se o que se disse *supra*, nº 7.1.4, em particular nºs 7.1.4.1 e 7.1.4.2.

[625] As quais *não vinculam* o novo credor que é o avalista *solvens* – cfr. nºs indicados na nota anterior.

por assim dizer "decalcado" da primeira versão dessa dívida), são factores que podem comprometer decisivamente a revitalização.

Também por aqui se justifica, portanto, que *o plano de recuperação procure acautelar o seu próprio sucesso*, prevenindo essa cadeia de eventos com desenlace nocivo. E também aqui se manifesta a plasticidade do conteúdo susceptível de ser aprovado, no desiderato de *compatibilizar* os interesses de todos os envolvidos na equação (empresa e seus administradores, credores beneficiários e não beneficários das garantias afectadas) segundo uma lógica de cedência mútuas.

Pode dizer-se, portanto, que não existe, à partida, qualquer obstáculo à inserção das mencionadas cláusulas de salvaguarda dos garantes num plano de recuperação aprovado em PER. Esta conclusão parece-me indiscutível nos casos em que os próprios credores afectados (os que perdem a possibilidade de ccionar de imediato os garantes) aceitam a cláusula, *votando favoravelmente o plano*. Podem, todavia, os credores afectados *ter votado contra* e, mesmo assim, o plano ter sido aprovado, já que para o efeito apenas se exige a maioria prevista no (actual) art. 17ºF, 5 CIRE[626]. Ainda assim, nada no teor da cláusula é susceptível de *prejudicar a validade da sua inserção no acordo alcançado*: o facto de produzir uma restrição na garantia de que o credor é beneficiário não afecta a sua validade – não só boa parte do conteúdo dos planos de recuperação consiste, tipicamente, na introdução de limitações e constrangimentos aos direitos dos credores (moratórias, perdões de dívida, pagamentos faseados, etc.), como se pode retirar um argumento de maioria de razão do art. 197º, a) CIRE.

Na verdade, se em sede de insolvência, onde os interesses creditórios assumem uma primazia que não encontram no PER, é *expressamente admitido que cláusulas do plano afectem os direitos decorrentes de garantias reais e de privilégios creditórios* (créditos, que, recorde-se, são alvo de qualificação especial no art. 47º, 4, a) CIRE e de um tratamento mais favorável em vários contextos relevantes[627]), não vejo porque motivo não poderão cláusulas do plano de revitalização *afectar os direitos decorrentes de simples garantias pessoais*. Num caso como no outro, não está em causa a *validade* das estipulações

[626] Como aconteceu em vários dos acórdãos citados

[627] Sobre o regime destes créditos, pode ver-se L. MENEZES LEITÃO, *Direito da Insolvência, cit.*, p. 94-96; ou A. SOVERAL MARTINS, *Um curso de direito da insolvência, cit.*, p. 275-279. Para distinções de regime *entre* os créditos garantidos e os privilegiados, ver GONÇALO ANDRADE E CASTRO, "Efeitos da declaração de insolvência sobre os créditos", *cit.*, p. 269-270.

ou a *admissibilidade* da sua inserção nos planos (de insolvência ou de revitalização). A tutela dos credores afectados far-se-á através de um outro mecanismo, um mecanismo *ex post,* o qual nada tem que ver com a validade mas sim com *(certas) consequências* do plano aprovado: *o pedido de não homologação* com base no fundamento do art. 216º, 1, a) (situação previsivelmente menos favorável do que a que interviria na ausência de qualquer plano)[628].

7.2.1.3. Admissibilidade das cláusulas (cont.): os argumentos do art. 217º,4 CIRE, do princípio da igualdade dos credores e da afectação da esfera de terceiros

Contra a admissibilidade das cláusulas de salvaguarda dos garantes poder-se-iam ainda esgrimir, em abstracto – e são, em concreto, frequentemente esgrimidos na jurisprudência – alguns outros argumentos: a violação do art. 217º, 4, CIRE, do princípio da igualdade dos credores ou a afectação da esfera de terceiros. Nenhum deles me parece subsistente, pelas razões que passo a aduzir.

Já tive oportunidade de justificar abundantemente que *não* considero o art. 217º, 4, CIRE aplicável ao plano de recuperação aprovado em PER[629]. Mas, ainda que a norma fosse aplicável, em causa estaria apenas o seu primeiro segmento, que estabelece *a regra* de que as providências com incidência no passivo do devedor não afectam a existência nem o montante dos direitos dos credores da insolvência contra os condevedores ou os terceiros garantes da obrigação. Ora, como também tive oportunidade esclarecer[630], esta parte do preceito *não tem carácter imperativo*[631]. Isto significa, desde logo, que está ao alcance da *liberdade contratual de credor e garante* antecipa-

[628] No sentido de que *não* é necessário o consentimento do credor afectado para que o plano atinja garantias reais e privilégios creditórios, *mas* que tal vulneração confere ao credor em questão a faculdade de requerer ao juiz a não homologação do plano ao abrigo do art. 216º, 1, a), ver L. M. Menezes Leitão, *Código da Insolvência e da Recuperação de Empresas: anotado,* 8ª ed, Almedina, Coimbra, 2015, p. 227-228, anot. nº 3 ao art. 197º. Sobre o pedido de recusa de homologação do plano de revitalização, cfr. *infra,* nº 7.2.1.4.

[629] Cfr. *supra* nºs 7.1.3.4. e 7.1.4.2.

[630] Desta feita *supra,* nº 6.3.4.

[631] Já era este, aliás, o entendimento de Carvalho Fernandes/ João Labareda, *Código dos Processos Especiais, cit.,* p. 192, anot. nº 2 ao art. 63º, a propósito da regra do CPEREF que consagrava a solução inversa: "nada impede o afastamento da solução legal", porque nos encontramos "no domínio de direitos disponíveis".

damente prever e regular a medida dos direitos que ao primeiro é dado exercer contra o segundo, restringindo-a em face do padrão legal[632], mas também me parece que a *derrogabilidade da solução legal* se estende à *possibilidade do seu concreto afastamento pelo plano de insolvência*[633]. Logo, ainda que valesse o regime do art. 217º, 4 em sede de PER (e não vale), as cláusulas de salvaguarda dos garantes *nunca consubstanciariam a violação de uma norma imperativa, mas o lícito afastamento de uma solução supletiva*[634].

Repare-se ainda que (ao contrário do que por vezes parece resultar da argumentação expendida na jurisprudência) aquilo que o art. 217º, 4, CIRE visa regular é a *repercussão das providências* previstas no plano de insolvência com incidência no passivo do devedor *sobre* os direitos do credor contra os garantes, *i.e.*, os sujeitos que garantiram esse passivo modificado pelo plano – negando, como regra (supletiva, pelas razões avançadas), semelhante repercussão. Mas norma não se ocupa da possibilidade de as próprias providências do plano *incidirem directamente* sobre os direitos dos credores contra os garantes, como sucede com as cláusulas de que tratamos. Não se ocupa, nem tem de se ocupar: essa possibilidade está contida dentro *liberdade de configuração do plano de insolvência*, respeitados que sejam *os limites gerais*. Veja-se, aliás, a possibilidade expressamente admitida pelo art. 197º, a), CIRE de se inserir uma cláusula no plano de insolvência que *afecte directamente os direitos decorrentes de garantias reais e de privilégios creditórios*. Não será o art. 217º,4, portanto, mas princípios como o da igualdade dos credores (art. 194º) ou o da não afectação da esfera de terceiros (art. 192º, 2) que teremos de questionar para concluir, definitivamente, pela admissibilidade das cláusulas em apreço.

[632] Tal como no domínio do CPEREF se entendia que podiam, em concreto, *alargar* tais direitos, ainda que a *regra legal* então vigente os coarctasse (ver nota anterior).

[633] Neste sentido, afirmando expressamente que o plano de recuperação aprovado em PER pode conter disposições que prevejam a afectação das garantias prestadas por terceiros, Bertha Parente Esteves, "Da aplicação das normas relativas ao plano de insolvência ao plano de recuperação conducente à revitalização", *cit.*, p. 275.

[634] Todavia, ver RG 24-09-2015, onde se considera que "as obrigações dos condevedores da insolvente/pré-insolvente ou de terceiros garantes não podem ser afectadas pelo "plano", sob pena de clara violação do disposto no art. 217º, nº4, do CIRE"; ou, mais elipticamente, RC 03-06-2014 (proc. nº 281/13.0TBOHP-A.C1) – "ainda que se considere que o citado art. 217º do CIRE não é directamente aplicável ao plano de recuperação aprovado no âmbito do processo especial de revitalização, a verdade é que a solução consagrada na 1ª parte do seu nº 4 não poderá deixar de ser aplicável ao aludido plano por força de outras regras e princípios".

Começando pelo *princípio da igualdade*, o que está vedado pelo art. 194º, 1 CIRE (preceito que figura entre as normas que o novo art. 17ºF, 7 prevê *expressamente* que sejam aplicadas ao plano de revitalização) é "sujeitar a regimes diferentes credores em circunstâncias idênticas", constituindo a *razão objectiva* "porventura mais clara que fundamenta a diferença de tratamento" *a distinta classificação dos créditos*, mas sendo pertinente destrinçar, dentro da mesma categoria, conforme o grau hierárquico, a fonte dos créditos, etc.: em suma "a ponderação das circunstâncias dentro de cada situação pode justificar outros alinhamentos"[635]. Vertendo esta ideia para o caso que nos ocupa, não há *prima facie* violação do princípio da igualdade se a cláusula afectar *todos* os credores que beneficiem de garantias pessoais, ou, mais precisamente, todos os credores que beneficiem de garantias prestadas *por* administradores (e/ou sócios) do devedor em dificuldades: *existe uma razão objectiva*, estreitamente ligada ao o sucesso do próprio plano de revitalização, para singularizar estas situações.

Mais: se os credores afectados *votarem favoravelmente* a proposta de plano que inclua tais cláusulas, poderemos considerar que *tacitamente prestam o seu consentimento* à compressão do seu direito (o que já resultaria dos princípios gerais, mas é expressamente reafirmado pelo nº 2 do art. 194º CIRE), afastando qualquer dúvida que se pudesse colocar em sede de igualdade ("admite-se desigualdade quando o prejudicado nisso consinta"[636]).

E se o plano for aprovado *não obstante os votos contra dos credores afectados*? Verificando-se a supra-citada razão objectiva, não descortino violação do princípio da igualdade; além do mais, pode retirar-se um argumento de maioria de razão do art. 197º, a) CIRE. Na verdade, é pacífica a "*dispensa da exigência do acordo* de cada um dos credores que perca garantias ou privilégios, bastando a observação da *maioria comum*" para inserir no plano uma cláusula que afecte os a direitos decorrentes de garantias reais e de privi-

[635] Carvalho Fernandes/ João Labareda, *Código da Insolvência, cit.*, p. 753, anot. nº 4 ao art. 194º; no mesmo sentido, Filipa Gonçalves, "O processo especial de revitalização", *cit.*, p. 84, salientado a importância de que "as razões objectivas que justifiquem o tratamento diferenciado entre os credores estejam claramente identificadas, concretizadas e explicadas no plano de recuperação".

[636] Carvalho Fernandes/ João Labareda, *Código da Insolvência, cit.*, p. 753, anot. nº 5 ao art. 194º.

légios creditórios[637]. Ora, se isto é assim em sede de plano de insolvência, onde a salvaguarda do interesse dos credores é soberana, e se é permitido no que respeita a créditos graduados acima de todos os outros (cfr. art. 47º, 4, a)[638], *por maioria de razão* há-de valer idêntica liberdade de estipulação no âmbito do PER, onde o interesse dos credores tem de se harmonizar com outros interesses, e há-de valer sobretudo no que respeita créditos dotados de uma simples garantia pessoal[639].

Finalmente, cabe analisar o argumento (as mais das vezes, apenas implícito[640]) da inadmissibilidade das cláusulas de protecção dos garantes por *alegadamente afectarem a esfera de terceiros, não participantes nas negociações*. Em causa está a salvaguarda imposta pelo nº 2 do art. 192º, nos termos da qual o plano só pode *interferir com direitos de terceiros* "na medida em que tal seja expressamente autorizado neste título ou consentido pelos visados". Pretende-se impedir, portanto, uma "indevida afectação da posição jurídica" desses sujeitos[641].

Mas, desde logo, "não parece existir razão alguma para excluir que o consentimento do afetado se exprima somente *a posteriori*" ou "que se

[637] Carvalho Fernandes/ João Labareda, *Código da Insolvência, cit.*, p. 763, anot. nº 7 ao art. 197º.

[638] Vejam-se as referências *supra*, nota 627, quanto ao regime destes créditos.

[639] Explicitamente no sentido de que a regra geral é "a de que o plano de revitalização *possa afectar* os titulares de créditos garantidos e privilegiados", Salazar Casanova / Sequeira Dinis, *O processo especial de revitalização, cit.*, p. 149, anot. IV aos nºs 6 e 7 do art. 17ºF (sublinhados meus).

[640] Como em RG 24-09-2015, onde se lê "sendo os responsáveis avalistas *terceiros* quanto a este processo (embora administradores da revitalizada), [...]não pode o plano dispor contra os interesses e a vontade dos apelantes incidentes na sua relação com os garantes"; ou em RL 27-10-2015, em que se conclui que "sendo o plano de revitalização um negócio jurídico atípico, as medidas que o integram, tendentes a alcançar a recuperação económica do devedor requerente *não podem repercutir-se na esfera jurídica de terceiro que nele não interveio*, pelo que a alteração obtida pelo devedor no seu passivo nenhuma influência tem na obrigação de quem, a par dele, seja também responsável pela satisfação dessas mesmas dívidas" (embora o caso decidendo fosse bastante complexo e com ramificações para lá da questão da responsabilidade do garante – como melhor se verá *infra* , nº 7.2.2, quando se voltar a referir este acórdão); ou, ainda, RC 03-06-2014 (proc. nº 281/13.0TBOHP-A.C1), onde se sustenta que o "acordo [alcançado em PER] apenas vale entre as partes envolvidas (o devedor e os respectivos credores), não tendo aplicação a outros condevedores que, enquanto tal, nele não tiveram intervenção e relativamente aos quais os credores nada acordaram e a nada se vincularam".

[641] Carvalho Fernandes/ João Labareda, *Código da Insolvência, cit.*, p. 746, anot. nº 8 ao art. 192º.

revele tacitamente"[642]. Bastaria, portanto, que o garante manifestasse o seu (natural) assentimento à cláusula de salvaguarda depois de negociada e incluída num plano homologado, o que até poderia ser feito exteriorizando junto do credor a sua recusa em cumprir os termos da garantia na sua formulação pré-plano. Contudo, participando o garante nas negociações na sua qualidade de representante orgânico do devedor em dificuldades, não vejo porque não possa logo aí deixar previamente manifestado o seu consentimento a uma solução que salvaguarde a sua posição de garante.

Porque – e parece-me este o busílis da questão – o objectivo das cautelas impostas pelo art. 192º, 2 CIRE no que toca a terceiros é *evitar repercussões nocivas do plano de insolvência nas suas posições jurídico-económicas*, a menos que a lei o permita ou que os prejudicados o consintam. No caso vertente, todavia, *a repercussão é favorável*, a tal ponto que *ou* se procede a uma *interpretação restritiva* da norma, de modo a não abranger situações em que os terceiros saiam francamente beneficiados com a "interferência", *ou* se faz apelo a uma ideia próxima da que funda o *consentimento presumido* previsto no art. 340º, 3 CCiv., tendo-se por consentida a "interferência", pois que se deu no interesse do garante e de acordo com a sua vontade presumível.

7.2.1.4. A inserção das cláusulas como fundamento de não homologação do plano

Como seria de esperar, é frequente que os *credores afectados pela cláusula de salvaguarda dos garantes* – ou seja, os credores beneficiários das garantias que, doravante e nos termos fixados pela cláusula, só podem vir a ser accionadas perante o incumprimento da obrigação principal reconfigurada – *solicitem a não homologação do plano de recuperação.*

Na medida em que o art. 17ºF, 7 CIRE manda expressamente aplicar, com as necessárias adaptações, os arts. 215º e 216º, perfilam-se (no nosso caso) essencialmente duas vias para uma eventual recusa de homologação: a chamada *não homologação oficiosa por violação de normas aplicáveis ao conteúdo do plano* (art. 215º); e a *não homologação a solicitação dos interessados* demonstrando que a situação em que o plano os coloca é *previsivelmente menos favorável* do que a que interviria na ausência de qualquer plano (art. 216º, 1 a).

O credor afectado é dotado de *legitimidade activa*, nos termos do art. 216º, 1, desde que haja manifestado a sua oposição ao plano, o que terá

[642] *Idem, ibidem.*

sido (tipicamente) efectuado através do *voto contrário* à sua aprovação[643]. Relembre-se que, pese embora a designação "oficiosa", é pacífico que os fundamentos contemplados no art. 215º podem igualmente ser invocados pelos interessados que solicitem a não homologação[644].

Ora, a via que parece ser predominantemente trilhada pela jurisprudência é a que faz a assentar a recusa de homologação na *(alegada) violação da (suposta) norma imperativa que (injustificadamente, em meu entender) considera aplicável ao conteúdo do plano de recuperação: o art. 217º, 4, CIRE*[645]. Como se antevê das reticências expressas, não posso concordar com esta posição – nem sequer na sua versão "mitigada", que, ao invés de assacar como consequência a frontal recusa de homologação do plano de revitalização, opta pela *homologação acompanhada pela ineficácia ou nulidade da concreta cláusula* que salvaguarda a posição dos garantes[646].

[643] Carvalho Fernandes/ João Labareda, *Código da Insolvência, cit.*, p. 831, anot. nº 5 ao art. 216º, (quanto aos credores, "parece-nos suficiente o voto contrário na deliberação de aprovação pare se considerar preenchida a oposição manifestada nos autos"); no mesmo sentido, Salazar Casanova / Sequeira Dinis, *O processo especial de revitalização, cit.*, p. 145-146, anot. III ao nº 5 do art. 17º.

[644] Neste sentido, Carvalho Fernandes/ João Labareda, *Código da Insolvência, cit.*, p. 827, anot. nº 6 ao art. 215º; Pedro Pidwell, *O processo de insolvência e a recuperação de sociedade comercial de responsabilidade limitada, cit.*, p. 276; ou Salazar Casanova / Sequeira Dinis, *O processo especial de revitalização, cit.*, p. 146, nota 43.

[645] Exemplarmente, RL 27-10-2015: "se do plano aprovado constam acordos de pagamento relativos a devedores alheios aos autos que, sem terem emitido qualquer declaração negocial nesse sentido, viram aprovadas em seu benefício as medidas aplicadas ao devedor requerente, existe violação, não negligenciável, de normas aplicáveis ao conteúdo do plano – arts. 17º-A e 217, nº 4 do CIRE -, o que o que o faz cair na alçada de aplicação do art. 215º do mesmo diploma legal"; mas também RG 24-09-2015: "a homologação de medida que estabelece uma moratória no pagamento da dívida de avalistas, ao impedir o exercício desses direitos 'durante a vigência do plano' está a afectar os 'direitos dos credores contra os terceiros garantes da obrigação', constitui uma violação do nº 4 do artigo 217º". No mesmo sentido, cfr., ainda, RL 17-05-2016.

[646] A via da ineficácia é trilhada por RC 06-07-2016: a violação do art. 217º, 4 "apenas acarreta uma situação de ineficácia *inter partes*, não impedindo a homologação do plano na parte não afectada"; apoia-se o Tribunal "em questão relativamente paralela, respeitante a inderrogabilidade de créditos tributários", em cujo âmbito o STJ (no seu acórdão de 18-02-2014) defendeu que "o plano de insolvência, assente numa ampla liberdade de estipulação pelos credores do insolvente, constitui um negócio atípico, sendo-lhe aplicável o regime jurídico da ineficácia". No mesmo sentido, já RC 08-03-2016: "o plano de recuperação que, além do mais, contém uma moratória a favor de terceiros avalistas não deve ser recusado por isso"; "mesmo que se entenda que a referida moratória é contrária ao preceituado no art. 217º, nº4, do CIRE, o plano não deve ser objecto de recusa de homologação por isso, por

Como julgo haver demonstrado[647], a primeira parte do art. 217º, 4 CIRE *não é uma norma imperativa*, logo o seu afastamento através do exercício da autonomia privada dos outorgantes de um plano *não corresponde a qualquer violação, e sim à permitida derrogação de um regime legal, que é substituído por uma solução negocial*. Mesmo que assim não fosse (e é), ficaria por demonstrar a que título seria o art. 217º, 4 aplicável a um plano de recuperação aprovado em PER – em meu entender, não existe espaço para aplicação analógica ou sequer remissiva[648].

Quanto à (por vezes igualmente invocada) *violação do art. 32ºII LU* pelas cláusulas de salvaguarda dos garantes-avalista[649], confesso a minha perplexidade: no confronto com esta norma, aquelas cláusulas constantes de um plano de revitalização deverão ser analisadas na sua qualidade de *convenções extracartulares relativas ao exercício do direito cambiário*. Não afectam, portanto, o direito cambiário de *per se* (e por isso em nada contendem com o art. 32ºII LU); mas apenas se repercutem sobre o *exercício* do direito por *aquele* credor cambiário (vinculado pelo plano de revitalização) contra *aquele* devedor cambiário (o garante que vê a sua posição salvaguardada)[650].

Resta, portanto, a via da não homologação por aplicação do art. 216º, 1, a) CIRE[651], a qual requer do credor a demonstração *plausível* de que sua situação ao abrigo do plano é *previsivelmente menos favorável* do que a que

enfermar de mera ineficácia relativa aos credores com créditos sobre os terceiros avalistas, valendo no demais".

Defendendo a *nulidade parcial* do plano de revitalização (mas com um voto de vencido sustentando que "em nenhum dos casos a lei fala numa homologação parcial"; "o plano é um só, pelo que ou é homologado na sua globalidade, ou não homologado em bloco", e que isso se justifica também porque "cada credor vota o conteúdo total do plano e não apenas uma parte dele, sendo que o plano, à partida, é o resultado de concessões e equilíbrios entre os direitos dos vários interessados"), RG 15-09-2016: "estas cláusulas são nulas, enquanto violadoras de norma imperativa [o art. 217º, 4], que afectam apenas os créditos emergentes das livranças avalizadas, e, nesta medida, pelo que são inoponíveis à apelante, mas não afectam a globalidade do plano, o que não justifica a sua não aprovação, bastando julgá-las nulas e não vinculativas da apelante".

647 *Supra*, nº 7.2.1.3.

648 Cfr. *supra*, nºs 7.1.3.4 e 7.1.4.2.

649 Assim, por ex., (implicitamente) RL 17-05-2016; ou RG 15-09-2016.

650 Veja-se o que se dirá *infra*, nº 7.2.1.5.

651 Como refere, Fátima Reis Silva, *Processo especial de revitalização. Notas práticas e jurisprudência recente, cit.*, p. 65 "de longe o fundamento mais frequente de pedidos de não homologação".

interviria na ausência de qualquer plano. Como tem sido sublinhado pela doutrina, as especificidades do PER colocam *dificuldades adicionais ao juízo de prognose e de comparação solicitado pela norma*. Na verdade, em sede de plano de insolvência, o mecanismo do *best interest test* traduz-se "numa válvula de escape conferida aos credores que não concordem com o plano de insolvência (*dissenting creditors*) no sentido de exigirem que *o patamar mínimo* a aplicar no tratamento conferido aos seus créditos seja *aquele que para eles resultaria da liquidação do devedor*"[652].

Como é bom de ver, *o termo de comparação* dentro do cenário de execução de um plano de revitalização é não só diferente, como bifronte: tanto pode consistir na *continuação relativamente normal dos negócios e actividade do devedor* (com gradações entre um quadro de maior ou de menor sucesso), como no *colapso do devedor numa situação de actual insolvência* (à qual se seguirá, com grande probabilidade, a respectiva declaração e uma liquidação do seu património)[653].

Há, portanto, um *maior grau de incerteza e de flutuação* no juízo de prognose comparativa que ao credor cabe tecer enquanto alicerce do seu pedido de recusa de homologação[654]. Ainda assim, estou em crer que (pelo menos em certos casos) poderá não ser muito difícil ao credor que beneficia de um crédito garantido por um aval em branco, nas hipóteses em que *o accionamento dessa garantia era possível antes* da aprovação do plano de recuperação[655] e *fica sustado por cláusula* nesse plano inserida, demonstrar que *ficou concretamente em pior situação*, já que sem a cláusula poderia obter (teoricamente, pelo menos – e a distância da teoria à prática pode desvendar

[652] NUNO LOUSA, "Os créditos garantidos e a posição dos garantes nos processos recuperatórios de empresas", *cit.*, p. 158 (sublinhados meus).

[653] Cfr. SALAZAR CASANOVA / SEQUEIRA DINIS, *O processo especial de revitalização*, *cit.*, p. 147-149, anot. IV aos nºs 6 e 7 do art. 17ºF; e FÁTIMA REIS SILVA, *Processo especial de revitalização*, *cit.*, p. 65.

[654] Que nunca requer, como frisa E. SANTOS JÚNIOR, "O plano de insolvência. Algumas notas", *cit.*, p. 585-586, "a prova *stricto sensu*, mas uma mera justificação, por isso o que se exige ao juiz não será a convicção séria e isenta de dúvida da verificação do alegado pelo requerente, mas a conclusão por uma *plausibilidade ou verosimilhança*, ainda que *séria*, do que aquele alegue" – o que bem se compreende pois estamos em face de "acontecimentos futuros, de algo que ainda não ocorreu".

[655] Casos que correspondem apenas – nunca é demais sublinhar – às situações em que o *incumprimento da obrigação fundamental* garantida pelo título em branco *ocorreu antes da aprovação/homologação do plano*, como detalhadamente justificámos *supra*, nº 7.1.3.2 e 7.1.3.3.

contra-argumentos[656]) o *imediato pagamento* da dívida garantida na sua configuração originária.

Podemos traçar, por conseguinte, um paralelo com a situação (mais amplamente debatida) dos credores garantidos ou privilegiados[657] no contexto de um plano de insolvência: também eles podem ver as garantias de que dispõem afectadas contra a sua vontade por estipulação do plano (art. 197º, a) CIRE), mas "a lei reequilibra os interesses em confronto, *compensando* assim o credor atingido" através da *faculdade de solicitar a não homologação* do plano que o prejudique[658]. O mesmo sucede, *mutatis mutandis*, com os credores que disponham de simples garantias pessoais – como sejam títulos cambiários avalizados em branco – no contexto de um plano de revitalização.

Perante este cenário, resta ao avalista tentar fazer valer junto do tribunal[659] *factos e argumentos* que justifiquem que, na situação concreta e devido às particularidades que esta apresenta, o juízo de prognose comparativa não é desfavorável ao credor – *i.e.*, que não é plausível que, *in casu*, fique em pior situação com a aprovação do plano do que sem ela[660].

[656] Cfr. *infra*, nota 660.

[657] Sobre a *não qualificação* de um crédito respaldado por um título cambiário em branco como crédito garantido na acepção do CIRE, veja-se o que ficou dito logo ao início, no nº 3.1.1.

[658] Assim Carvalho Fernandes/ João Labareda, *Código da Insolvência, cit.*, p. 763, anot. nº 7 ao art. 197º.; no mesmo sentido, Salazar Casanova / Sequeira Dinis, *O processo especial de revitalização, cit.*, p. 149, anot. IV aos nºs 6 e 7 do art. 17ºF: a os dos credores afectados "é protegida pelo direito que lhes assiste de requererem a não homologação do plano e, bem assim, pelos quóruns legalmente previstos que devem ser satisfeitos para que o plano seja aprovado e homologado"; e ainda Menezes Leitão, *Código da Insolvência e da Recuperação de Empresas, cit.*, p. 228, anot. nº 3 ao art. 197º.

[659] Quanto ao *expediente processual adequado*, considera razoavelmente Fátima Reis Silva, *Processo especial de revitalização, cit.*, p. 65 que "não há qualquer previsão de contraditório para o pedido de não homologação, seja nos termos do art. 215º, seja nos termos do art. 216º"; porém, tal como acontece com as impugnações, "caso a devedora (*ou qualquer outro interessado*) se mantenha atento e logre pronunciar-se antes da decisão judicial, *não há qualquer motivo para que essa pronúncia*, dado que não contenda com o andamento processual e o decurso dos prazos, *não possa ser ponderada*" (sublinhados meus).

[660] Repare-se num pormenor, relevante no confronto com os casos do art. 197º: numa garantia real com, por exemplo, a hipoteca, *o valor que o credor pode esperar obter com a respectiva execução* – *i.e.*, o termo de comparação no "cenário sem plano" – é relativamente estável e corresponde, *grosso modo*, ao valor do imóvel. *Não assim no caso de garantias pessoais*, em que o valor obtido com o accionamento da garantia *depende* da situação do património do garante. Não é implausível, portanto, sustentar (justificadamente, claro) que o accionamento imediato da garantia (termo

7.2.1.5. Alcance das cláusulas: podem ser invocadas pelos garantes em sede executiva

Uma última nota para esclarecer um ponto apenas implicitamente aflorado por alguns acórdãos[661]: *a possibilidade de o garante accionado* – no nosso caso, o avalista executado na sequência do preenchimento do título em branco – *invocar em sua defesa a cláusula do plano de recuperação que salvaguarda a sua posição,* impedindo o credor de mobilizar a garantia antes de vir a ocorrer o incumprimento da obrigação fundamental tal como o plano a reconfigurou (ou em moldes diferentes do acordado).

Em resposta à objecção formalista de que o plano constitui um acordo no qual o garante/avalista não participou, começo por remeter para o que ficou dito acima[662], quanto à possibilidade de *o consentimento de um terceiro* afectado pelo plano (seja de insolvência, seja de revitalização) ser prestado *a posteriori* e *tacitamente* – através, por exemplo, da invocação da cláusula de salvaguarda para legitimar uma recusa de pagamento. Relembro, depois, que o nosso ordenamento jurídico "não só reconheceu em termos muito amplos *a validade das estipulações a favor de terceiro,* como traçou com bastante latitude o quadro das espécies que elas abrangem"[663]. Por último, convém não esquecer *o papel da homologação judicial do plano*: se, como vimos[664], a homologação é um dos *pilares* da eficácia reforçada do negócio jurídico plurilateral sobre que incide – os efeitos do plano impõem-se

de comparação no "cenário sem plano") iria proporcionar ao credor, por hipótese, *apenas* uma pequena fracção do valor em dívida, enquanto que o cumprimento do plano *iria, previsivelmente,* permitir-lhe embolsar (ainda que mais tarde) *uma quantia bastante superior.*
Na jurisprudência, conferindo relevo às particularidades das situações concretas, cfr. RG 15-09-2016 ("quanto à situação a desenvolver-se com o plano, julgamos que a situação não piora, na medida em que as garantias permanecem e há perspectivas de a empresa melhorar a sua capacidade de desenvolver a sua actividade face a uma plano bem concebido, em que tenta dar um impulso às vendas com prazos mais dilatados no pagamento dos encargos da dívida da empresa", pelo que "não está provado que a situação piore para os credores apelantes com o plano").

[661] Implicitamente porque acaba por ser diluído na questão mais vasta – mas distinta – da aplicabilidade do art. 217º, 4, CIRE ao plano de revitalização.

[662] Cfr. *supra,* nº 7.2.1.3 *in fine.*

[663] J. M. Antunes Varela, *Das Obrigações em Geral,* vol. I, 10ª ed., reimp., Almedina, Coimbra, 2003, p. 416, a propósito dos contratos a favor de terceiro genericamente disciplinados pelo CCiv. nos arts. 443º, ss., identificam inclusive (nota 1) um "*princípio* da admissibilidade das estipulações a favor de terceiro".

[664] *Supra,* nº 7.2.1.2.

mesmo a credores que a ele não aderiram –, há-de seguramente respaldar de modo semelhante *a pretensão do terceiro de invocar efeitos do plano em seu benefício*[665].

No que respeita à nossa hipótese de estudo – aval prestado sobre um título em branco para garantia de uma obrigação fundamental alheia –, a cláusula de salvaguarda *equivale a uma modificação dos termos em que o credor pode realizar o preenchimento do título.* Começa por se *retirar relevo à pretérita verificação do risco garantido*, desconsiderando-se o incumprimento entretanto ocorrido[666]; a partir daí, *repõe-se a ligação típica* com a obrigação fundamental garantida, já dotada de um novo prazo e, eventualmente, de um novo (e reduzido) valor. Assim, *por especial efeito da cláusula de salvaguarda*, o preenchimento relativo ao *status quo ante* será, doravante, abusivo[667]: o título em branco passa a garantir o cumprimento da obrigação fundamental reconfigurada e só poderá vir a ser completado *se e quando* o devedor fundamental incorrer no seu inadimplemento[668].

Caso o credor já tenha procedido ao (regular) preenchimento do título no momento em que o plano de recuperação entra em vigor, a cláusula de salvaguarda adquire o sentido de uma *convenção extracartular relativa ao*

[665] Em sentido convergente, Bertha Parente Esteves, "Da aplicação das normas relativas ao plano de insolvência ao plano de recuperação conducente à revitalização", *cit.*, p. 275: havendo disposições no plano de recuperação que afectem os direitos dos credores *sobre terceiros garantes*, "caso o mesmo venha a ser aprovado, serão tais disposições oponíveis a todos os credores da devedora" (sublinhados meus).

[666] Porque, como vimos, se à data da aprovação/homologação do plano de revitalização não existir incumprimento da obrigação fundamental, os termos do novo acordo *substituem-se automaticamente* ao consenso originário como parâmetro da aferição da legitimidade para o preenchimento do título – cfr. *supra*, nº 7.1.3.2.

[667] Ainda que o credor tente *iludir a cronologia* inserindo uma data de vencimento anterior à aprovação/homologação do plano – como poderá ter acontecido no caso subjacente a RC 03-06-2014 (proc. nº 281/13.0TBOHP-A.C1), onde foi alegado que, em face de um plano de recuperação homologado por sentença judicial de Março de 2013, nos termos do qual o devedor principal só estaria obrigado a proceder ao pagamento do capital em dívida a partir do mês de Abril de 2014, beneficiando do perdão de juros vencidos, "apesar de ter aposto como data de vencimento o dia 27-09-2012, o Exequente apenas procedeu ao seu preenchimento depois do dia 09-04-2013, sendo que, nessa data, já estava em vigor o plano de recuperação". De todo o modo, veja-se o que se diz a seguir, em texto.

[668] Na medida em que o incumprimento da obrigação fundamental reconfigurada equivale a (um) *incumprimento do plano de revitalização*, são pertinentes todas a interrogações que este problema suscita – ver *supra*, em especial. notas 537 e 539.

exercício do direito cambiário[669], podendo ser invocada em sede de oposição à execução perante o portador do título por ela vinculado – *i.e.*, perante o credor garantido[670].

7.2.2. Cláusulas do plano de recuperação ou do acordo de pagamento do próprio avalista que regulem a sua posição *enquanto* garante

7.2.2.1. Contexto do seu surgimento

Face às dificuldades sentidas em defender-se do accionamento da garantia prestada quando os respectivos avalizados logram obter a aprovação e homologação de um plano de revitalização, não surpreende que *os próprios avalistas* se vejam, subsequentemente, *impelidos a requerer ao tribunal a instauração de medidas pré-insolvenciais em seu benefício*. Se até à alteração do CIRE, em 2017, estava unicamente em causa a instauração de um PER, a partir de agora é de prever que muitas destas situações desencadeiem um Processo Especial para Acordo de Pagamento (PEPAP), dado que boa parte dos avalistas – tipicamente coincidentes com os sócios gerentes das sociedades que recorreram (essas sim) ao PER – serão pessoas singulares não titulares de empresas[671].

Ora, tem sido relativamente frequente a inserção, nos planos de recuperação até aqui aprovados – e a prática parece-me perfeitamente transponível para o acordo de pagamento, cujo novíssimo regime não difere substancialmente do vigente para o acordo de revitalização quanto aos aspectos relevantes para o problema que nos ocupa – , de uma cláusula que *subordina o accionamento da garantia* (*i.e.*, a execução do avalista) *à condição de o devedor fundamental avalizado deixar de cumprir o seu próprio plano de recu-*

[669] Sobre estas convenções, ver o que se dirá *infra*, nº 7.2.2. e, desenvolvidamente, CAROLINA CUNHA, *Manual de letras e livranças*, *cit.*, p. 110-111.

[670] Caso em que, do *ponto de vista estrutural*, a cláusula de salvaguarda inserida no plano de revitalização *muito se aproximará de uma estipulação em favor de terceiro*. Note-se que, admitindo a nossa lei que através destas estipulações se remitam dívidas (art. 443º, 2), por maioria de razão me parece permitir que se modifiquem, em benefício do obrigado, aspectos como o prazo ou outras condições de exigibilidade de um crédito. Sobre a adesão do terceiro beneficiário, cfr. o art. 447º CCiv.

[671] Nos termos do recém-aditado art. 222ºA, 1, "o processo especial para acordo de pagamento destina-se a permitir ao devedor que, não sendo uma empresa e comprovadamente se encontre em situação económica difícil ou em situação de insolvência meramente iminente, *estabelecer negociações* com os respetivos credores de modo a *concluir com estes acordo de pagamento*". Cfr, igualmente, a referência feita ao PEPAP pelo novo nº 3 do art. 1º CIRE.

peração – que terá modificado, máxime em termos de prazo, a obrigação fundamental garantida. Ou seja, tal cláusula acaba por prosseguir, embora pela *via directa do acordo negociado* (em PER ou, doravante, em PEPAP) *entre garante e credor beneficiário*, o mesmo objectivo da cláusula de salvaguarda que vimos poder ser incluída no plano de recuperação da empresa garantida.

Será porventura esse facto a explicar a *maior tolerância evidenciada pelos tribunais* que, quando confrontados com um pedido de não homologação do (até agora) plano de revitalização *do devedor avalista* baseado na inserção de tal cláusula[672], tendem com maior frequência a rejeitar o pedido e a homologar o plano.

[672] Da jurisprudência, colhem-se também alguns *exemplos da redacção das cláusulas* em análise: "deste modo, e apenas em caso de incumprimento do plano de insolvência da sociedade supra referenciada, os aqui devedores assumirão o pagamento das responsabilidades em dívida à data nos seguintes termos [...]" (RE 13-03-2014); "subordinado à exigência por incumprimento do plano de recuperação da CC (em anexo), enquanto devedora originária, plano este que não implica para os credores a assunção de qualquer perda sobre os capitais reclamados, mas apenas uma dilação temporal do reembolso" (RG 05-11-2015); "subordina todo e qualquer pagamento ao incumprimento do plano de revitalização daquela sociedade" (RG 08-01-2015); quanto aos "créditos decorrentes de garantias prestadas pelo devedor às sociedades comerciais Y e Z", "as garantias prestadas e as obrigações assumidas pelo devedor mantém-se nos seus exactos termos", mas "tais dívidas serão pagas pelas referidas sociedades nos termos e condições definidas nos respectivos planos de revitalização", só "em caso de incumprimento pelas empresas do contido nos respectivos planos de recuperação, aprovados em sede de processo de revitalização, [...] o devedor responde com todo o seu património" (RL 16-03-2017, Proc. nº 810/15.4T8FNC-B.L1-8).
Note-se que é comum os planos de revitalização conterem igualmente disposições quanto ao modo de pagamento das dívidas quando se tornem exigíveis (assim RE 13-03-2014 – "pagamento da totalidade da dívida em duzentas e quarenta prestações mensais, iguais e sucessivas, sujeitas a juros vincendos calculados à taxa Euribor a 6 meses acrescida de spread de 2%"), ao perdão de juros (cfr. RG 05-11-2015 "perdão dos juros vencidos até à data de verificação do incumprimento do plano de recuperação da CC (em anexo), bem como de quaisquer penalidades ou comissões contratuais") e até mesmo ao perdão de parte da dívida (veja-se a situação extrema relatada em RG 05-11-2015, onde a cláusula do plano previa um "perdão de 95% *(noventa e cinco porcento)* do capital em dívida à data o incumprimento"). Não me debruçarei, contudo, sobre estes aspectos – que podem naturalmente, sobretudo no último caso mencionado, ser relevantes para a questão da homologação – de moda a melhor isolar a questão que pretendo tratar: *o condicionamento da exigibilidade do crédito cambiário ao incumprimento do plano de recuperação do devedor principal avalizado.*

7.2.2.2. Irrelevância do art. 217º, 4, CIRE

Alguns acórdãos esclarecem abertamente que *não há qualquer violação do art. 217º, 4*[673], acrescentando que a condicionante resultante da cláusula "não é intolerável e justifica-se em prol da revitalização dos devedores com o plano de recuperação, a que o credor tem que se sujeitar por resultar do acordo dos credores e ter sido aprovado com a maioria e quórum legalmente exigidos, e assim homologado"[674].

Na verdade, o que decorre do nº 4 do art. 217º é que (na ausência de estipulação diversa do plano a esse respeito[675]) as providências incidentes no passivo do devedor não afectam os direitos dos credores contra os garantes. Ora, a própria cláusula de que curamos *é uma providência incidente no passivo do devedor-avalista*, através da qual se condiciona o accionamento da *sua* responsabilidade a um evento futuro (o incumprimento do plano de revitalização do avalizado). Nesta concreta equação, portanto, *não existem garantes do devedor-avalista em dificuldades* que sejam afectados por tal providência, logo não tem qualquer cabimento aplicar a norma e, muito menos, sustentar que foi violada[676].

O que se passa é que a relação entre o devedor em dificuldades e o credor em causa *resulta da prestação de uma garantia a uma dívida alheia*, e foi essa qualidade de credor, *atribuída unicamente pela titularidade do direito cambiário*

[673] Assim RE 13-03-2014 ("a estipulação do plano de recuperação no PER que condiciona o pagamento pelos devedores, avalistas de crédito reclamado e reconhecido, ao incumprimento do Plano de Insolvência aprovado no processo de insolvência do avalizado, onde o mesmo crédito foi contemplado, não viola os artigos 32º da LULL e 217º, nº 4, do CIRE"); ou RG 08-01-2015 ("da homologação de medida que estabelece uma moratória no pagamento da dívida de avalistas, não decorre violação do nº 4 do artigo 217º do CIRE, porque a mesma não afecta a existência nem o montante dos direitos dos credores da insolvência contra os condevedores ou os terceiros garantes da obrigação").

[674] Formulação extraída de RE 13-03-2014 e seguida de perto por RG 08-01-2015.

[675] Veja-se o que dissemos *supra*, nº 7.2.1.3.

[676] Mas veja-se RG 05-11-2015, que, paradoxalmente e *não obstante reconhecer que não estamos perante uma situação que preencha a hipótese da norma* – "não (se) ignora que na presente situação [...] não se está perante um avalista do devedor em recuperação, mas sim perante uma situação em que o próprio devedor em recuperação é, simultaneamente, o garante ou avalista de uma dívida de um terceiro, que, esse sim, é o devedor originário"–, *acaba por* (num raciocínio que confesso ter dificuldade em acompanhar) *considerar* que a "subordinação do exercício dos direitos dos credores durante a vigência do plano [do avalista], ao incumprimento do plano por parte do devedor originário [avalizado]" viola "inquestionavelmente" o art. 217º, 4 CIRE.

(supondo que a letra ou livrança já se encontrava preenchida quando reclamou o crédito[677]), que veio a ser feita valer no PER do devedor avalizado[678].

7.2.2.3. Significado das cláusulas no plano cambiário

Do ponto de vista cambiário, o enquadramento do problema é bastante simples. Se o credor *reclamou* o crédito cambiário no PER do avalista (ou, futuramente, no PEPAP) *com base num título regularmente preenchido*[679] (aferindo-se a regularidade do preenchimento pelas circunstâncias contemporâneas da reclamação do crédito) não cabe sequer aplicar o art. 10º LU, pois não houve preenchimento abusivo.

O valor da cláusula constante do plano que venha a ser aprovado é o de *uma simples convenção relativa ao exercício do direito cartular,* não inserida no documento – na linha da tradicional convenção de prorrogação, do *pactum de non petendo* ou da convenção de juros[680]. Como é sabido[681], trata-se de convenções que dizem respeito ao exercício do direito cambiário *entre dois sujeitos concretos* – no caso, o credor garantido e o avalista – e que, *ao*

[677] Parto do princípio que o direito cambiário já se encontra (regularmente) constituído devido às fundadas *interrogações* levantadas pela *possibilidade de reclamar créditos condicionais em PER*. Sobre o *estatuto de credor condicional* para efeitos do CIRE a reconhecer ao beneficiário de um título em branco, veja-se o que ficou dito *supra*, nº 4.1.1.4.

[678] Como se lê em RL 16-03-2017 (Proc. nº 794/15.9T8FNC-B-2), "se, no processo de revitalização que respeita ao avalista, os credores até podem perdoar completamente as dívidas do devedor/avalista (o que poderá implicar a extinção integral da posição do credor)", *então* "têm que poder também, por maioria de razão, estipular que, enquanto as dívidas estiverem a ser pagas pelas sociedades avalizadas, não executarão o devedor/avalista, só o podendo fazer a partir do incumprimento das sociedades avalizadas"; "e, como este plano é obtido através de uma votação maioritária, tal pode ser imposto a um devedor minoritário".

[679] Veja-se o que ficou dito na nota 677. Se for de admitir a reclamação de créditos condicionais em PER (o que me suscita muitas dúvidas), então, de duas, uma: *ou* à data da reclamação no PER do avalista o credor (apesar de não o ter feito) *estava em condições de preencher* o título, por ter ocorrido um incumprimento relevante da relação fundamental com o avalizado anterior à homologação do plano de recuperação deste (cfr. *supra*, nº 7.1.3.1), e dá-se uma modificação *superveniente* do pacto de preenchimento (nos termos explanados *supra*, nº 7.2.1.5); *ou* o credor *não estava em condições de preencher* o título, por não ter ocorrido qualquer incumprimento relevante até à aprovação/homologação do plano de revitalização do devedor principal avalizado (cfr. *supra*, nº 7.1.3.2), com o que ocorreu uma modificação *implícita* do pacto de preenchimento (nos termos defendidos *supra* , nºs 7.1.3.2 a 7.1.3.4).

[680] Por conseguinte, note-se *pode até estar aqui em causa um título que já foi emitido completo,* e não um título em branco.

[681] Veja-se o que se diz em Carolina Cunha, *Manual de letras e livranças, cit.*, p. 110-113.

gerarem pretensões fundadas em relações pessoais, podem ser entre eles invocadas mesmo carecendo de assento no título, ao abrigo da regra *a contrario* implicitamente plasmada no art. 17º LU[682].

Assim, mesmo detendo um título correctamente preenchido, o credor não pode exercer o direito cambiário *contra aquele devedor senão nos termos que resultam da convenção extracartular contida no plano de revitalização*[683].

7.2.2.4. A análise comparativa da situação do credor (o argumento da "pior situação")

Não havendo, portanto, a violação grave e não negligenciável de normas aplicáveis ao conteúdo do plano[684] (art. 215º, aplicável pela remissão expressa do art. 17ºF, nºs 3 e 7 CIRE, para o PER, e pelo novo art. 222ºF, 2,

[682] Embora *não possam ser opostas a terceiro*, a menos que este "ao adquirir a letra tenha procedido conscientemente em detrimento do devedor" (parte final do art. 17º LU).

[683] Ao contrário do que se sustenta em RL de 16-03-2017 (Proc. nº 810/15.4T8FNC-B.L1), *não me parece* que a cláusula segundo a qual os credores em caso de incumprimento por parte das sociedades avalizadas, só podem exigir do avalista o que foi acordado nos planos de revitalização daquelas (e não a divida original) *configure qualquer tipo de violação dos arts. 32º e 47º LU.* Repito: o direito cambiário inscrito no título *não sai beliscado*; apenas as condições do seu concreto exercício *entre* aquele devedor e o credor são modificadas através de uma (perfeitamente admissível) *convenção extracartular.*

[684] Como devidamente esclarece RG 08-01-2015. De salientar, contudo, na jurisprudência recente, o acórdão da RL de 16-03-2017 (Proc. nº 810/15.4T8FNC-B.L1): depois de recordar que o juiz deve "recusar oficiosamente o plano de revitalização quando este viole de forma não negligenciável normas aplicáveis ao seu conteúdo", considera que, a inserção de uma cláusula como as que estamos a analisar "conduz a uma decisão não homologatória [pel]a violação dos artigos 32º e 47º da LULL e do artigo 201º, nº 1, do CIRE".
Já tive oportunidade de rebater a tese da alegada violação da LU (cfr. *supra*, nº 7.2.2.3 e também nota 683). Quanto à suposta violação do art. 201º, o raciocínio do Tribunal é o de que "a cláusula que obriga o recorrente a pagar aos credores, [apenas] se as empresas originariamente devedoras não pagarem àqueles, *importa uma condição suspensiva*" e, assim, colide com o comando legal que prescreve que "a aposição de condições suspensivas ao plano de insolvência só é lícita tratando-se da realização de prestações ou da execução de outras medidas que devam ocorrer antes da homologação pelo juiz". Também não me parece que este enquadramento legal colha: como acertadamente esclarece a RL, confrontada com idêntica questão num seu outro acórdão, curiosamente também de 16-03-2017 (mas com o Proc. nº 794/15.9T8FNC-B-2), "condições suspensivas do plano são cláusulas que subordinam, a um acontecimento futuro e incerto, *a produção dos efeitos* (art. 270 do CCiv.) *do plano*, ou seja, o início da eficácia deste, *e não das cláusulas que tenham a ver com as obrigações que constam do plano*" – e, justamente, a cláusula em apreço "não suspende a eficácia do plano, suspende apenas a eficácia das obrigações que dele constam".

para o PEPAP), resta saber *até que ponto o credor afectado será colocado em pior situação pelo plano* (art. 216º, 1 a) CIRE).

Parece frequente o argumento de que "sem a aprovação e homologação daquele plano, o processo especial de revitalização seria convertido em processo de insolvência, passando-se à imediata apreensão do património dos devedores, com imediata liquidação do ativo e que, por muito pouco que coubesse a cada credor, no rateio final, sempre viria a receber algo do produto da venda dos bens da massa insolvente, enquanto que, com a aprovação do plano não está previsto qualquer pagamento pelos avalistas, mas apenas pelas sociedades avalizadas e, enquanto estas cumprirem os seus próprios planos de revitalização, não poderão os credores acionar os avalistas"[685]. Ou seja, compara-se "o cenário com plano" ao cenário de uma "liquidação pós-insolvencial". Mas a jurisprudência, correctamente, conclui que semelhante raciocínio não demonstra que no "cenário com plano" o credor "venha a receber menos do que receberia sem ele", até porque a declaração de insolvência do devedor-avalista não asseguraria necessariamente a satisfação imediata e integral do respectivo crédito, sobretudo "face ao seu [eventual] montante residual no contexto da totalidade das dívidas" o que, "no rateio, lhe deixaria quase nada"[686].

É sabido que as especificidades do PER colocam dificuldades adicionais ao juízo de prognose solicitado pelo art. 216º, 1 a)[687], já que o *best interest test* não pode limitar-se aqui a tomar como termo de comparação o cenário resultante de uma liquidação em processo de insolvência. O mesmo acontece, naturalmente, no âmbito do recém-criado PEPAP. Mas estou em crer que será muito difícil, na situação em análise, que o credor logre demonstrar com plausibilidade que fica em pior situação com a aprovação do plano de revitalização (ou do acordo de pagamento)[688].

[685] RG 08-01-2015.

[686] Ainda RG 08-01-2015. Este é um ponto importante nos casos em análise – tipicamente, o plano de revitalização é neste contexto *aprovado por maiorias expressivas* – por exemplo, 80,91% em 95,21% de quórum no caso decidido pela RG 08-01-2015; ou 90,89% no universo dos votos emitidos no caso decidido por RE 13-03-2014 – o que demonstra *o peso diminuto dos credores descontentes* no cômputo geral.

[687] Veja-se o que ficou dito *supra*, nº 7.2.1.4.

[688] E o *ónus da prova* recai sobre o credor, como sublinha RE 11-05-2017: "não basta ao credor reclamante concluir, nos termos do artigo 216º, nº 1, do CIRE, que o plano de revitalização não deve ser aprovado por a situação ser previsivelmente menos favorável do que a que interviria na ausência de qualquer plano, pois ao mesmo incumbe ainda a obrigação de *especificar e*

Repare-se: o que vai implícito na argumentação dos credores é que *sem o plano* poderiam executar de imediato os avalistas e obter o pagamento devido, enquanto que *com o plano* têm de aguardar pelo eventual incumprimento do devedor principal avalizado para o poderem fazer. Mas, como bem sublinha o acórdão supracitado, trata-se de um *raciocínio viciado pela desconsideração da existência de outros (e mais significativos) credores* – justamente aqueles cujos votos maioritários resultaram na aprovação do plano. Sem o plano de recuperação (ou, *mutatis mutandis*, o acordo de pagamento), também estes credores se apontariam a exercer os seus direitos e, sobretudo *num cenário pós-declaração de insolvência*, as regras aplicáveis à liquidação da massa determinariam, com toda a probabilidade, uma *satisfação muito diminuta dos credores cambiários descontentes*[689] – os quais, em virtude do disposto nos arts. 90º e 88º, 1 CIRE, veriam bloqueada a via executiva para a satisfação do seu crédito fora do processo de insolvência[690].

Caso a insolvência do devedor em dificuldades *não fosse imediatamente declarada ex vi* art. 17ºG, 3 CIRE, também é muito pouco plausível que o credor cambiário descontente com o plano ficasse em melhor situação. Ainda que lograsse mover de imediato uma execução, é de supor que os restantes (e mais significativos) credores *fizessem igualmente valer os seus direitos*, o que – sobretudo, mas não só nas hipóteses em que fossem accionadas garantias reais – *tornaria bastante ténue* a expectativa de satisfação

demonstrar, através de factos concretos, como chegou a essa previsão". Por conseguinte, "não sendo cumprida aquela obrigação, não pode o juiz recusar a homologação do plano de revitalização aprovado pela maioria dos credores".

[689] Cujos créditos não gozam de qualquer estatuto especial – cfr. *supra*, nº 3.1.1.

[690] Em RE 11-05-2017, o credor ensaia uma outra linha de argumentação relativa ao hipotético cenário pós-insolvência: "*a ser admitido o pedido de exoneração do passivo*, sempre a ora requerente [credor] poderia, com alguma razoabilidade, expectar obter algum pagamento por via da cessão de rendimentos a que aqueles [os devedores] ficariam obrigados durante o período de cessão do rendimento disponível". Mas o Tribunal considera os factos concretos alegados *insuficientes* para concluir que o credor ficaria numa situação menos favorável, porquanto os "devedores não exercem qualquer atividade remunerada, e ainda que venham a exercer, [não fica demonstrado] que aufiram rendimentos que possam vir a ser cedidos"; aliás, "a declaração de insolvência dos requerentes poderá até constituir um *obstáculo* ao reinício da sua atividade profissional, sabido que o requerente marido é 'empresário, estando com uma atividade muito limitada devido à sua situação financeira', e ter sido 'gerente e/ou administrador de diversas sociedades'", na medida em que "a existência de um processo de insolvência terá como consequência que o requerente marido não consiga obter crédito, ficando assim impossibilitado de retomar uma atividade de empresário por conta própria".

do credor cambiário[691]. Acresce que semelhante "escalada" seria de molde a *agravar consideravelmente* a situação do devedor e a precipitar, por isso, a sua declaração de insolvência nos termos gerais (arts. 3º, 18º,1 e 20º CIRE), com o que o credor cambiário veria *suspensa* (art. 88º, 1 CIRE) a execução que, entretanto, houvesse logrado mover.

Já no cenário da *homologação* do plano de revitalização (ou, *mutatis mutandis*, do acordo de pagamento) a posição do credor cambiário não sairá, parece-me, tão fragilizada. Se houver cumprimento da dívida fundamental pela empresa avalizada – *i.e.*, se esta cumprir o seu próprio plano de revitalização – o credor conseguirá embolsar, sem custos processuais, o valor em dívida (ou a parte dele não perdoada[692]). Caso contrário, poderá, então, accionar o devedor avalista, dado estar verificada a condição a que o plano de revitalização deste submete tal accionamento. E, como o *timing* previsto para o exercício do seu direito é especial (não resulta, *v.g.*, de uma moratória *fixa* imposta à generalidade dos credores), será até provável que não tenha de suportar o concurso de execuções dos outros credores, maximizando a probabilidade de satisfação do seu direito[693].

[691] Como, aliás, se reconhece em RE 11-05-2017: "sendo o património dos requerentes/devedores constituído unicamente pelo imóvel referido *supra*, o qual se mostra hipotecado a favor do credor CC, não se vê como os credores comuns ficariam numa situação mais favorável sem a existência de plano, sabido que só a dívida para com a CC é superior ao valor do imóvel".

[692] Com o que se pode dizer que, nestas situações, o perdão da dívida do avalizado *de alguma forma se "comunica"* ao avalista, já que o credor cambiário não pode doravante – *por força da cláusula do seu próprio plano de revitalização* – requerer-lhe o pagamento da diferença.

[693] Eventualmente até, salvo disposição diversa do plano de revitalização, pelo valor total constante do título, que tipicamente corresponderá ao valor da dívida aquando do originário incumprimento da relação fundamental pelo avalizado.

BIBLIOGRAFIA

"Avales e fianças de dívidas. Legitimidade para requerer insolvência de avalista. Possuidor de letras avalizadas, descontadas e não pagas", Parecer do Ministério Público (Processo. nº 86 659 - 1º secção), BMJ, nº 464, Março, 1997, p. 14-21

AA.VV., *Estudos de Direito da Insolvência*, coord. Maria do Rosário Epifânio, Almedina, Coimbra, 2015

Abreu, J. M. Coutinho de, "Recuperação de empresas em processo de insolvência", *Ars Iudicandi. Estudos em homenagem ao Prof. Doutor António Castanheira Neves*, II, BFD/Coimbra Editora, 2008, p. 9-29

— *Curso de Direito Comercial*, vol. I, "Introdução, Actos de comércio, Empresas, Sinais distintivos", 10ª ed., Almedina, Coimbra, 2016

— *Curso de Direito Comercial*, vol. II, "Das sociedades", 5ª ed., Almedina, Coimbra, 2015

Albuquerque, Martim, "Novos créditos", *Estudos de Direito Comercial*, vol I, "Das Falências", Almedina, Coimbra, 1989, p. 87-103

Alexandre, Isabel, "Efeitos processuais da abertura do processo de revitalização", *II Congresso de Direito da Insolvência*, coord. Catarina Serra, Almedina, Coimbra, 2014, p. 235-254

Alfred, Hueck / Canaris, Claus-Wilhelm, *Recht der Wertpapiere*, 12ª ed., Franz Vahlen, Munchen, 1986

Andrade, Manuel de, *Teoria geral da relação jurídica*, vol. II, "Facto jurídico, em especial negócio jurídico", Almedina, Coimbra, 1987 (reimp.)

Angeloni, Vittorio, *La cambiale e il vaglia cambiario*, 4ª ed., Milano, Giuffrè, 1964

Ascarelli, Tullio, *Teoria Geral dos Títulos de Crédito*, trad. Nicolau Nazo, Livraria Acadêmica Saraiva & Cia., S. Paulo, 1943

Ascensão, José de Oliveira, *O Direito. Introdução e teoria geral. Uma perspectiva luso-brasileira*, 10ª ed., Almedina, Coimbra, 1997

— "Efeitos da falência sobre a pessoa e negócios do falido", ROA, Ano 55, Dezembro 1995, p. 641-688

Baltar, Angel Fernandez-Albor, *El aval cambiario*, Editorial Civitas, Madrid, 1992

Campos, Isabel Menéres, "A posição dos garantes no âmbito de um plano especial de revitalização", Ac. do TRG de 5.12.2013, *Cadernos de Direito Privado*, nº 46, Abril/Junho, 2014, p. 57-67

CARNEIRO, M. DE SÁ, *Da letra de câmbio na legislação portuguesa*, Tipografia Sequeira, Porto, 1919

CARVALHO, ORLANDO DE, *Teoria Geral do Direito Civil (Sumários desenvolvidos para uso dos alunos do 2º ano (1ª turma) do Curso Jurídico de 1980/1981)*, Centelha, Coimbra, 1981

CASANOVA, NUNO SALAZAR/ DINIS, DAVID SEQUEIRA, *O processo especial de revitalização : comentários aos artigos 17º-A a 17º-I do código da insolvência e da recuperação de empresas*, Coimbra Editora, Coimbra, 2014

CASTRO, GONÇALO ANDRADE E, "Efeitos da declaração de insolvência sobre os créditos", *Direito e Justiça*, 2005, vol. XIX, tomo 2, p. 263-290.

COELHO, J. G. PINTO, *Lições de Direito Comercial*, 2º vol, fasc. II, "As letras", 2ª parte, Carlos Ernesto Martins Souto (Editor), Lisboa, 1943

— *Lições de Direito Comercial*, 2º vol, fasc. II, "As letras", 2ª parte, Carlos Ernesto Martins Souto (Editor), Lisboa, 1943

— "A falência e a rescisão dos actos prejudiciais à massa: interpretação dos arts. 1168º, 1169º e 1170º do Código de Processo Civil, ROA, 1943, nºs 3-4, p. 140-168

CORDEIRO, ANTÓNIO MENEZES, "Insolvência: da resolução da fiança e do aval em benefício da massa; o interesse em agir – Anotação o Acórdão do Tribunal da Relação do Porto de 9 de Janeiro de 1999" –, *ROA*, 1990, I, p. 159-180

— "Impugnação pauliana – fiança de conteúdo indeterminável", *CJ*, ano XVII, tomo III, p. 61

— "Insolvência: da resolução da fiança e do aval em benefício da massa; o interesse em agir – Anotação o Acórdão do Tribunal da Relação do Porto de 9 de Janeiro de 1999"" –, ROA, 1990, I, p. 159-180

— "O princípio da boa fé e o dever de renegociação em contextos de 'situação económica difícil", *II Congresso de Direito da Insolvência*, Almedina, Coimbra, 2014, p. 11-68

CORREIA, A. FERRER, *Lições de Direito Comercial*, vol. III, "Letra de câmbio", colab. PAULO M. SENDIM/ J. M. SAMPAIO CABRAL/ ANTÓNIO CAEIRO/ M. ÂNGELA COELHO, Universidade de Coimbra, 1975

COSTA, M. J. ALMEIDA, *Direito das Obrigações*, 9ª ed., Almedina, Coimbra, 2001

COSTA, REINALDO MÂNCIO DA, "Os requisitos do plano de recuperação", *III Congresso de Direito da Insolvência*, coord. Catarina Serra, Almedina, Coimbra, 2015, p. 229-278

COSTEIRA, MARIA JOSÉ, "Classificação, verificação e graduação de créditos no Código da Insolvência e da Recuperação de Empresas", *I Congresso de Direito da Insolvência*, coord. Catarina Serra, Almedina, Coimbra, 2013, p. 241-252

— "Questões práticas no domínio das assembleias de credores", *II Congresso de Direito da Insolvência*, coord. Catarina Serra, Almedina, Coimbra, 2014, p. 101-114

CUNHA, CAROLINA, "Cessão de quotas e aval: equívocos de uma uniformização de jurisprudência", *Direito das Sociedades em Revista*, ano 5, vol. 9 (2013), p. 91-114

— *A indemnização de clientela do agente comercial*, Coimbra Editora, Coimbra, 2003

— "Aval em branco e plano de insolvência", *Revista de Legislação e de Jurisprudência*, ano 145, Março-Abril 2016, nº 3997, p. 201-231

— "Pluralidade de avalistas e direito de regresso", anotação ao Ac. de Uniformização de Jurisprudência nº 7/2012, *Cadernos de Direito Privado*, nº 40, Outubro/Dezembro 2012, p. 41-67

— *Letras e livranças: paradigmas actuais e recompreensão de um regime*, Almedina, Coimbra, 2012

— *Manual de letras e livranças*, Almedina, Coimbra, 2015

Cunha, Paulo Olavo, "A recuperação de sociedades no contexto do PER e da insolvência: âmbito e especificidades resultantes da situação de crise da empresa", *Revista de Direito da Insolvência*, nº 0, 2016, p. 99-119

Dias, J. Gonsalves, *Da Letra e da Livrança. Segundo a Lei Uniforme e o Código Comercial*, vol. IV, Livraria de António Gonsalves, Coimbra, 1942

— *Da Letra e da Livrança. Segundo a Lei Uniforme e o Código Comercial*, vol. X, Livraria Gonçalves, Coimbra, 1948

Duarte, Rui Pinto, "O contrato de locação financeira – uma síntese", Escritos *jurídicos vários 2000-2015*, Almedina, Coimbra, 2015

Epifânio, Maria do Rosário, "O Processo Especial de Revitalização", Almedina, Coimbra, 2016, *II Congresso Direito das Sociedades em Revista*, Almedina, Coimbra, 2012, p. 257-264

— *Manual de Direito da Insolvência*, 6ª ed., Almedina, Coimbra, 2016

— *Manual de Direito da Insolvência*, 6ª ed., Almedina, Coimbra, 2016

— *O Processo Especial de Revitalização*, Almedina, Coimbra, 2016

Esteves, Bertha Parente, "Da aplicação das normas relativas ao plano de insolvência ao plano de recuperação conducente à revitalização", *II Congresso de Direito da Insolvência*, Almedina, Coimbra, 2014, p. 267-278

Fernandes, Carvalho/ Labareda, João, *Colectânea de Estudos sobre a Insolvência*, Almedina, Coimbra, 2009

Fernandes, Luís A. Carvalho / Labareda, João, *Código da Insolvência e da Recuperação de Empresas Anotado*, 2ª ed., Quid Juris, Lisboa, 2013

— *Código dos Processos Especiais de Recuperação de Empresa e de Falência Anotado*, 2ª ed., Quid Juris, Lisboa, 1995

Ferreira, Manuel Requicha, "Estado de insolvência", in *Direito da Insolvência – Estudos*, coord. Rui Pinto, Coimbra Editora, Coimbra, 2011, p. 131-386

Fonseca, Gisela Teixeira Jorge, "A natureza jurídica do plano de insolvência", in *Direito da Insolvência – Estudos*, coord. Rui Pinto, Coimbra Editora, Coimbra, 2011, p. 65-129.

Freitas, José Lebre de, *A acção executiva (à luz do Código de Processo Civil de 2013)*, 6ª ed., Coimbra Editora, Coimbra, 2014

Gomes, M. Januário da Costa, "O (in) sustentável peso do aval em livrança em branco prestado por sócio de sociedade para garantia de crédito bancário *revolving*, Ac. de Uniformização de Jurisprudência nº 4/2013, de 11.12.2012, Proc. 5903/09", *Cadernos de Direito Privado*, nº 43, Julho/Setembro, p. 15-47

— "Sobre os poderes dos credores contra os fiadores no âmbito de aplicação do CIRE. Breves notas", *III Congresso de Direito da Insolvência*, coord. Catarina Serra, Almedina, Coimbra, 2015, p. 313-341

Gonçalves, Filipa, "O processo especial de revitalização", *Estudos de Direito da Insolvência*, coord. Maria do Rosário Epifânio, Almedina, Coimbra, 2015, p. 51-98

Gouveia, Mariana França, "Verificação do passivo", *Themis- Revista da Faculdade de Direito da UNL*, Edição Especial "Novo Direito da Insolvência", 2005, p. 151-163

Isla, A. Zurimendi, "Efectos de la emisión o transmisión de títulos cambiarios sobre la relación subyacente", *Revista de Derecho Mercantil*, 2004, p. 901-976

JACOBI, ERNST, *Derecho cambiario (la letra de cambio y el cheque)*, tradução W. Roces, Editorial Logos, Madrid, 1930

JORGE, F. PESSOA *Lições de Direito das Obrigações*, policopiado, AAFDL, Lisboa, 1966-1967

JUGLART, MICHEL DE / IPPOLITO, BENJAMIN, *Traité de Droit Commercial*, tomo II, "Les effets de commerce. Lettre de change, billet à ordre, chèque", 3ª ed. por, JACQUES DUPICHOT/ DIDIER GUÉVEL, Editions Montchrestien, Paris, 1996

JÚNIOR, E. SANTOS, "O plano de insolvência. Algumas notas", *O Direito*, ano 138 (2006), III, p. 571-591

LEITÃO, L. M. MENEZES, "A responsabilidade pela abertura indevida do processo especial de revitalização", *II Congresso de Direito da Insolvência*, Almedina, Coimbra, 2014, p. p. 143-151

— *Direito das Obrigações*, vol. I, "Introdução. Constituição das obrigações.", 5ª ed., Almedina, Coimbra, 2006

— *Direito das Obrigações*, vol. II, "Transmissão e extinção das obrigações. Não cumprimento e garantias do crédito.", 4ª ed., Almedina, Coimbra, 2006

— *Direito da Insolvência*, 6ª ed., Almedina, Coimbra, 2015

— *Garantias das Obrigações*, 4ª ed., Almedina, Coimbra, 2012

— *Código da insolvência e da recuperação de empresas : anotado*, 8ª ed, Almedina, Coimbra, 2015

LERMA, GEMMA A. SÁNCHEZ, *La letra de cambio en blanco*, Editorial Bosch, Barcelona, 1999

LIMA, PIRES DE / VARELA, ANTUNES, *Código Civil Anotado*, vol. I, 4ª ed., colab. M. HENRIQUE MESQUITA, Coimbra Editora, Coimbra, 1987

— *Código Civil Anotado*, vol. II, 3ª ed., Coimbra Editora, 1986

LOUSA, NUNO FERREIRA, "O incumprimento do plano de recuperação e os direitos dos credores", *I Colóquio de Direito da Insolvência de Santo Tirso*, coord. CATARINA SERRA, Almedina, Coimbra, 2014, p. 119-140

— "Os créditos garantidos e a posição dos garantes nos processos recuperatórios de empresas", *Revista de Direito da Insolvência*, nº 0, 2016, p. 147-167

LUMIA, ISIDORO LA, "Appunti sulla natura giuridica dei titoli di credito", *Riv. Dir. Comm.*, I, 1940, p. 1-20

MACEDO, PEDRO DE SOUSA, *Manual de direito das falências*, vol. I, Almedina, Coimbra, 1964

MACHADO, JOÃO BAPTISTA, *Introdução ao direito e ao discurso legitimador*, 8ª reeimp., Almedina, Coimbra, 1995

MARTINEZ, PEDRO ROMANO / PONTE, PEDRO FUZETA DA, *Garantias de cumprimento*, 5ª ed., Almedina, Coimbra, 2006

MARTINS, ALEXANDRE DE SOVERAL, *Títulos de crédito e valores mobiliários*, Parte I – Títulos de crédito, Volume I –"I. Dos títulos de crédito em geral. II. A letra", Almedina, Coimbra, 2008

— "Articulação entre o PER e o processo de insolvência", *Revista de Direito da Insolvência*, nº 0, 2016, p. 121-133

— "O P.E.R. (Processo Especial de Revitalização)", *Ab Instantia*, 2013, abril, nº 1, Abreu Almedina, p. 17-41

— *Um curso de direito da insolvência*, 2ª ed., Almedina, Coimbra, 2016

MARTINS, LUÍS M. , *Processo de Insolvência – Anotado e Comentado*, Almedina, Coimbra, 2014

MARTORANO, FEDERICO, *Titoli di credito (Titoli non dematerializzati)*, in *Trattato di Diritto Civile e Commerciale*, A. CICU/ F. MESSINEO/ L. MENGONI/ P. SCHLESINGER, Giuffré, Milano, 2002

MENDES, EVARISTO, "Aval e fiança gerais", Direito e Justiça, vol. XIV, tomo I, Universidade Católica Portuguesa, 2000

MÖLLER, FRANZ, *Die abredewidrige Ausfüllung von Blankowechseln. Unter besonderer Berücksichtigung der Rechtsbehelfe des Blankettgebers*, Münster, Jur. Diss. v. 28. Nov. 1958, Lingen-Ems, van Acken, 1958

MORAIS, FERNANDO DE GRAVATO, *Manual da locação financeira*, 2ª ed., Almedina, Coimbra, 2011

— *Resolução em benefício da massa insolvente*, Almedina, Coimbra, 2008

OLAVO, FERNANDO, *Direito Comercial*, vol. II, 2ª parte, fascículo I, "Títulos de crédito em geral", Coimbra Editora, Coimbra, 1977

OLIVEIRA, ARTUR DIONÍSIO, "Os efeitos processuais do PER e os créditos litigiosos", *III Congresso de Direito da Insolvência*, coord. Catarina Serra, Almedina, Coimbra, 2015, p. 199-228

OLIVEIRA, MADALENA PERESTRELO DE, "O processo especial de revitalização: o novo CIRE", *RDS* IV (2012), p. 707-726

— *Limites da autonomia dos credores na recuperação da empresa insolvente*, Coimbra, Almedina, 2013.

Parecer do Ministério Público, "Avales e fianças de dívidas. Legitimidade para requerer a insolvência de avalista. Possuidor de letras avalizadas, descontadas e não pagas", BMJ,nº 464, 1997, p. 14-21

PEREIRA, JOÃO AVEIRO, "A revitalização económica dos devedores", *O Direito*, 145º, 2013, I/II, p. 9-50

PIDWELL, PEDRO, *O processo de insolvência e a recuperação de sociedade comercial de responsabilidade limitada*, Coimbra Editora, Coimbra, 2011

PINTO, CARLOS A. MOTA, *Teoria Geral do Direito Civil*, 4ª ed. por A. PINTO MONTEIRO/ PAULO MOTA PINTO, Coimbra Editora, Coimbra, 2005

REBELO, AMÉLIA, "A aprovação e a homologação do plano de recuperação", *I Colóquio de Direito da Insolvência de Santo Tirso*, coord. CATARINA SERRA, Almedina, Coimbra, 2014, p. 69-89

RIBEIRO, ANA RAQUEL / DELICADO, GONÇALO, "Posição dos avalistas em Processo Especial de Revitalização", *AB INSTANTIA*, nº 2, Outubro 2013, p. 273-276

ROSA, A. PAVONE LA, "Lineamenti della recente evoluzione della cambiale: dal Codice di Commercio del 1982 alla vigente legge cambiaria", *BBTC*, ano XLV, 1982, I, p. 973-991

SALVESTRONI, UMBERTO, "Offerta in restituzione e deposito della cambiale: condizioni dell'azione causale o presupposti processuali?", *Riv. Dir. Comm.*, ano LXXVII, 1979, II, p. 181-195

SEGRETO, ANTONIO / CARRATO, ALDO, *La cambiale*, 2ª ed., Giuffrè, 2000

SEMO, GIORGIO DE, "Solidarietà cambiaria con speciale riguardo ai coobligati di pari grado", *BBTC*, II, 1961, p. 592-597

SENDIN, PAULO, *Letra de Câmbio. L.U. de Genebra*, vol. II, "Obrigações e garantias cambiárias", Universidade Católica Portuguesa, Almedina, Coimbra, 1982

SERRA, A. VAZ, "Anotação ao Acórdão STJ de 3 de Junho de 1969, *RLJ*, ano 103º, nº 3431, p. 404-416, e nº 3432, p. 420-432

SERRA, CATARINA "Nótula sobre o art. 217º, nº 4, do CIRE (o direito de o credor agir contra o avalista no contexto de plano de insolvência), *Estudos dedicados ao Professor Doutor Luís Alberto Carvalho Fernandes*, vol. I, Universidade Católica Editora, Lisboa, 20111, p. 377-387

— "A contratualização da insolvência: *hybrid procedures* e *pre-packs*", *II Congresso Direito das Sociedades em Revista*, Almedina, Coimbra, 2012, p. 265-290

— "Entre o princípio e os princípios da recuperação de empresas (um *work in progress)*", *II Congresso de Direito da Insolvência,* Almedina, Coimbra, 2014, p. 71-101

— "Processo especial de revitalização _ contributos para uma rectificação", ROA, 72, 2012, Vol. II/III, Abril/Setembro, p. 715-741

— "Revitalização – A designação e o misterioso objecto designado. O processo homónimo (PER) e as suas ligações com a insolvência (situação e processo) e com o SIREVE", *I Congresso de Direito da Insolvência* (e-book), Almedina, Coimbra, 2013, p. 85-105

— "Tópicos para uma discussão sobre o processo especial de revitalização (com ilustrações jurisprudenciais), *AB Instantia*, nº 4 (2014), p. 53-109

— *O Novo Regime Português da Insolvência – Uma Introdução,* 4ª ed., Almedina, Coimbra, 2010

— *O processo especial de revitalização na jurisprudência. Questões jurisprudenciais com relevo dogmático,* 2ª ed., Almedina, Coimbra, 2017

Silva, Fátima Reis, "A verificação de créditos no processo de revitalização", *II Congresso de Direito da Insolvência,* coord. Catarina Serra, Almedina, Coimbra, 2014, p. 255-265

— "Dificuldades da recuperação de empresas no CIRE", *Miscelâneas,* nº 7, IDET, Almedina, Coimbra, 2011, p. 143-170

— "Paralelismos e diferenças entre o PER e o processo de insolvência – o plano de recuperação", *Revista de Direito da Insolvência,* nº 0, 2016, p. 135-145

— "Processo de insolvência: os órgãos de insolvência e o plano de insolvência", *Revista do CEJ*, 2010, 2º sem., nº 14, p. 121-168

— *Processo especial de revitalização. Notas práticas e jurisprudência recente,* Porto Editora, Porto 2014

Sousa, Miguel Teixeira de, "A verificação do passivo no processo de falência", *Revista da Faculdade de Direito da Universidade de Lisboa*, vol. 36, 1995, p. 353-369

Subtil, A. Raposo / Esteves, Matos / Esteves, Maria José / Martins, Luís M., *Código da Insolvência e da Recuperação de Empresas – Anotado,* Vida Económica, Porto, 2004

Telles, Inocêncio Galvão, *Direito das Obrigações,* 7ª ed., Coimbra Editora, Coimbra, 1997

Varela, Antunes / Bezerra, J. Miguel / Nora, Sampaio e, *Manual de Processo Civil,* 2ª ed., Coimbra Editora, Coimbra, 1985

Varela, Antunes, "Anotação ao Acórdão do STJ de 24 de Novembro de 1983", *RLJ*, ano 121º, nº 3770, p. 138-160

Varela, J. M. Antunes, *Das Obrigações em Geral*, vol. I, 10ª ed., reimp., Almedina, Coimbra, 2003

— *Das Obrigações em Geral*, vol. II, 7ª ed., reimp., Almedina, Coimbra, 2003

Vasconcelos , L. Miguel Pestana de, *Direito das garantias*, 2ª ed., reimp., Almedina, Coimbra, 2016

Vasconcelos, Pedro Pais de, *Avales dos sócios de sociedades comerciais, in* Direito das Sociedades em Revista, Ano 6, Volume 11, Coimbra: Almedina, (2014), p. 13-34

— *Direito Comercial. Títulos de crédito,* AAFDL, Lisboa, 1989